易學典籍選刊

周易述

下

[清]惠　棟　撰

鄭萬耕　點校

附　易漢學　易例

中華書局

周易述卷十九

文言傳

注：文言，乾坤卦爻辭也。文王所制，故謂之文言。孔子爲之傳。**疏**：文言一篇，皆夫子所釋乾坤二卦卦爻辭之義，故云卦爻辭也。梁武帝云：文言是文王所制。案，元者善之長也一節，魯穆姜引之，在孔子前，故以爲文王所制。然則初九以下，著答問而稱子曰，豈亦文王所制耶？是知文言者，指卦爻辭也。以卦爻辭爲文王制，故謂之文言。孔子爲之傳，故謂之文言傳，乃十翼之一也。

「元」者，善之長也。**注**：乾爲善，始息于子，故曰善之長。外傳曰「震雷長也」，故曰元。「亨」者，嘉之會也。**注**：以陽通陰，義同昏冓，故曰嘉之會。「利」者，義之和也。**注**：陰陽相和，各得其宜，故曰義之和。「貞」者，事之幹也。**注**：陰陽正而位當，則可以幹舉萬事。君子體仁足以長人，**注**：易有三才，故舉君子。初九，仁也。長，君也。元爲體之長，君子體仁，故爲人之長。故書作體信。嘉會足以合禮，**注**：嘉屬五禮，故嘉會足以合禮。繫曰：「觀其會通，以行其等禮。」利物足以和義，**注**：中和所以育萬物，故曰利物。外傳曰：「言義必及利。」貞固足以幹事。注：剛柔皆正，物莫能傾，故足以幹事。君子行此四德者，故曰：「乾：元亨利貞。」注：四者道也，人行之則爲德。君子中庸，故能行此四者以贊化育，與天地合德也。

疏：乾爲至曰元。乾爲善，虞義也。初乾爲積善，故云善。始息于子，謂初九甲子也。外傳者，晉語文。震爲長子稱元，故曰元也。韓詩曰：元，長也。以陽至之會。亨，通也。六十四卦陰陽相應，經文多以昏冓言者，故云義同昏冓。昏禮稱嘉，故曰嘉之會。周禮媒氏云「仲春令會男女」是也。陰陽至之和。此荀義也。利，和也。義，宜也。荀子王制篇曰：義以分則和，和則一。故序四時，裁萬物，兼利天下，無他故焉，得之分義也。陰陽相和，各得其宜，亦是分義。義分則和，故云義之和也。利從禾，説文説禾云：二月始生，八月而熟。得時之中，是利有中和之義。故云：陰陽相和，各得其宜，然後利矣。陰陽至萬事。此荀義也。貞，正也。六爻得正，是陰陽正而位當也。正其本，萬事理，可以幹舉萬事。鄭注説卦离爲幹卦云：陽在外，能幹正。是幹有正義。廣雅及薛君韓詩章句曰：幹，正也。故云：貞者，事之幹。易有至之長。太極者，三才之合也。大衍者，三才之數也。六畫者，三才之兼也。是易有三才，故舉君子以備三才之道也。初九，震也。乾鑿度曰：震東方之卦，陽氣始生，故東方爲仁。復六二以下仁，謂下於初。故知初九，仁也。周語太子晉曰：古之長民者。韋昭註：長猶君也。襄九年春秋傳曰：元者，體之長也。元，首也，故爲體之長。震爲諸侯，爲人之長，君子體仁，故足以長人也。嘉屬至等禮。五禮，吉、凶、軍、賓、嘉也。唐、虞三禮，至周始有五禮。嘉禮之別有六，昏冠其一。故大宗伯以嘉禮親萬民，以昏冠之禮親成男女。有天地然後有萬物，有萬物然後有男女。天地不交而萬物不興，故大宗伯以昏冠之禮親成男女，以法天地，謂之嘉禮。案，月令正義據世本，伏羲制以儷皮嫁娶之禮，則嘉禮始於伏羲也。繫曰者，上繫文。爻者，言乎其變者也。天地不交不能通氣。亨者通也，故觀其會通，以行其等禮。禮有等威，故曰等禮。昭十三年春秋傳曰「講禮於等」是也。　中和至及利。　利貞者，中和也。中庸曰：致中和，天地位焉，萬物育焉。中和以育萬物，即是利貞之義也。外傳者，周語文。韋昭註云：能利人然後爲義。吕氏春秋曰：義之大者，莫大於利人。故利言利物也。　剛柔至幹事。　貞者，剛柔皆正也。物莫能傾，釋固義也。荀子儒效篇曰：萬物莫足以傾之之謂固。居正不傾，動無廢事，故足以幹事也。　四者至德也。　一陰一陽之謂道，元、亨、利、貞皆道也。中庸曰：苟不至德至道，不凝焉。故云人行之則爲德。　中庸即中和也。易尚中和，君子之德合於中和，故能行此四者，以贊化育，與天地合德也。

初九曰：「潛龍勿用。」何謂也？子曰：「龍德而隱者也。**注**：乾爲龍德，隱而未見，故隱者也。不易世，不成名。**注**：震爲世，初剛難拔，故不易世。行而未成，故不成名。遯世无悶，不見是而无悶，**注**：乾陽隱初，故遯世。坤亂于上，故不見是。震爲樂，故无悶。樂則行之，憂則違之。**注**：陽出初震，爲樂，爲行，故樂則行之。坤死稱憂。隱在坤中，遯世无悶，故憂則違之。初辯于物，故言違。隺乎其不可拔，潛龍也。」**注**：隺，堅剛貌。初爲本，堅樹在始，故不可拔，潛龍之志也。**疏**：乾爲至者也。　述文言而稱答問者，所以起意也。京房易傳曰：乾爲龍德。龍以見爲功，今尚隱藏，故隱者也。中庸曰：君子依乎中庸，遯世不見，知而不悔，唯聖者能之。揚子曰：聖人隱也。乾鑿度曰：正陽在下爲聖人。故曰聖人隱也。　震爲世，虞義也。　震爲長子，長子繼世，故爲世。初剛難拔，虞屯彖傳義也。乾爲善，善不積不足以成名，陽成於三，立於七，初尚微，故不成名也。　乾陽至无悶。　初，龍德而隱者也。隱、遯同義，震爲世，陽隱初，故遯世。坤謂復坤，坤反君道，故稱亂。此虞義也。京房易傳曰：潛龍勿用，衆逆同志，至德乃潛。五陰亂於上，一陽潛於下，故不見是。　震爲樂，亦虞義也。震，春也。春秋繁露曰：春，蠢也。蠢蠢然，喜樂之貌，故爲樂。説文曰：悶，懣也。煩懣之意。　震爲樂，故无悶也。陽出至言違。此虞義也。復初體震，故陽出初震。韋昭註國語曰：震爲作足，故爲行。震爲樂、爲行，故樂則行之。月滅於坤爲既死魄。昭二十六年春秋傳曰：死，惡物也。故曰坤死稱憂。陽隱坤中，遯世无悶，故憂則違之。初體復，復小而辯于物，一陽不亂於五陰，是辯於物也。隺堅至志也。虞云：隺，剛貌。鄭云：堅高之貌。故云堅剛也。六爻初爲本，上爲末，本弱則撓，剛則不拔，此初六、初九之辨也。堅樹在始，晉語文。彼文云：堅樹在始，始不固本，終必槁落。韋昭曰：樹，木也。始，本根也。九龍初潛，堅剛不拔，故虞氏以爲潛龍之志也。

九二曰：「見龍在田，利見大人。」何謂也？子曰：「龍德而正中者也。**注**：九二陽不正，上升坤五，故曰正中。庸言之信，庸行之謹。**注**：庸，用也。乾爲言，爲信，震爲行。處和應坤，故曰信。二非其位，故曰謹。二者皆用中之義。中庸曰：「庸德之行，庸言之謹。」閑邪存其誠，**注**：閑，防也。乾爲誠，二失位，故以閑邪言之。能處中和，故以存誠言之。善世而不伐，**注**：陽升坤五，始以美德利天下。不言所利，故曰不伐。德博而化，**注**：處五據坤，故德博。羣陰順從，故物化。易曰：『見龍在田，利見大人。』君德也。」**注**：傳別於經，故稱易曰。有天德而後可居天位，故曰君德。**疏**：九二至正中。乾鑿度曰：陰陽失位，皆爲不正。鄭注云：初六陰不正，九二陽不正。蓋九二中而不正，今升坤五，故曰正中，謂正上中也。隨九五象傳曰：孚於嘉，吉，位正中也。虞註云：凡五言中正，中正皆陽得其正。以此爲例是也。庸用至之謹。鄭氏三禮目録曰：名中庸者，以其記中和之可用也。庸，用也。乾爲言，九家說卦文。乾爲信，虞義也。上云體信足以長人，故乾爲信。處和應坤，謂處中和之位，而應坤二，二五相孚，是庸言之信也。此荀義也。九居二爲非其位。易者，寡過之書也。處非其位則悔吝隨之，二升坤五，復於无過，是庸行之謹也。此九家義也。二者皆用中之義，故引中庸以爲證耳。 閑防至言之。 此宋衷義也。說文曰：閑，闌也。廣雅曰：闌，閑也。閑有防闌之義，故云防也。乾，天也。中庸曰：誠者，天之道也。故乾爲誠。 二不正，升五居正，是閑邪也。中和謂五，揚子太玄曰「中和莫尚於五」是也。二處中和，是存誠也。 陽升至不伐。 此九家義也。乾爲善，震爲世，故曰善世。以不言所利爲不伐者，九家曰：不言所利，即是不伐也。 處五至物化。 此荀義也。乾爲德，處五據坤，坤道廣博，故德博也。坤承〔一〕乾施，化成萬物，故物化也。 傳別至君德。 孔子十翊與上下經別卷，王弼始以文言附乾坤二卦後，遂失古意也。二升坤五，然必有聖人之德，而後可居天子之位。 言君德者，兼德位言之。

九三曰：「君子終日乾乾，夕惕若夤，厲无咎。」何謂也？子曰：「君子進德修業。**注**：乾爲德，坤爲業。以乾通坤，謂爲進德修業。忠信所以進德也。修辭立其誠，所以居業也。**注**：忠信謂五。乾爲言，三不中，故修辭。誠謂二。三艮爻，艮爲居，故居業。知至至之，可與幾也。知終終之，可與存義也。**注**：至謂初。陽在初稱幾。幾者，動之微。知微知彰，故曰可與幾。終謂上。陰稱義。知存知亡，故曰可與存義。是故居上位而不驕，在下位而不憂。**注**：下卦之上，故曰上位。知終終之，故不驕。居三承五，故曰下位。知至至之，故不憂。故乾乾因其時而惕，雖危无咎矣。」**注**：終日乾乾，以陽動也。夕惕若夤，以陰息也。因日以動，因夜以息，故云因其時。**疏**：乾爲至修業。 此虞義也。繫上曰：夫易，聖人所

〔一〕「承」，皇清經解本作「成」。

以崇德而廣業也。知崇體卑，崇效天，卑法地。故知德屬乾，業屬坤也。三體泰，泰内乾外坤。德業者，乾坤相輔而成，故以乾通坤謂爲進德修業。虞氏曰：陽在三、四爲修，三過中，四不及中，故皆言進德修業也。　忠信至居業。　五以陽居中，故曰忠信。凡言進言修者，皆謂不中以求中。三不中，故修辭。二存誠，故誠謂二。立誠所以求中也。三艮爻，鄭義也。艮爲居，虞義也。五陽二陰，故法五以進德，法二以居業也。　至謂至存義。　至從一，一，地也，故謂初。繫下曰：知幾其神乎。虞註云：幾謂陽也。陽在復初稱幾，初尚微，故曰動之微。君子知微知彰，故可與幾也。上爲一卦之終，故終謂上。乾鑿度曰地静而理曰義，故陰稱義。亡者保其存者也，知存知亡，故可與存義也。　下卦至不憂。　荀註九三曰：三居下體之終，而爲之君，是上位也。居上位而不如上九之亢，故不驕。荀又云：三臣於五，是下位也。在下位而亦如初之无悶，故不憂也。　終日至其時。　此淮南義也。班固曰：淮南王安聘明易者九人，號九師法。其書今亡，而鴻烈所述者，其緒餘也。彼文云：夕惕若厲。蓋今文脱夤字，而以厲屬上讀也。古文厲屬下讀，故傳云雖危无咎。漢書多有作若厲者，皆據今文也。

九四曰：「或躍在淵，无咎。」何謂也？子曰：「上下无常，非爲邪也。進退无恒，非離羣也。君子進德修業及時，故无咎。」**注**：或躍爲上，在淵爲下，進謂居五，退謂居初。二四不正，故皆言邪；三四不中，故皆言時。及時所以求中也。中庸曰：「君子而時中。」**疏**：或之者，疑之也。无常、無恒是釋或義。進謂居五，退謂居初。此荀義也。二中而不正，故言邪；三正而不中，故言時；四不中不正，故兼言之。時中者，易之大要也。孔子於彖傳言時者二十四卦，言中者三十六卦；於象傳言中者三十九卦，言時者六卦。蓋時者，舉一卦所取之義而言之也；中者，舉一爻所適之位而言之也。時無定而位有定，故彖多言中，少言時。子思作中庸，述夫子之意曰：君子而時中。時中之義深矣，故文言申用九之義曰：知進退存亡而不失其正者，其惟聖人乎。是時中之義也。

王弼本「欲及時也」，今從古。

九五曰：「飛龍在天，利見大人。」何謂也？子曰：「同聲相應，注：謂震、巽也。庖犧觀變而放八卦。雷風相薄，故相應。同氣相求。注：謂艮、兑也。山澤通氣，故相求。水流濕，火就燥。注：謂坎離也。離上而坎下，水火不相射。雲從龍，風從虎。注：謂乾、坤也。乾爲龍，雲生天，故從龍；坤爲虎，風生地，故從虎。聖人作而萬物覩。注：聖人謂庖犧。合德乾五，造作八卦，故聖人作。覩，見也。四變五體離，離爲見，故萬物覩。萬物皆相見，利見之象也。本乎天者親上，本乎地者親下。注：震、坎、艮皆出乎乾，故曰本乎天。而與乾親，故曰親上。巽、离、兑皆出乎坤，故曰本乎地。而與坤親，故曰親下。天尊故上，地卑故下也。則各從其類也。」注：二五相應，如物類之相感，故下之應上，猶子之於父母，各從其類。疏：謂震至從虎。此虞義也。傳因二五相應而廣其義，明八卦陰陽本有是相應之理也。庖犧觀變於陰陽而立八卦，震雷巽風相薄而不相悖，故同聲相應；艮山兑澤高下氣通，故同氣相求；坎水离火相逮而不相射，射，厭也。內經曰：雲出天氣，風出地氣。乾爲龍，坤爲虎，故雲從龍，風從虎。鴻範曰：曰風。鄭注云：風，土氣也。凡氣非風不行，猶金木水火非土不處，故土氣爲風。虎，土物也。坤爲土，是風從虎。亦是從其類也。聖人至象也。此虞義也。聖人即大人也。文王書辭，系庖犧於九五，故聖人謂庖犧也。庖犧全體中和，故合德乾五。始作八卦，是聖人作，樂記曰「作者之謂聖」是也。説卦曰相見乎离，故离爲見。聖人作而萬物共覩，即利見大人之義也。震坎至下也。此虞義也。乾道成男，故震、坎、艮皆本乎天，而皆陽類，故親上；坤道成女，故巽、离、兑皆本乎坤，而皆陰類，故親下。天尊地卑，故有上下之別。表記亦云：父尊而不親，母親而不尊也。二五至其類。此總結上義也。物類相感，如聲氣之類是也。下應上，謂聖人作而萬物覩也。言二之應五，如子之親上親下，以類相從，所以釋利見之義也。

上九曰：「亢龍有悔。」何謂也？子曰：「貴而无位，**注**：天尊故貴。以陽居陰，故无位。高而无民，**注**：坤爲民。驕亢失位，故无民。賢人在下位而无輔，**注**：上應三，三陽德正，故曰賢人。別體在下，故曰在下位。兩陽无應，故无輔。是以動而有悔也。」**注**：動於上不應於下，故有悔。**疏**：天尊至无位。此虞義也。上於三才爲天道，是天尊，故貴也。上本陰位，以陽居之，故无位。无位猶失位。荀云：在上故貴，失位故无位。亦此義也。坤爲至无民。廣雅曰：亢，高也。越語曰：天道盈而不溢，盛而不驕。上九驕亢，又處非其位，民不與之，故无民也。上應至无輔。此荀義也。知賢人爲九三者，上傳云在下位而不憂，故知三也。乾鑿度有一聖、二庸、三君子之目，謂復初陽正爲聖人，臨二陽不正爲庸人，泰三陽正爲君子。乾爲賢人，故又稱賢人也。三在下卦，故云別體。三上敵應，故无輔也。動於至有悔。此淮南義，見繆稱篇也。

「潛龍勿用」，下也。**注**：下謂初。「見龍在田」，時舍也。**注**：暫舍於二，以時升坤五。「終日乾乾」，行事也。**注**：坤爲事。以乾通坤，故行事。「或躍在淵」，自試也。**注**：求陽正位而居之，故自試。「飛龍在天」，上治也。**注**：畫八卦以治下，故曰上治。「亢龍有悔」，窮之災也。**注**：卦窮於上，知進忘退，故災。乾元「用九」，天下治也。**注**：正元以成化，故天下治。**疏**：下謂至下治。易氣從下生，故謂下爲初。二非其位，故云暫舍。虞氏亦云：非王位，時暫舍也。以時升坤五，故經云見龍在田。田謂坤，非謂舍於田也。坤爲事，謂泰坤。震爲行。以乾通坤，故曰行事，進德修業是也。四非上居五則當下居初，或之，故云自試也。白虎通曰：伏戲仰觀俯察，畫八卦以治下。下服而化之，故謂之伏戲。孟喜章句曰：伏，服也。戲，化也。是畫卦治下之事。上對下言，故云上治也。王肅註上九曰：知進忘退，故悔。蓋卦窮於上，當退之三，上不知退，亢極災至，故曰災也。春秋元命包曰：天不深正其元不能成其化。九者變化之義，以元用九，六爻皆正。王者體元建極，一以貫之，而君臣上下各得其位，故天下治也。

「潛龍勿用」，陽氣潛藏。**注**：陽息初，震下有伏巽，故曰潛藏。「見龍在田」，天下文明。**注**：二升坤五，坤爲文，坤五降二體离，离爲明，故天下文明。「終日乾乾」，與時偕行。**注**：震爲行，因時而惕，故與時偕行。書曰：「時之徙也勤以行。」「或躍在淵」，乾道乃革。**注**：二上變體革，故乾道乃革。「飛龍在天」，乃位乎天德。**注**：體元居正，故位乎天德。書曰：「其惟王位在德元。」「亢龍有悔」，與時偕極。**注**：陽將負，其極弱，故與時偕極。乾元「用九」，乃見天則。**注**：六爻皆正，天之法也。在人則爲王度。易説：「易六位正，王度見矣。」**疏**：陽息至潛藏。繫下曰：龍蛇之蟄，以存身也。虞彼註云：蟄，潛藏也。龍潛而蛇藏。十一月陽息初，震爲龍，巽爲蛇，故曰潛藏也。二升至文明。二升坤五，觀乎人文，以化成天下。坤离皆指在下而言，故云天下文明。震爲至以行。息至三體震，震爲行。書曰者，周書周祝文。孔晁注云：謂與時偕行也。二上至乃革。二升坤五，上降坤三，是二上變也。乾二上變，其象爲革，故體革。而云四體革者，革之既濟，較九四一爻耳，四變成既濟。革彖云元亨利貞，與乾用九同，故發其義於九四爻，而云乾道乃革耳。體元至德元。易有天位、天德，天位，九五也；天德，乾元也。中庸曰：雖有其位，苟無其德，不敢作禮樂焉。雖有其德，苟無其位，亦不敢作禮樂焉。鄭注云：言作禮樂者必聖人在天子之位。體元居正者，以乾元之德，而居九五之位，故云位乎天德也。書洛誥文。引之者，證天德之爲乾元也。陽將至偕極。陽窮於上，則陰復於下，故云陽將負。

伏生鴻範五行傳曰：王之不極，是謂不建。厥咎瞀，厥罰恒陰，厥極弱。鄭彼注云：天爲剛德，剛氣失，故於人爲弱。易説亢龍之行曰：貴而无位，高而无民，賢人在下位而无輔。此之謂弱。劉歆説曰：君有南面之尊，而亡一人之助，故其極弱也。廣雅曰：亢，極也。蔡邕月令章句曰：極者，至而還之辭。陽道窮，剛反爲弱，即與時偕極之義也。六爻至見矣。六爻皆正，謂既濟也。剛柔正而位當，行事皆合於天，故曰天之法。參同契曰「用九翩翩，爲道規矩」是也。易説者，乾鑿度文。案鴻範五行傳：射屬王極。鄭氏註云：射，王極之度也。射人將發矢，必先於此儀之，發矢則必中於彼矣。君將出政，亦先於朝廷度之，出則應於民心。故云王度見矣。

乾「元」者，始而亨者也。**注**：乾始開通，以陽通陰，故始通。「利貞」者，情性也。**注**：推情合性。乾始而以美利利天下，不言所利，大矣哉！**注**：乾始，元也。美利謂雲行雨施，品物流形，故利天下。「天何言哉，四時行焉，百物生焉」，故利之大者也。大哉乾乎！剛健中正，純粹精也。**注**：剛者，天德也。健者，天行也。中謂居五，正謂居初與三也。純，兼統陰爻也。粹，不雜也。一氣能變曰精。繫曰：「精氣爲物。」六爻發揮，旁通情也。**注**：發，動；揮，變也。乾六爻發揮變動，旁通於坤，坤來入乾，以成六十四卦。「吉凶以情遷」，故曰旁通情也。時乘六龍，以御天也。雲行雨施，天下平也。**注**：言乾六爻乘時以居天位，坤下承之，成既濟定，陰陽和均而得其正，故天下平。**疏**：乾始至始通。此虞義也。始即元也。乾知大始，故亦曰始。天地不變，不能通氣，乾始交於坤，以陽通陰，故始通也。推情合性。此魏伯陽義也。爻不正以歸於正，故曰利貞。性，中也。情者，性之發也。發而中節，是推情合性，謂之和也。易尚中和，故曰利貞者情性。聖人體中和，天地位，萬物育，既濟之效也。乾始至大也。大哉乾元，萬物資始。故知乾始，元也。美利以下，虞義也。始而亨，故雲行雨施，品物流形，是利天下之事也。尋繫下述咸至遘六日七分之義曰：過此以往，未之或知也。始而亨，成既濟化育之功，天不言而歲功成，故天何言哉！四時行焉，百物生焉。所利者大，故利者大也。俗本作能以，今從古也。剛者至爲物。文五年春秋傳曰天爲剛德，故云：剛者，天德也。象曰天行健，故云：健者，天行也。若然，大有彖傳曰其德剛健，則健亦德也。而云天行者，乾剛坤柔，剛柔者，立本者也。健者運行，故曰天行。乾六爻唯五爲中，初三爲正，二中而不正，例居坤五，故云中謂居五。四上不正，四例居坤初，上例居坤三，故云正謂居初與三也。乾鑿度曰：乾道純而奇。鄭彼註云：陽道專斷，兼統陰事，故曰純。純，全也。陽畫三，陰畫六，乾兼坤則九，故云全也。乾，太玄準之以睟。荀子非相曰：睟而能容雜。劉淵林吴都賦註云：不雜曰睟。雜者睟之反，故云：睟，不雜也。管子心術曰：一氣能變曰精，一事能變曰智。精者，清也。天輕清而上者，故董子曰：氣之清者爲精。繫上曰精氣爲物，亦謂乾也。發動至情也。虞註説卦云：發，動；揮，變。乾六爻以下，陸義也。乾精粹氣純，故能發揮變動，旁通於坤。坤者，乾之反也。震與巽、坎與离、艮與兑及六十四卦皆然，故云：坤來入乾，以成六十四卦。各卦有旁通。法言：或問行。曰：旁通厥德。李軌註云：應萬變而不失其正者，唯旁通乎。若然，旁通與用九、用六同義。乾、坤純，故用九、六；餘卦六爻相雜，謂之旁通也。吉凶以情遷，下繫文。各卦旁通，有吉有凶，吉凶者易之情，故云旁通情也。言乾至下平。義見乾卦及彖傳。陰陽和均以下，荀義也。

君子以成德爲行，日可見之行也。**注**：初，善也。「積善成德」，震爲行，故以爲行。「終日乾乾」，行事也，故日可見之行。「潛」之爲言也，隱而未見，行而未成，是以君子弗「用」也。**注**：陽見于二，成于三，今隱初，故未見。震爲行，行而未成，是以弗用。**疏**：初善至之行。初，元也。元者善之長，故云善也。積善成德，勸學篇文。虞注坤文言曰：初乾爲積善。善積於初，成於三，故漢議郎元賓碑云：乾乾積善。三終日乾乾，積善成德之象，故日日可見之行也。德必三而成者，乾鑿度曰：易始於一，分於二，通於三。至三而天地人之道備。故董子曰：天地與人，三而成德，天之大經也。　陽見至弗用。　九二見龍，故云陽見於二。春秋元命包曰：陽起於一，成於三。　今陽在初，故隱而未見。　體震，震爲行，行而未成，謂德未成。　成十八年古文春秋傳曰：服讒蒐慝以誣成德。　服虔曰：成德，成就之德。　初德未成，故弗用也。　此專釋潛義，故云潛之爲言。

君子學以聚之，問以辯之，**注**：二陽在二，兑爲口，震爲言，爲講論，臨坤爲文，故學以聚之，問以辯之。兑象君子以朋友講習。　寬以居之，仁以行之。**注**：震爲寬仁、爲行，居謂居五，謂寬以居上而行仁德也。　易曰：「見龍在田，利見大人。」君德也。**注**：「德成而上」，故曰君德。**疏**：二陽至講習。　此虞義也。　乾自坤來，陽在初爲震，在二爲兑，故兑爲口，震爲言、爲講論。　臨坤爲文者，博學於文故也。　兑象朋友講習者，虞於彼注云：兑兩口相對，故朋友講習。　漢博陵太守孔彪碑曰：龍德而學，學問所以成君德也。　周書本典曰：王在東宮召周公，曰：朕聞武考，不知乃問，不得乃學，俾資不肖，永無惑。是人君有學問之事也。　震爲至德也。　震爲寬仁，虞義也。　漢書五行志曰：傳曰：思之不容，是謂不聖。容，寬也。　孔子曰：居上不寬，吾何以觀之哉！言上不寬大包容臣下，則不能居聖位也。　德成至君德。　德成而上，樂記文。　皇侃註云：上謂堂也。　德成謂人君禮樂。　德成則爲君，故居堂上南面尊之也。　二德成而升坤五，故云德成而上。　謂德已成而居君位，故云君德也。

九三重剛而不中，上不在天，下不在田，**注**：重剛謂乾。　天謂乾五。　田謂坤田。　故「乾乾」因其時而「惕」，雖危「无咎」矣。　**注**：過中則惕。　**疏**：重剛至坤田。　乾剛坤柔，内外皆乾，故曰重剛。　虞註云：以乾接乾，故重剛。　位非二五，故不中。　謂上不居乾五，而下不居坤田。　二居坤田，龍德而正中者也。　過中則惕。

此揚雄義也。法言曰：立政鼓衆莫尚於中和。又云：甄陶天下，其在和乎。龍之潛亢，不獲其中矣。是以過則惕，不及中則躍，其近於中乎。言三四求中，故云近於中。

九四重剛而不中，上不在天，下不在田，中不在人，**注**：人謂三。故「或」之。或之者，疑之也。故「无咎」。**注**：坎爲疑，非其位，故疑之也。**疏**：人謂三。在人而稱中者，繫上曰：六爻之動，三極之道。極，中也。三不中，以三於三才爲人道，得稱中也。三猶得正，故云中不在人。非其至之也。二四變體坎，坎心爲疑。以九居四，故曰非其位。豫九四亦非其位，以一陽據五陰，卦之所由以豫者也，故曰勿疑。與此異也。

夫「大人」者，**注**：聖明德備曰大人。與天地合其德，**注**：與天合德謂居五；與地合德謂居二。與日月合其明，**注**：坤五之乾二成离，离爲日；乾二之坤五爲坎，坎爲月。與四時合其序，**注**：十二消息復加坎，大壯加震，姤加离，觀加兑，故與四時合其序。與鬼神合其吉凶，**注**：乾神合吉，坤鬼合凶，以乾之坤，故與鬼神合其吉凶。先天而天弗違，後天而奉天時。**注**：乾九二在先，故曰先天；而居坤五，故天弗違。坤六五在後，故曰後天；降居乾二，故奉天時。天且弗違，而況于人乎，況于鬼神乎。**注**：人謂三。知鬼神之情狀，與天地相似，故不違。**疏**：聖明至大人。此易孟京說及乾鑿度文。大人謂二五，執中含和，而成既濟之功者也。故淮南泰族曰：大人者與天地合德，日月合明，鬼神合靈，四時合信。故聖人懷天氣，抱天心，執中含和，不下廟堂而衍四海，變習萬物；民化而遷善，若性諸己，能以神化。是言既濟之事也。與天至居二。此荀義也。二五皆稱大人，故兼舉之。三才之道，五爲天，二爲地也。坤五至爲月。此荀義也。十二消息至合其序。十二消息，乾坤十二畫也。四時，四正坎、离、震、兑也。劉洪乾象歷曰：中孚加坎，解加震，咸加离，賁加兑，求次卦復加坎，大壯加震，姤加离，觀加兑。卦氣起中孚，故以復爲坎卦也。乾神至吉凶。此虞義也。乾陽坤陰，陽爲神，陰爲鬼，故以神屬乾，鬼屬坤也。乾神坤鬼，以乾之坤，故與鬼神合其吉凶。乾九至天時。內外皆乾，乾，天也。內爲先，九二在內，故曰先天；而居五，五爲天位，故天弗違。外爲後，六五在外，故曰後天；而居二，二承天時行，故奉天時也。人謂至不違。中庸論君子之道曰：建諸天地而不悖，質諸鬼神而無疑，百世以俟聖人而不惑。質諸鬼神而無疑，知天也；百世以俟聖人而不惑，知人也。鄭彼注云：鬼神，從天地者也。易曰：故知鬼神之情狀，與天地相似。聖人則百世同道，但不悖於天地，斯能質鬼神，俟後聖。故云：而況於人乎，況於鬼神乎。易學在孔氏，故中庸所論與文言一也。

「忼」之爲言也，知進而不知退，**注**：陽位在五，今乃在上，故曰知進而不知退。知存而不知亡，**注**：在上當陰，今反爲陽，故曰知存而不知亡。知得而不知喪。**注**：得謂陽，喪謂陰。**疏**：陽位至謂陰。此荀義也。爻自下而上爲進，自上而下爲退。九本陽爻，當居陽位。陽位在五，今反在上，是知進而不知退也。陽爲存，陰爲亡，上宜陰爻，今九居之，是知存而不知亡也。乾陽爲得，坤陰爲喪，知九之爲陽，而不知上之爲喪，是知得而不知喪也。此專釋亢義，故云亢之爲言。

其惟聖人乎。知進退存亡而不失其正者，其惟聖人乎。**注**：進謂居五，退謂居二，存謂五爲陽位，亡謂上爲陰位。再言聖人者，上聖人謂五，下聖人謂二也。此申用九之義，而用六之義亦在其中矣。**疏**：進謂至二也。此荀義也。豫六五曰：貞疾，恒不死。象曰：中未亡也。五中陽位，故云中未亡。五爲存，則上爲亡，又上爲宗廟，故云亡謂上也。九五生知之聖，故首曰聖人。九二學知之聖，以時升坤五，故云知進退存亡而不失其正，言學而後至於聖也。此申至中矣。曰進曰存，用九之義；曰退曰亡，用六之義。此兼釋之，故坤文言不再申也。

坤至柔而動也剛，**注**：純陰至順，故柔。陰動生陽，故動也剛。至靜而德方，**注**：「其靜也翕」，故至靜。「其動也闢」，故德方。虞氏謂：陰開爲方也。後得主而有常，**注**：初動成震，陽爲先，陰爲後，「後順得常」，故後得主而有常。含萬物而化光。**注**：坤承乾施，「含弘光大，品物咸亨」，故化光。坤稱化也。坤道其順乎，承天而時行。**注**：順者，順於乾。坤承乾，故稱道。「貞於六月未，間時而治六辰」，故承天而時行也。

疏：純陰至故柔。此荀義也。雜卦曰：乾剛坤柔。虞彼註云：坤陰和順，故柔。與荀同義。陰動至也剛。此九家義也。陰動生陽，謂初、三、五也。説卦曰立地之道曰柔與剛，義同於此。其静至方也。繫上曰：其静也翕。翕則静之至者，故云至静。其動也闢，闢，開也。陰動闢而廣生，方猶廣也。坤六二直方大，虞註云：方謂闢。陰開爲方，故云德方。坤承乾，故云德也。初動至有常。陽先乎陰，猶天先乎地，男先乎女，故云：陽爲先，陰爲後也。坤承至化也。乾，天也。天施地生，故曰乾施。坤道承天，故承乾施。繫上曰坤化成物，故坤稱化也。順者至行也。説卦曰：坤，順也。虞注云：純柔承天時行，故順。是順者，順於乾也。乾承道，坤承乾，故亦稱道。繫上坤道成女，亦謂承乾而稱道也。貞於六月未，間時而治六辰者，乾鑿度文。彼文云：乾貞於十一月子，左行陽時六；坤貞於六月未，右行陰時六，以奉順成其歲。即承天時行之義也。

積善之家必有餘慶，積不善之家必有餘殃。**注**：初乾爲積善，以坤牝陽滅，出復震爲餘慶。坤積不善，以乾通坤，極姤生巽爲餘殃。臣弑其君，子弑其父，**注**：坤消至二，艮子弑父；至三成否，坤臣弑君。「上下不交，天下无邦」，故子弑父，臣弑君。非一朝一夕之故，其所由來者漸矣。**注**：剛爻爲朝，柔爻爲夕。漸，積也。陽息成泰，君子道長；陰消成否，小人道長，皆非一朝一夕之故，由積漸使然，故君子慎所積。易曰：「正其本，萬物理。君子慎始。差若毫釐，繆以千里。」謂此爻也。由辯之不早辯也。**注**：辯，別也。初動成震體復，則別之早矣。繫曰：復小而辯於物。易曰：「履霜，堅冰至。」蓋言順也。**注**：順猶馴也。惡惡疾其始。

疏：初乾至餘殃。此虞義也。乾爲善，自一乾以至三乾成，故爲積善。乾，坤之牡也，故云以坤牝。陽喪滅於乙，至三日而復出震，象曰乃終有慶，故曰餘慶，陽稱慶也。坤爲惡，故積不善。以乾通坤，至十六日爲姤，巽象見辛，故云極姤生巽。巽者，坤一索所得之女，故曰餘殃。此據納甲也。書曰：三載考績，三考黜陟幽明。伏生書傳曰：積善至於明，五福以類升，故陟之；積不善至於幽，六極以類降，故黜之。考績者，日計月計歲計，至於三載，極而至於三考九載，亦言積也。五福、六極，餘慶、餘殃之謂。鄭注禮運曰：殃，禍、惡也。家謂乾家、坤家也。坤消至弑君。此虞義也。坤本乾也。説卦曰：乾爲君、爲父。上乾爲君，下乾爲父。坤消至二體艮，艮子道，至三乾，下體滅，故子弑父；至三成否體坤，坤臣道，消至五乾，上體壞，故臣弑君。上下不交，天下无邦，否彖傳文。否之匪人，无父无君，是禽獸也。故引彖傳以明之。剛爻至爻也。剛爻爲朝，柔爻爲夕，此虞義也。虞本繫上曰：晝夜者，剛柔之象也。故以朝夕屬剛柔。王逸注楚辭曰：稍積曰漸。何休注公羊曰：漸者，物事之端，先見之辭。故云：積，漸也。乾積善成泰，故君子道長；坤積惡成否，故小人道長。一朝謂初乾，一夕謂初坤。積之久而泰、否成，故君子慎所積。易曰者，易傳十翊之逸篇也。初爻爲本，又謂之元。董子對策曰：謂一爲元者，視大始而欲正本是也。初正則萬事舉，故曰：正其本，萬物理。君子慎始，亦謂初爻，初最微，故曰豪氂。詩曰：德輶如毛。謂初九也。初九積善成名，初六積惡滅身，故曰差以豪氂，繆以千里。史記太史公自叙曰：春秋弑君三十六，亡國五十二，察其所以，皆失其本已。故易曰：差以豪氂，繆以千里。故曰：臣弑君，子弑父，非一旦一夕之故，其漸久矣。蓋古文周易，太史公猶見其全，而大小戴禮、察保傅經解及易通卦驗亦引之。或遂以爲緯書之文，非也。辯别至於物。

辯，別也。鄭氏義。穀梁傳曰：滅而不自知，由別之而不別。是辯與別同義也。坤別之不早別，故惡積而不可弇，罪大而不可解。復初九不遠復，是別之早矣。有不善未嘗不知，知之未嘗復行，是辯於物也。物謂陽物、陰物。　順猶至其始。　象曰馴致其道，與順同義。皆謂陰順陽之性，而成堅冰也。管子七法曰：漸也，順也，靡也，久也，服也，習也，謂之化。上言漸，下言順，象言馴，中孚言靡，恒彖言久，皆謂服習積貫而化，其義一也。惡惡疾其始，僖十七年穀梁傳文。易著戒於初爻，是疾其始。

「直」其正也。「方」其義也。注：正當爲敬，字之誤也。乾爲敬，故直其敬也。坤爲義，故方其義也。**君子敬以直内，義以方外，敬義立而德不孤。注：**乾二在内，故直内；而居五，是敬立也。坤五在外，故方外；而居二，是義立也。五動二應，陰陽合德，故德不孤。**易曰：「直方，大不習，无不利」，則不疑其所行也。注：**得位得中，故不疑其所行。**疏：**正當至義也。　下云敬以直内，故知正當爲敬。乾爲敬，虞義也。坤爲義，義見上也。乾二至不孤。　立猶見也。五自二往在内，故直内。進居五，是敬之發於外者，故敬立也。二自五來在外，故方外。退居二，是義之裁於中者，故義立也。二五相應，乾升坤降，成既濟定，故德不孤也。得位至所行。　陰居陰是得位也，六居二是得中也。得位得中，爻之最善者，故不疑其所行。

陰雖有美，含之，注：陽稱美。**以從王事，弗敢成也。地道也，注：**坤爲地。**妻道也，注：**繫曰：「天一，地二；天三，地四；天五，地六；天七，地八；天九，地十。」水一，火二，木三，金四，土五。「妃以五成」，故水六，火七，木八，金九，土十。「水以天一爲火二牡，木以天三爲土十牡，土以天五爲水六牡，火以天七爲金四牡，金以天九爲木八牡。陽奇爲牡，陰耦爲妃。故曰妻道。」春秋傳曰：「水，火之牡也。」又曰：「火，水妃也。」**臣道也。**

注：天尊地卑，乾爲君，故坤爲臣。虞氏以坤爲臣也。地道「无成」，而代「有終」也。注：「坤化成物」，實終乾事。疏：陽稱美。陽稱美，虞義也。三下有伏陽，故有美含之。繫曰至土十。繫曰者，上繫文。妃以五成，昭九年春秋傳文。皇侃禮記義疏曰：金木水火得土而成，土數五，故妃以五成也。水以至妻道。此皆劉氏三統歷文也。鄭注鴻範云：木克土爲妻，金克木爲妻。與此義同也。陽奇爲牡者，牡，雄也；陰耦爲妃者，妃，配也。陰陽之書有五行妃合之説：木畏金乙爲庚妃，金畏火辛爲丙妃，火畏水丁爲壬妃，水畏土癸爲戊妃，土畏木己爲甲妃。是陽爲牡，陰爲妃也。春秋至妃也。水，火之牡也。昭十七年春秋傳文。火，水妃也。昭九年傳文。所以證妃牡之義。天尊至臣也。乾六爻皆有君象，説卦曰：乾以君之，故知乾爲君。坤與乾絶體，故知坤爲臣。虞氏註遯九三、蹇六二、損上九、小過六二皆云坤爲臣也。坤化至乾事。坤化成物，上繫文。周語單襄公曰：成，德之終也。是成與終同義。物始於乾而成於坤，今坤曰弗敢成、曰无成者，坤奉乾道而成物，代乾終事，不居其名，董子所謂「昌力而辭功」是也。

天地變化，草木蕃。注：在天爲變，在地爲化。乾息坤成泰，天地交而萬物通，故草木蕃。天地閉，賢人隱。注：泰反成否，乾三稱賢人，隱藏坤中，以儉德避難，不可營以禄，故賢人隱。易曰：「括囊，无咎无譽。」蓋言謹也。注：謹猶慎也。疏：在天至木蕃。此虞義也。陽變陰化，故在天爲變，在地爲化。坤與乾旁通，從旁通變，故乾息坤成泰。泰彖傳曰：天地交而萬物通。萬物出震，震爲草木，故草木蕃也。泰反至人隱。此虞義也。否泰反其類，故泰反成否。漢樊毅修西嶽廟記云「泰氣推否」是也。乾文言曰：賢人在下位而无輔。註謂九三，故知乾三稱賢人也。六三含章，是隱藏坤中。否象君子，亦謂三也。謹猶慎也。象曰慎不害也，故曰謹猶慎也。

君子「黄」中通理，正位居體，**注**：地色黄，坤爲理。五之下中，故曰黄中。乾來通坤，故稱通理。正位居體者，謂九正陽位，而六居下體也。一説上體。儀禮喪服傳曰：「正體於上。」美在其中，而暢於四支，發於事業，美之至也。**注**：九正陽位，故美在其中。四支謂股肱。書曰：「臣作朕股肱。」六居下體，故暢於四支。坤爲事、爲業，故發於事業。中美能黄，上美爲元，下美則裳，故曰美之至也。乾爲美，坤承乾，故爲美。**疏**：地色至於上。地色黄，坤爲理，虞義也。乾鑿度曰：天動而施曰仁，地静而理曰義。故知坤爲理也。地色黄而居中，是下中也。乾來通坤，故稱通理，亦虞義。乾來通坤，謂乾二居五。虞又云：五正陽位，故曰正位。孟子曰：立天下之正位。趙岐云：正位謂男子純乾正陽之位也。蓋二升坤五，故曰五正陽位。坤五降二，故居下體。九六者，謂九二、六五也。二升五，故虞謂五。一説上體，謂居五。上體，體指五也。引喪服傳證體謂五。九正至爲美。乾爲美，二居上中，故美在其中。四支謂兩股兩肱。周書武順曰：左右手各握五、左右足各履五曰四枝。引書者，虞夏書臯陶謨文也。坤爲臣，爲乾之股肱，而居下體，故暢於四支。坤爲事，爲業，虞義也。中美能黄，上美爲元，下美則裳，昭十三年春秋傳文。二，中也。故曰中美能黄。元，乾元。二居五，故曰上美爲元。五降二，故曰下美則裳。三美盡備，故曰美之至也。美謂乾而云坤者，坤承乾故也。

陰凝於陽必「戰」，**注**：初始凝陽，至十月而與乾接。爲其兼於陽也，故稱「龍」焉。**注**：陰陽合居，故曰兼陽。爾雅曰：「十月爲陽。」俗作嫌於无陽，今從古。猶未離其類也，故稱血焉。**注**：坤十月卦，故曰未離其類。夫「玄黄」者，天地之雜也。天玄而地黄。**注**：「乾坤氣合戌亥」，故曰雜。天者，陽始於東北，色玄。地者，陰始於西南，色黃。**疏**：初始至乾接。陰凝陽自午始，故象曰：履霜堅冰，陰始凝也。戰者，接也。建亥之月，乾之本位，故十月而與乾接也。今本疑於陽，荀、虞、姚、蜀才本皆作凝，故從之。陰陽至從古。消息坤在亥，亥，乾之位也，故曰陰陽合居。此荀義也。爾雅者，釋天文。詩杕杜曰日月陽止，亦謂十月爲陽月。俗作謂王弼作也。荀、鄭、虞、陸、董皆云兼於陽，鄭本費氏，故云古也。坤十月至其類。據消息。乾坤至色黃。乾坤氣合戌亥，乾鑿度文。消息戌亥爲坤之月，亥，乾本位。乾鑿度曰：乾漸九月，故云氣合戌亥。陸績註京易傳曰：乾坤併處，天地之氣雜，稱玄黃也。天者陽以下，荀義也。鄉飲酒義曰：天地温厚之氣始於東北，而盛於東南。故云：天者，陽始於東北。東北天位，故色玄。説文曰：黑而有赤色者爲玄。鄉飲酒義曰：天地嚴凝之氣始於西南，而盛於西北。故云：地者，陰始於西南。西南坤位，故色黃。考工記曰：天謂之玄，地謂之黃。

周易述卷二十

説卦傳

昔者聖人之作易也，**注**：聖人謂庖犧。幽贊於神明而生蓍，**注**：幽，陰；贊，助也。乾爲神明、爲蓍，謂乾伏坤初。聖人作易，「探賾索隱，鉤深致遠」，「无有遠近幽深，遂知來物」，是幽贊於神明而生蓍也。參天兩地而倚數，**注**：參，三；倚，立也。謂分天象爲三才，以地兩之，立六畫之數，故倚數也。觀變於陰陽而立卦，**注**：謂「立天之道曰陰與陽」。乾坤剛柔，立本者；卦謂六爻陽變成震、坎、艮，陰變成巽、离、兑，故立卦。六爻三變，三六十八，則「十有八變而成卦，八卦而小成」是也。繫曰：「陽一君二民，陰二君一民。」不道乾坤者也。發揮於剛柔而生爻，**注**：謂「立地之道曰柔與剛」。發，動；揮，變也。變剛生柔爻，變柔生剛爻，以三爲六也。「因而重之，爻在其中」，故生爻。和順於道德而理於義，**注**：謂「立人之道曰仁與義」。和順謂坤，道德謂乾。以乾通坤，謂之理義也。窮理盡性以至於命。**注**：以乾推坤謂之窮理，以坤變乾謂之盡性。性盡理窮，故至於命。巽爲命。昔者聖人之作易也，**注**：重言昔者，明謂庖犧。將以順性命之理，**注**：謂「乾道變化，各正性命」。以陽順性，以陰順命。陰與陽，柔與剛，仁與義，所謂理也。是以立天之道曰陰與陽，**注**：

陰謂坤，陽謂乾。立地之道曰柔與剛，**注**：柔謂陰爻，剛謂陽爻。立人之道曰仁與義。**注**：乾爲仁，坤爲義。兼三才而兩之，故易六畫而成卦。**注**：謂「參天兩地」。乾坤各三爻，而成六畫之數也。分陰分陽，迭用柔剛，故易六畫而成章。**注**：陰陽，位也。柔剛，爻也。迭，遞也。章謂文理。乾三畫成天文，坤三畫成地理。**疏**：聖人謂庖犧。庖犧始作八卦，故聖人謂庖犧。聖人作，故不言庖犧，而言聖人也。庖犧時未有易名，而稱作易者，據後言也，猶太卜三易矣。幽陰至著也。此虞義也。幽，陰，謂坤初。太玄曰幽遇神，范望注云「一稱幽」是也。中庸曰：可以贊天地之化育。鄭彼注云：贊，助也。乾爲神明，乾伏坤初。太玄曰：昆侖天地而產蓍。在昆侖之中，故曰幽贊。以通神明之德，故幽贊於神明。荀子勸學曰：無冥冥之志者，無昭昭之明。說文曰：冥，幽也。是幽贊之義也。聖人作易，探嘖索隱，鉤深致遠者，嘖，初也，初隱未見，故探嘖索隱。初深故曰鉤深；致遠謂乾。无有遠近幽深，遂知來物者，遠謂天，近謂地，幽謂陰，深謂陽。乾爲物，神以知來，故知來物。褚先生據傳曰：天下和平，王道得而蓍莖長丈，其叢生滿百莖。是幽贊爲贊化育之本。庖犧幽贊於神明而生蓍，創爲揲蓍之法，四營而成易，十有八變而成卦，八卦而小成；引信三才，觸長爻筴至萬一千五百二十，所謂以通神明之德，以類萬物之情也。太衍之數五十，其用四十有九。其一太極以一持萬，其初幽贊於神明，其極至於贊化育，參天地，皆是物也。參三至數也。此虞義也。參讀爲三，故云：參，三也。倚，立。廣雅文。虞注繫上極其數云：數謂六畫之數。揲蓍之法分而爲二以象兩，掛一以象三，是分天象爲三才也。五歲再閏，再扐而後掛，以成一爻之變。耦以承奇，故云：以地兩之，立六畫之數。謂乾坤各三爻，爲六畫也。參兩之說，諸儒不同。馬融、王肅等據天數五，地數五，五位相得而各有合云：五位相合，以陰從陽。天得三合，謂一、三與五也；地得兩合，謂二與四也。一、三、五凡三，參之而九；二、四凡二，兩之而六。謂參天兩地而立九六之數也。鄭氏云：天地之數備於十，三之以天，兩之以地，而倚託大衍之數五十。是諸説不同也。　謂立至者也。　此虞義也。三畫稱卦，卦有陰陽，故云立天之道曰陰與陽。下繫云：剛柔者，立本者也。虞彼注云：乾剛坤柔，爲六子父母。乾天稱父，坤地稱母，本天親上，本地親下，故立本者也。乾坤各三爻，合爲六爻，而成六子，故卦謂六爻陽變成震、坎、艮，謂之陽卦；陰變成巽、离、兑，謂之陰卦。故觀變於陰陽而立卦也。震、坎、艮，乾三索而得；巽、离、兑，坤三索而得。故六爻三變，三六十八，所云十有八變而成卦也。乾坤與六子俱名八卦，而小成謂天三爻，故云小成也。陽一君二民，謂震、坎、艮；陰二君一民，謂巽、离、兑。揲蓍之時，尚未有畫，止稱陰陽，故云不道乾坤者也。若然，天有八卦之象，聖人因天制作，震巽已下六子亦從後名之也。　謂立至生爻。　此虞義也。六畫稱爻，爻有剛柔，故云立地之道曰柔與剛。道有變動，故曰爻。故云：發，動；揮，變也。剛柔相推，變在其中，謂九六相變，故云：變剛生柔爻，變柔生剛爻。參重三才以爲六爻，故云以三爲六，謂六畫以成六十四卦。爻在重卦之中，故生爻也。　謂立至義也。　此虞義也。乾鑿度曰：易始於一，分於二，通於三。大衍之數五十，三才之合，效三才爲六畫。爻辭有仁義，故立人之道曰仁與義。陰陽相應爲和，坤，順也，故和順謂坤。乾爲道、爲德，故道德謂乾。以坤順乾，是和順於道德。乾鑿度曰：天動而施曰仁，地静而理曰義。以乾通坤，故謂之理義也。　以乾至爲命。　此虞義也。坤爲理，以乾推坤，故謂之窮理。乾爲性，以坤變乾，故謂之盡性。乾伏坤初，巽爲命，性盡理窮，故至於命。謂贊天地之化育也。繫上曰：易簡而天下之理得矣。天下之理得，而易成位於其中矣。虞彼注云：乾坤變通，窮理以盡性，故天下之理得；天下之理得，而易成位乎其中。天地位，萬物育，此既濟之事，蓋爲下陳明堂大道張本也。　重言至庖犧。　此虞義也。　謂乾至理也。坤下有伏乾，所謂性也。乾下有伏巽，所謂命也。乾變坤化，參天兩地，六耦承奇，是各正性命。乾爲性，故以陽順性。巽爲命，故以陰順命。此上虞義也。韓非子曰：理者，方圓、短長、麤靡、堅脆之分也。立天之道曰陰與陽，不言陰陽而言陰與陽，是陰陽之理。立地之道曰柔與剛，是柔剛之理也。立人之道曰仁與義，是仁義之理也。陰陽、柔剛、仁義原本於性命，所謂性命之理。下云兼三才而兩之，是順性命之理也。陰謂至爲義。陰謂坤，陽謂乾者，謂坤三畫爲陰，乾三畫爲陽也。柔謂陰爻，剛謂陽爻者，謂以三爲六，二、四、上爲陰爻，初、三、五爲陽爻也。管子曰天仁地義，故乾爲仁，坤爲義。謂參至數也。此虞義也。上云參天兩地而倚數，是天地本有兼才之理，聖人設卦，因而重之，以地兩三而成六畫，所謂順性命之理也。陰陽至地理。位有陰陽，故云：陰陽，位也。爻有剛柔，故云：剛柔，爻也。迭，遞也已下，虞義也。釋言曰：遞，迭也。遞、迭同訓，故云：迭，遞也。剛柔更用事，故云迭用柔剛。繫上曰：仰以觀於天文，俯以察於地理。故章謂文理。文理者，閒雜之義。昭廿五年春秋傳曰：五章。杜預注云：青與赤謂之文，赤與白謂之章，白與黑謂之黼，黑與青謂之黻，五色備謂之繡。所謂五章是也。韓非子曰：理者，成物之文也。天地人各有陰陽、剛柔、仁義，即上文性命之理也。

天地定位，山澤通氣，雷風相薄，水火不相射。八卦相錯。**注**：此明二篇之次也。天地定位，乾坤、泰否也。山澤通氣，雷風相薄，咸恒、損益也。水火不相射，坎离、既未濟也。薄，入也。射，厭也。所陳凡八卦，相錯而成上下二篇也。易說：「陽道純而奇，故上篇三十，所以象陽也。陰道不純而偶，故下篇三十四，所以法陰也。」上經象陽，故以乾爲首，坤爲次，先泰而後否。下經法陰，故以咸爲始，恒爲次，先損而後益。又曰：「离爲日，坎爲月，日月之道，陰陽之經，所以終始萬物，故以坎离爲終。」「既濟、未濟爲下篇終者，所以明戒慎而全王道。」數往者順，知來者逆，是故易逆數也。**注**：坤爲數往，乾爲知來，坤消從午至亥，上下故順；乾息從子至巳，下上故逆。易氣從下生，故云易逆數也。雷以動之。風以散之。雨以潤之。日以晅之。艮以止之。兑以說之。乾以君之。坤以藏之。注：晅，乾也。乾坤三索而得六子，六子自下生，六子既成，各任生物之功。乾爲之君，坤受而藏之，以成十二辟卦也。疏：此明至王道。此承參兩來釋文王分上下二經，乾坤、泰否、坎离，咸恒、損益、既未濟終始相次之義，而六十四卦之序亦可知矣。故云二篇之次也。天地定位，天地，乾坤也。乾下坤上爲泰，坤下乾上爲否，故云乾坤、泰否也。山澤通氣，雷風相薄，山上有澤咸，山下有澤損，雷風恒，風雷益，故云咸恒、損益也。水火不相射，水火，坎离也。水在火上既濟，火在水上未濟，故云坎离、既未濟也。薄，入。馬、鄭義。射，厭。虞、陸義也。射，厭。釋詁文。以上所陳凡八卦耳。因參重三才之後，故相錯雜而成六十四卦，爲上下二篇也。易說者，乾鑿度文。所以釋二篇諸卦之次，正與此合，故引之。彼文云：陽三陰四，位之正也。故易六十四分而爲上下，象陰陽也。陽道純而奇者，鄭注謂：陽道專斷，兼統陰事，故曰純也。三法天，故上篇三十，所以象陽也。陰道不純而偶者，陰制於陽，故不純。四法地，故下篇三十四，所以法陰也。上篇象陽，乾陽坤陰，故乾爲首，坤爲次。乾鑿度又云：乾坤者，陰陽之本始，萬物之祖宗，故爲上篇始者，尊之也。泰陽息卦，否陰消卦，故先泰而後否。鄭注謂：先尊而後卑，先通而後止者，所以類陽事也。下篇法陰，鄭注謂：咸則男下女，恒則陽上而陰下，故以咸爲始，恒爲次。先陰而後陽者，以取類陰事也。乾鑿度曰：損者陰用事，益者陽用事，故先損而後益。鄭注謂：損象陽用事之時，陰宜自損以奉陽者，所以戒陰道以執其順者也。益當陰用事之時，陽宜自損以益陰者，所以戒陽道以弘其化者也。鄭知然者，損自泰來，故象陽用事之時，陰自損以奉陽；益自否來，故當陰用事之時，陽當自損以益陰也。日月之道，陰陽之經，所以終始萬物者，五六三十，乃天地之數，故曰陰陽之經。乾象傳曰：大明終始。荀注云：乾起坎而終於离，坤起离而終於坎，离、坎者，乾、坤之家而陰陽之府，故終始萬物。是上篇終坎、离之義也。云既濟未濟爲下篇終者，所以明戒慎而全王道者，上篇天道，下篇人事，王者體中和，贊化育，而成既濟定。既濟象傳曰：君子以思患而豫防之。荀注云：六爻既正，必當復亂。故君子象之，思患而豫防之。治不忘亂，故云所以戒慎而全王道。序卦曰：物不可窮也，故受之以未濟終焉。是下篇終既未濟之義也。坤爲至數也。繫上曰：神以知來，知以藏往。虞彼注云：乾神知來，坤知藏往，故坤爲數往，乾爲知來。坤消已下，虞義也。坤消自午，右行至亥，從上而下，故順。乾息自子，左行至巳，從下而上，故逆。易氣從下生，乾鑿度文。鄭彼注云：易本无形，自微及著，氣從下生，以下爻爲始。故十二辰之法，坤雖自上而下，然消遘及遯，亦自下生，故云易逆數也。晅乾至卦也。晅，乾。京義也。乾道成男，一索、再索、三索而得震、坎、艮；坤道成女，一索、再索、三索而得巽、离、兑。皆自下而上，以明易之爲逆數也。九家云：乾坤交索，既生六子，各任其才往生物。故云：六子既成，各任生物之功。謂動之、散之之類是也。乾爲之君，謂息卦自子至巳；坤受而藏之，謂消卦自午至亥，是謂十二辟卦。著此者，爲下陳明堂十二月之法也。

帝出乎震，齊乎巽，相見乎离，致役乎坤，説言乎兑，戰乎乾，勞乎坎，成言乎艮。**注**：帝，上帝也。上帝五帝在太微之中，迭生子孫，更王天下，故四時之序，五德相次。聖人法之，以立明堂，爲治天下之大法也。神農曰天府，黄帝曰合宫，唐曰五府，虞曰總章，夏曰世室，殷曰重屋，周曰明堂。明堂者有五室四堂，二、九、四、七、五、三、六、一、八，四正四維皆合於十五。室以祭天，堂以布政。王者承天統物，各於其方以聽事，謂之明堂。有月令，虞夏商周四代行之，今所傳月令是也。古之聖人生有配天之業，没有配天之祭。故太皡以下，歷代所禘，太皡以木德，炎帝以火德，黄帝以土德，少昊以金德，顓頊以水德。王者行大享之禮於明堂，謂之禘祖宗。其郊則行之於南郊。禘郊祖宗四大祭而總謂之禘者，禘其祖之所自出故也。一帝配天，功臣從祀，故禘禮上遡遠祖，旁及毁廟，下逮功臣。聖人居天子之位，以一德貫三才，行配天之祭，推人道以接天，天神降，地示出，人鬼格。夫然而陰陽和，風雨時，五穀熟，草木茂，民无鄙惡，物无疵厲，羣生咸遂，各盡其氣，威厲不試，刑措不用，風俗純美，四夷賓服，諸福之物，可致之詳，无不畢至，所謂既濟定也。庖犧畫八卦，以贊化育，其道如此。萬物出乎震。震，東方也。**注**：出，生也。東方者，青陽太廟也。齊乎巽。巽，東南也。齊也者，言萬物之絜齊也。**注**：東南者，東青陽个，南明堂个也。巽陽藏室，故絜齊。离也者，明也，萬物皆相見，南方之卦也。**注**：离爲日、爲火，故明。日出照物，以日相見，故萬物皆相見。南方者，明堂太廟也。聖人南面而聽天下，嚮明而治，蓋取諸此也。**注**：負斧扆南面而立，故南面而聽天下。聽，聽朔也。乾爲治，天子當陽，故嚮明而治。蓋取諸此者，言明堂之法取諸此也。蔡氏謂：「人君之位莫正於此，故雖有五名，而主以明堂也。」坤也者，地也，萬物皆致養焉，故曰：致役乎坤。**注**：坤位未而王四季，故用事於西南，而居中央。西總章个，南明堂个，中央太廟太室也。明堂月令中央土，土爰稼穡，故萬物皆致養。役，事也。坤爲事。王者四時迎氣於四郊，其中央之帝乃方澤也，合圜丘之帝爲六天。兑，正秋也，萬物之所説也，故曰：説言乎兑。**注**：兑主西，故正秋，總章太廟也。兑爲雨澤，故説萬物。震爲言，震二動成兑，言從口出，故説言也。戰乎乾。乾，西北之卦也，言陰陽相薄也。**注**：西北者，西總章个，北玄堂个也。坤十月卦，乾消剥入坤，故陰陽相薄也。坎者，水也，正北方之卦也，勞卦也，萬物之所歸也，故曰：勞乎坎。**注**：正北方者，玄堂太廟也。勞，動也。水性動而不舍，故曰勞卦。歸，藏也。艮，東北之卦也，萬物之所成終，而所成始也，故曰：成言乎艮。**注**：東北者，東青陽个也，故曰成始；北玄堂个也，故曰成終。神也者，妙萬物而爲言者也。**注**：神謂易，即一也。妙，微也。聖人飭明堂以一偶萬，明者以爲法，微者以是行，不見其事而見其功，故妙萬物而爲言。動萬物者莫疾乎雷。撓萬物者莫疾乎風。燥萬物者莫熯乎火。説萬物者莫説乎澤。潤萬物者莫潤乎水。終萬物始萬物者莫盛乎艮。**注**：四時分而效職。故水火相逮，雷風不相悖，山澤通氣，**注**：六子合而成物。然後能變化，既成萬物也。**注**：變化謂乾坤。乾道變化，各正性命，成既濟定，故既成萬物矣。不言乾坤，而言變化者，以見神之所爲。**疏**：帝上至如此。此陳明堂之法。六子成而生物之功備，十二消息具而乾坤之用宏。夫然而既濟之治可得而言矣。帝即五帝。五帝稱上帝者，孝經曰：周公宗祀文王於明堂，以配上帝。周以木德，謂配木德之帝。是五德之帝皆稱上帝也。上帝五帝在太微之中，迭生子孫，更王天下者，此何休義也。劉歆七略曰：王者師天地，體天而行，是以明堂之制內有太室象紫微，南出明堂象太微。援神契亦謂：五精之神實在太微。故知五帝在太微之中。乾象傳曰：大哉乾元，萬物資始，乃統天。郊特牲曰：萬物本乎天。聖人而爲天子，尤天所篤生者，故云：迭生子孫，更王天下。如下所云五德相次是也。四時之序，木火土金水五行之德用事者，王所生相，故王廢，勝王囚，王所勝死，故云五德相次。家語孔子曰：天有五行木火金水土，分時化育以成萬物，其神謂之五帝。又曰：五行用事，先起於木，木東方，萬物之初皆出焉。是故王者則之，而首以木德王天下，其次則以所生之行轉相承也。大戴禮盛德云：明堂天法，故聖人法之以立明堂。謂庖犧作八卦，聖人法之。故宇文愷據黃圖曰：堂方百四十四尺，法坤之筴也，方象地。屋圓楣徑二百一十六尺，法乾之筴也，圓象天。室九宮法九州，太室方六丈，法陰之變也。十二堂法十二月，三十六户法極陰之變數，七十二牖法五行所行日數，八達象八風法八卦。通天臺徑九尺，法乾以九履六；高八十一尺，法黃鐘九九之數。二十八柱象二十八宿。堂高三尺，土階三等，法三統。堂四向五色法四時五行。水四周於外象四海，圓法陽也。水闊二十四丈，象二十四氣。水内徑三丈，應覲禮經。是言所法之事，蔡氏明堂月令論其説略同。尋明堂之制備於冬官，冬官亡，故黄圖、月令論所稱不盡與古合，爲袁準所駁。然其取法於易，則同也。又先儒戴德、戴聖、韓嬰、孔牢、馬宮、劉歆、賈逵、許慎、服虔、盧植、潁容、蔡雍、高誘諸人，皆以明堂上有靈臺，下有辟雍，四門有太學。故蔡氏論云：謹承天順時之令，昭令德宗祀之禮，明前功百辟之勞，起養老敬長之義，順教幼誨稚之學，明諸侯選造士於其中，以明制度。生者乘其能而至，死者論其功而祭，故爲大教之宫。周書大匡曰：明堂所以明道，明道惟法。是言治天下之大法也。大戴禮盛德曰：明堂者，古有之也。盧辯注云：案淮南子言神農之世祀於明堂。明堂有蓋四方，蓋始於此。尸子曰：黄帝曰合宫，有虞曰總章，周人曰明堂，皆所以明休其善。又曰：欲觀黄帝之行於合宫，觀堯、舜之行於總章。故知黄帝曰合宫，虞曰總章。尚書帝命驗曰：帝者承天立五府，以尊天重象。注云：象五精之神也。天有五帝，集居太微，降精以生聖人。故帝者承天立五帝之府，是爲天府。桓譚新論曰：明堂，堯謂之五府。府，聚也。言五帝之神聚於此。古文尚書堯典曰：正月上日受終於文祖。鄭彼注云：文祖，五府之大名，如周之明堂。故知唐曰五府，皆明堂異名也。考工記曰：夏后氏世室，殷人重屋，周人明堂，是三代明堂亦異名也。五室謂中太室，東青陽，南明堂，西總章，北玄堂，四堂各有室，兼中央爲五，故有五室四堂也。二、九、四、七、五、三、六、一、八者，大戴禮盛德文。坤二，离九，巽四，故云二、九、四。兑七，中央五，震三，故云七、五、三。乾六，坎一，艮八，故云六、一、八。凡九，謂之九宫。一、二、三、四得五爲六、七、八、九，故乾鑿度曰：太一取其數以行九宫，四正四維皆合於十五。鄭彼注云：太一主氣之神，四正四維以八卦神所居，故亦名之曰宮。太一下行猶天子出巡狩省方岳之事，每卒〔一〕則復；太一下行八卦之宮，每四乃還於中央。中央者，北辰之所居，故因謂之九宮。始坎，次坤，次震，次巽，次中央，次乾，次兑，次艮，次离，行則周矣，乃反於紫宮。出從中男，入從中女，亦因陰陽男女之偶爲終始，云坎、离、震、兑爲四正，乾、坤、艮、巽爲四維。一九、六四、二八、七三，乘五皆爲十五，故云皆合於十五。室以祭天，堂以布政者，後魏封軌明堂議文。軌又云「依行而祭，故室不過五；依時布政，故堂不踰四」是也。王者承天統物，各於其方以聽事者，禮記明堂陰陽録文。彼文云：明堂之制，周旋以水，水左旋以象天，內有太室象紫垣，南出明堂象太微，西出總章象五潢，北出玄堂象營室，東出青陽象天市。上帝四時各治其室，故王者法之也。統物，統萬物也。蔡氏章句曰：月令所以順陰陽，奉四時，效氣物，行王政也。成法具備，各從時月，歲之明堂，所以示承祖考神明。明不敢泄瀆之義，故以明堂冠月令。虞、夏、商、周四代行之，故禮記明堂位兼陳四代之服器，其文在周書五十三。大戴采以爲明堂月令。馬氏附月令於小戴而删明堂字，故止謂之月令也。中庸言「唯天下至聖爲能聰明睿知，足以有臨也」下云：凡有血氣者，莫不尊親，故曰配天。是生有配天之業也。古文尚書伊訓篇曰：惟太甲元年十有二月乙丑朔，伊尹祀於先王，誕資有牧方明。劉歆釋之曰：言太甲雖有成湯、太丁、外丙之服，以冬至越茀祀先王於方明，以配上帝。方明者，放明堂之制。太甲行吉禘之禮，宗祀成湯於明堂，以配上帝，是没有配天之祭也。夏少康中興，伍員亦云祀夏配天。三代受命，中興之主及繼世有德之君没，皆行配天之祭。禹、湯、文、武，受命之主也。夏之少康，周之宣王，中興之主也。殷之三宗，周之成、康，繼世有德之君也。云太皞以下歷代所禘者，禮運云：大道之行也，天下爲公。鄭注祭法云：有虞氏以上尚德，禘

〔一〕「卒」，皇清經解本作「率」。

郊祖宗，配用有德者而已；自夏已下稍用其姓氏代之。禮運所謂大道既隱，天下爲家；禹、湯、文、武、成王、周公由此其選。言禹、湯以下雖用明堂之法，而大道稍隱也。若然，太皞、炎帝當亦黄帝以下所禘。其黄帝以下乃四代所禘，見於魯語及祭法也。蔡氏獨斷曰：易曰帝出乎震，震者，木也。言宓犧氏始以木德王天下也。木生火，故宓犧氏没，神農氏又以火德繼之。火生土，故神農氏没，黄帝以土德繼之。土生金，故黄帝氏没，少昊氏以金德繼之。金生水，故少昊氏没，顓頊氏以水德繼之。是言五德相次，自太皞以下也。獨斷又云：水生木，故顓頊氏没，帝嚳以木德繼之。木生火，故帝嚳氏没，帝堯以火德繼之。火生土，故帝舜氏以土德繼之。土生金，故夏禹氏以金德繼之。金生水，故殷湯氏以水德繼之。亦皆五德相次。故帝嚳雖不列五帝，商周以下禘之，堯、舜、禹、湯、文、武咸列祖宗之祭也。若明堂月令以太皞相次者，蓋唐、虞已前之制，其實歷代皆有損益也。禮器曰：大饗其王事與，三牲魚腊，四海九州之美味也。籩豆之薦，四時之和氣也。内金，示和也。束帛加璧，尊德也。龜爲前列，先知也。金次之，見情也。丹、漆、絲、纊、竹、箭，與衆共財也。其餘無常貨，各以其國之所有，則致遠物也。禮器云大饗其王事，大饗者，明堂之大禘也。王者行大饗之禮於明堂，謂之禘祖宗。禘者，圜丘之大禘，與春夏之時禘，及喪畢之吉禘也。祖者，如周之祖文王也。宗者，如周之宗武王也。皆配天之祭，又皆蒙禘之名，謂禘其祖之所自出故也。后稷之祀在南郊。郊特牲曰：兆於南郊，就陽位也。又云：於郊，故謂之郊。故云唯郊行之於南郊。其三大祭皆在明堂也。爾雅祭名曰：禘，大祭也。禘郊祖宗四大祭而總謂之禘者，楚語：禘，郊郊也。鄭注大傳不王不禘及詩長發大禘箋皆云郊祀天，是郊稱禘也。周頌雝序云：禘，大祖也。鄭箋云：大祖謂文王。是祖稱禘也。劉歆云大禘則終王，是宗稱禘也。禘者，禘其祖之所自出。董子曰：天地者，先祖之所出也。故四大祭皆蒙禘之名也。般庚曰：兹予大享於先王爾祖，其從與享之。故云：一帝配天，功臣從祀。禘禮上遡遠祖者，謂如周始祖之上，又有遠祖嚳。虞喜曰：終禘及郊宗，石室是也。旁及毁廟者，謂四廟二祧之外又及毁廟，皆升合食序昭穆。故韓詩内傳曰「禘取毁廟之主，皆升合食於太祖」是也。下逮功臣者，謂功臣從祀。周書大匡曰：勇如害上，不登於明堂。高堂隆釋之云：謂有勇而無義，死不登堂而配食。故蔡氏據禮記太學志曰：善人祭於明堂，其無位者祭於太學。是言禘祭下逮功臣之事也。聖人居天子之位，謂如文言所云「飛龍在天，乃位乎天德」，有天德而居天位者也。説文曰：董仲舒云：古之造文者，三畫而連其中謂之王。三者，天地人也；而參通之者，王也。孔子曰一貫三爲王，故云以一德貫三才。行配天之祭者，謂上四大祭也。天道遠，故推人道以接天。禘禮之灌是也。以孫格祖，以祖格天，故天神降，地示出，人鬼格。即大司樂所云「若樂六變則天神皆降，八變則地示皆出，九變則人鬼可得而禮」是也。夫然而陰陽和以下，既濟之事也。民皆仁厚，故无鄙惡。緇衣所謂「禹立三年，百姓以仁遂焉」是也。六沴不作，故物无疵厲。鴻範五行傳所謂「五福乃降，用章於下」是也。羣生咸遂，各盡其氣者，謂畢其壽命之氣也。諸福之物，可致之祥，无不畢至者，此皆董子對策文。諸福之物，謂如鳳皇麒麟皆在郊椒、龜龍在宫沼之類是也。可致之祥，謂如天降甘露、地出醴泉、山出器車、河出馬圖之類是也。既濟則各正性命，保合太和。中庸曰：致中和，天地位焉，萬物育焉。言明堂之大道本於易，故云：伏羲畫八卦，以贊化育，其道如此也。　出生至廟也。　出，生。虞義也。廣雅曰：生，出也。此下言明堂之序。首稱萬物出乎震者，明堂所以贊化育，月令記時候，則及草木鳥獸蟲魚之類，故下屢言萬物也。震東方者，青陽太廟在東，故曰東方也。以下八卦，四正四維當明堂十二室，知者以鴻範五行傳云：孟春之月御青陽左个，索祀於艮隅；仲春之月御青陽正室，索祀於震正；季春之月御青陽右个，索祀於巽隅；孟夏之月御明堂左个，索祀於巽隅；仲夏之月御明堂正室，索祀於离正；季夏之月御明堂右个，索祀於坤隅。中央之極，自崑崙中至太室之野，土王之日，迎中氣於中室。孟秋之月御總章左个，索祀於坤隅；仲秋之月御總章正室，索祀於兑正；季秋之月御總章右个，索祀於乾隅；孟冬之月御玄堂左个，索祀於乾隅；仲冬之月御玄堂正室，索祀於坎正；季冬之月御玄堂右个，索祀於艮隅。隅，角也。高誘注淮南云：四角爲維。是四正四維當十二室之事也。今唯坤當太廟太室，其左明堂个；兑當總章太廟，其左總章个爲異耳。　東南至絜齊。　巽言東南者，巽之東震也，其南离也。故曰：東青陽个，南明堂个也。巽陽藏室，故絜齊，虞義也。陽伏巽初，故巽陽藏室。古人齊戒必於寢，而後會於太廟。齊之言齊也，齊不齊以致齊者也。巽陽藏室，神明之德在內，故繫上云：聖人以此齊戒，以神明其德。祭統亦云：專致其精明之德，盡性以盡物性。故云萬物之絜齊也。　离爲至廟也。　离爲日、爲火，火日外景，故明离。明照於四方，故日出照物。以日相見，故萬物皆相見。此上虞義也。　离言南方者，明堂在南，故云明堂太廟也。　負斧至堂也。　負斧扆南面立，周書明堂文。其文曰：明堂之位，天子之位，負斧依南面立，羣公卿士侍於左右。是南面之事也。云聽，聽朔也者，周禮太宰云：正月之吉始和，布治於邦國都鄙，乃縣治象之法於象魏，使萬民觀治象，浹日而斂之。干寶注云：周正建子之月，告朔日也。此即玉藻之聽朔矣。　案玉藻云天子聽朔於南門之外，謂明堂南門之外。天子受朔於南郊，還於明堂告時，帝配祖考，縣六象之法於象魏，退而居太廟及左右个，閏月居門。故周禮春官太史云：頒告朔於邦國。閏月詔王居門，終月聽朔之禮當在冬官匠人職，冬官亡，故明堂之制不詳。諸儒鄭玄等咸有異說，惟二戴、馬宫、孔牢、賈逵、盧植、潁容、許慎、服虔、蔡雍、高誘諸儒知有此制，而蔡氏之說尤備，具於月令章句，今依用之。乾爲治，虞義也。天子當陽，文四年春秋傳文。彼謂諸侯朝正於王，亦是明堂班朔之事。天子當陽，諸侯用命，所謂嚮明而治也。言八卦九宮之法，明堂太廟正值离位，故云蓋取諸此也。　引蔡氏者，明堂月令論也。彼文引此傳爲證，言人君四時所居之位，莫正於明堂，故雖有青陽等五名，而以明堂爲主，因謂之明堂也。　坤位至六天。　乾鑿度曰：坤位在未。參同契曰：土王四季，羅絡始終。青黑赤白，各居一方。皆稟中宮，戊己之功。未在西南，彖傳曰西南得朋，故用事於西南。青黑赤白，皆稟中中〔一〕，故居中央。白虎通謂：土王四季，居中央，不名時也。明堂月令中央土當季夏，故用事於西南而居中央也。坤西南卦，故西爲總章个，南爲明堂个。明堂月令中央土，天子居太廟太室，故云中央太廟太室也。鴻範曰：土爰稼穡。稼穡所以養人者，故萬物皆致養焉。僖十五年春秋傳曰此一役也，杜預訓役爲事。坤爲事，故曰：役，事也。王者四時迎氣於郊，謂迎蒼帝、赤帝、白帝、黑帝也。其黄帝則中央之帝，即周禮之方澤也。周禮大司樂：以日夏至降神於方澤。故月令無中央迎氣之文。必知中央爲太室者，鴻範五行傳曰：中央之極，自崑崙中至太室之野，帝黄帝，神后土，司之太室之野。即中央之土，降神於方澤，迎之於太廟太室。故稱方澤爲太室之野也。繫上曰：大衍之數五十，其用四十有九。京氏章句云：其一不用者，天之主氣。鄭注乾鑿度云：太一主氣之神。太一即北辰，北辰即皇天大帝，與五帝爲六，故明堂有六天，謂四郊中央，合圜丘之帝，爲六天也。其神謂之六宗，覲禮謂之方明，即下傳：神也者，妙萬物而爲言，月令其神勾芒等是也。周禮大宗伯以玉作六器以禮天地四方：以蒼璧禮天，謂上帝也；以黄琮禮地，謂中央帝也；以青圭禮東方，蒼帝也；以赤璋禮南方，赤帝也；以白琥禮西方，白帝也；以玄璜禮北方，黑帝也。皆有牲幣，各放其器之色，此六天也。其神謂之六宗，古文尚書虞、夏書曰：禋於六宗。伏生、馬融云：萬物非天不覆，非地不載，非春不生，非夏不長，非秋不收，非冬不藏，禋於六宗，此之謂也。覲禮曰：諸侯覲於天子，爲宫方三百步，四門壇十有二尋，深四尺，加方明於其上。方明者，木也。方四尺，設六色：東方青，南方赤，西方白，北方黑，上玄下黄。設六玉，與周禮同。方明者，放乎明堂之制也。王者覲諸侯，或巡狩四岳，則有方明，亦謂之明堂。荀子所謂「築明堂於塞外，以朝諸侯」是也。塞外，境外。戰國時齊有泰山。明堂即方明也。周

〔一〕下「中」字，依上下文意當作「宫」。

書朝諸侯則於明堂，儀禮覲諸侯則設方明，故虞禋六宗而覲四岳羣牧。周禮：方明而覲公侯伯子男六宗。方明即明堂。六天之神，鄭氏謂天之司盟，非也。其制詳於冬官，冬官亡，而明堂之制不詳，禘禮亦廢。鄭氏知圜丘、方澤之爲禘，而不知爲明堂六帝。王肅又誤據春秋魯禘，改禘爲宗廟之祭，無配天之事，故魏明帝謂：漢氏四百餘年廢無禘祀也。但禘禮行於明堂，明堂之法本於易，明堂之法亡，而後之人遂不知以易贊化育矣。 兑主至言也。 兑，四正卦，辰在酉，故正秋，於明堂爲總章太廟也。兑爲雨澤以下，虞義也。兑爲澤，坎象半見，故爲雨澤。震爲言，陽息震成兑，兑爲口，言從口出，兑又爲説，故説言也。 西北至薄也。 言西北者，乾之西兑也，其北坎也，故曰西總章个，北玄堂个也。坤十月卦以下，虞義也。薄，入也。乾位在亥，消息坤亦在亥，故十月卦。乾消剥上入坤，故陰陽相入。陽言出，陰言入，不言陰陽相出入者，據乾入坤，故言入也。 正北至藏也。 坎位正北，故云正北方之卦，於明堂爲玄堂太廟也。坎，太玄準之以動，故云：勞，動。水性動而不舍，謂不舍晝夜也。鄭氏謂水性勞而不倦，義亦同也。歸，藏。虞義也。月令言天地閉藏，故云：歸，藏也。 東北至成終。 艮之東震也，故曰青陽个。其北坎也，故曰玄堂个也。坎者萬物之所歸，故曰成終。萬物出乎震，故曰成始也。 神謂至爲言。 神謂易，虞義也。繫上曰：非天下之至神，其孰能與於此。虞注云：至神謂易隱初入微。太玄曰：生神莫先乎一。吕氏春秋曰：知精則知神，知神之謂得一。凡彼萬形，得一後成。下云既成萬物，乃神之所爲，故云即一也。荀悦申鑒曰理微謂之妙，字亦作眇。曹大家注幽通賦云：眇，微也。眇、妙同物耳。吕氏春秋曰妙而難見，荀子曰精微而無形，則微、妙亦同義耳。聖王飭明堂，大戴禮盛德文。彼文爲飾，飾古文飭。其言曰：聖王之盛德，人民不疾，六畜不疫，五穀不災，諸侯无兵而正，小民无形而治，蠻夷懷服。明堂者古有之，凡九室，一室有四户八牖，以茅蓋，上圓下方，外水曰辟雍，赤綴户，白綴牖；堂高三尺，東西九仞，南北七筵；其宫方三百步。凡人民疾，六畜疫，五穀災，生於天道不順；天道不順生於明堂不飾。故有天災則飾明堂是也。以一偶萬，太玄文。董子對策曰：一者，萬物之所從始也。故爲人君者正心以正朝廷，正朝廷以正百官，正百官以正萬民，正萬民以正四方。所謂以一偶萬，即論語「吾道一以貫之」之義也。明者以爲法，微者以是行，越語文。范蠡曰：天道皇皇，日月以爲常。明者以爲法，微者以是行。聖人建明堂取諸离，离者明也。大戴盛德曰明堂天法，故明者以爲法。上文所陳是也。微謂獨行，時若日月之晦夕朔旦也。荀子曰：執一如天地，行微如日月。日月之行，人所不見，似乎細微，無怠止之時，猶至誠之無息，故微者以是行。不見其事而見其功，荀子文。中庸曰：不見而章，不動而變，無爲而成。不見、不動、無爲，不見其事也；章、變、動者，見其功也。荀子謂之神，故云妙萬物而爲言也。　四時至成物。　承上明堂大法而言。六子循四時之序而效職，所謂明者以爲法也。水火、雷風、山澤，一陰一陽合而成物，所謂微者以是行也。　變化至所爲。　乾變坤化，故變化謂乾坤。乾道變化，各正性命，成既濟定，故既成萬物。此虞義也。四時分而郊職，六子合而成物，皆是乾變坤化之事，一陰一陽變化不測。子曰：知變化之道者，其知神之所爲。故不言乾坤而言變化者，以見神之所爲也。此言既濟之功，既濟之功始於一，造於微，成於變化，所謂大道也。孔子三朝記曰：孔子曰：所謂聖人者，知通乎大道，應變而不窮，能測萬物之情性者也。大道者，所以變化而凝成萬物者也。情性也者，所以理然否取舍者也。故其事大配乎天地，參乎日月，雜於風雲，總要萬物。穆穆純純，其莫之能循，若天之司莫之能職，百姓淡然不知其善，是其事也。易之微言盡於是矣。以下皆後師所益也。

乾，健也。坤，順也。震，動也。巽，入也。坎，陷也。离，麗也。艮，止也。兑，説也。**注：**自此而下皆易後師所益。此訓彖傳神明之德也。

乾爲首。坤爲腹。震爲足。巽爲股。坎爲耳。离爲目。艮爲手。兑爲口。**注：**訓近取諸身。外傳曰：平八索以成人。故春秋時或名易爲八索。乾爲馬。坤爲牛。震爲龍。巽爲雞。坎爲豕。离爲雉。艮爲狗。兑爲羊。**注：**訓遠取諸物。王弼本誤刊「乾爲首」上，今從古。乾，天也，故稱乎父。坤，地也，故稱乎母。震一索而得男，故謂之長男。巽一索而得女，故謂之長女。坎再索而得男，故謂之中男。离再索而得女，故謂之中女。艮三索而得男，故謂之少男。兑三索而得女，故謂之少女。**注：**訓乾道成男，坤道成女，及易逆數之義。索，數也。乾爲天，爲圜，爲君，爲父，爲玉，爲金，爲寒，爲冰，爲大赤，爲良馬，爲老馬，爲瘠馬，爲駁馬，爲木果。坤爲地，爲母，爲布，爲釜，爲吝嗇，爲旬，爲子母牛，爲大轝，爲文，爲衆，爲柄；其於地也爲黑。震爲雷，爲駹，爲玄黄，爲尃，爲大塗，爲長子，爲决躁，爲蒼筤竹，爲萑葦；其於馬也爲善鳴，爲馵足，爲作足，爲的顙；其於稼也爲反生；其究爲健，爲蕃鮮。巽爲木，爲風，爲長女，爲繩直，爲工，爲白，爲長，爲高，爲進退，爲不果，爲臭；其於人也爲宣髮，爲廣顙，爲多白眼，爲近利市三倍；其究爲躁卦。坎爲水，爲溝瀆，爲隱伏，爲矯揉，爲弓輪；其於人也爲加憂，爲心病，爲耳痛；爲血卦，爲赤；其於馬也爲美脊，爲極心，爲下首，爲薄蹄，爲曳；其於輿也爲多眚，爲通，爲月，爲盜；其於木也爲堅多心。离爲火，爲日，爲電，爲中女，爲甲胄，爲戈兵；其於人也爲大腹；爲乾卦，爲鼈，爲蟹，爲蠃，爲蚌，爲龜；其於木也爲折〔一〕上槀。艮爲山，爲徑路，爲小石，爲門闕，爲果蓏，爲閽寺，爲指，爲拘，爲鼠，爲黔喙之屬；其於木也爲多節。兑爲澤，爲少女，爲巫，爲口舌，爲毁折，爲附决；其於地也爲剛鹵；爲妾，爲羔。

注：訓二篇卦爻之象。九家乾後有四：爲龍，爲直，爲衣，爲言；坤後有八：爲牝，爲迷，爲方，爲囊，爲裳，爲黄，爲帛，爲漿；震後有三：爲王，爲鵠，爲鼓；巽後有二：爲楊，爲鸛；坎後有八：爲宫，爲律，爲可，爲棟，爲叢棘，爲狐，爲蒺藜，爲桎梏；离後有一：爲牝牛；艮後有三：爲鼻，爲虎，爲狐；兑後有二：爲常，爲輔頰。虞氏逸象又備焉。易者，象也，其是之謂與。**疏**：自此至德也。説卦先説蓍數、卦爻、重卦之義，二篇之次及消息六子，以明易之爲逆數，然後叙明堂之法，而終之以既濟，聖人作易以贊化育，其義已盡。故自乾健也已下，皆後師所益。後師者，七十子之徒是也。必知非孔子所作者，乾健也已下，或訓彖傳，或訓繫辭，或訓上下篇卦爻之象，皆爲訓詁之體，且上陳大道，下則義訓，其文不次。又如歸藏易亦云乾爲天、爲君、爲父、爲天赤、爲辟、爲卿、爲馬、爲禾、爲血卦之類，亦是訓卦爻之象，與此略同。故知非孔子作也。云訓彖傳八卦之德者，泰彖傳曰内健而外順，健順是乾坤也；屯傳動乎險中，動是震也；需傳剛健而不陷，陷是坎也；离傳重明以麗乎正，柔麗乎中正，晉傳順而麗乎大明，麗是离也；蒙傳險而止，止是艮也；履傳説而應乎乾，説是兑也。獨巽卦之義，彖傳不易其文。其訓入者，唯見於序卦，則巽有入義，故不云：巽，巽也。坎或訓險，离或訓明，易含萬象，言豈一端？其所訓之義，則虞注云：精剛自勝，動行不休，故健。

〔一〕「折」，通行本周易作「科」。

純柔承天時行，故順。動者陽出動行，入者乾初入陰，陷者陽陷陰中，麗者日麗乾剛，陽位在上故止，震爲大笑，陽息震成兑，震言出口，故説也。　訓近至八索。　繫下云：庖犧氏近取諸身，遠取諸物。於是始作八卦。乾爲首已下，皆近取諸身也。故乾鑿度孔子曰：八卦之序成立，則五氣變形，故人生而應八卦之體，得五氣以爲五常是也。周書武順曰：元首曰末首。謂上也。乾陽唱，故乾上爲首。腹謂四也。坤爲富，釋名曰：腹，富也。其中多品，似富者也。足謂初也。震在下能動，故爲足。股謂二也。下開似股。耳謂五也。鴻範坎北方屬聽，故爲耳。目亦謂五也。鴻範南方屬視，故爲目。淮南精神曰：耳目者，日月也。离日坎月，离目坎耳，故云：耳目者，日月也。手謂三也。艮爲拘，以手拘物，故爲手。口謂上也。鄭云：上開似口。外傳者，鄭語文。韋昭云：八索謂八體，以應八卦。昭十二年春秋傳曰：左史倚相能讀三墳、五典、八索、九丘。馬融注云：八索，八卦。是當時名易爲八索也。　訓遠至從古。　鴻範五行傳曰：王之不極，時則有馬禍。鄭彼注云：天行健。馬，畜之疾行者也，屬王極。乾爲王，馬屬王極，故爲馬。又曰：思之不容，時則有牛禍。鄭注云：牛，畜之任重者也，屬皇極。坤爲土，思心曰土，牛屬皇極，故坤爲牛。震爲龍者，震初九也。鴻範五行傳曰：王之不極，時則有龍蛇之孽。鄭注云：龍，蟲之生於淵，行於无形，游於天者，屬天。乾爲龍，乾息自初，初九潛龍勿用，乾初即震初，故震爲龍。一曰：震東方，歲星木，木爲青龍，故爲龍也。巽爲雞者，巽爲木，五行傳雞屬木。九家據易生人曰：巽應八風也。風應節而變，變不失時，雞時至而鳴，與風相應也。二九十八，主風精爲雞，故雞十八日剖而成雛。二九順陽歷，故雞知時而鳴也。坎爲豕者，坎爲耳主聽，五行傳曰：聽之不聰，時則有豕禍。鄭注云：豕，畜之居閑衛而聽者也，屬聽。九家曰：豕汚辱卑下也。六九五十四，主時精爲豕，豕懷胎四月而生，宣時理節。是其義也。离爲雉者，劉向五行傳説曰：書序高宗祭成湯，有蜚雉登鼎耳而雊。雉雊鳴者，以赤色爲主，於易离爲雉，雉南方，近赤祥也。劉歆視傳以爲羽蟲之孽。又离爲文明，雉有文章，故离爲雉。艮爲狗者，鄭氏云：艮卦在丑，艮爲止，以能吠守止人，則屬艮。九家云：艮數三、七、九、六、十三，三主斗，斗爲犬，故犬懷胎三月而生。斗運行十三時日出，故犬十三日而開目。斗屈，故犬卧屈也。斗運行四帀，犬亦夜繞室也。犬之精畏水不敢飲，但舌舐水耳。犬鬬，以水灌之則解也。斗近奎星，故犬淫當路不避人者也。兑爲羊者，兑正秋也。易是類謀曰：太山失金雞，西嶽亡玉羊。羊是西方之畜，故兑爲羊。又兑爲剛鹵，鄭氏謂：其畜好剛鹵也。此一節王氏誤刊「乾爲首」上，今從鄭氏古文也。訓乾至數也。繫上曰：乾道成男，坤道成女。荀氏云：男謂乾初適坤爲震，二適坤爲坎，三適坤爲艮，以成三男也；女謂坤初適乾爲巽，二適乾爲离，三適乾爲兑，以成三女也。三男即長男、中男、少男也，三女即長女、中女、少女也。是訓乾道成男，坤道成女之義也。震、巽一索，坎、离再索，艮、兑三索，皆自下而上。是又訓易逆數之義也。索，數。馬義也。訓二至謂與。訓二篇六十四卦三百八十四爻之象。卦爻皆取象於八卦，故分屬之八卦也。乾爲天者，乾，健也，天行健，故乾爲天。爲圜者，大戴禮天圓曰：夫子曰：天道曰圓，地道曰方。考工記曰：蓋之圜也以象天也。吕氏春秋曰：何以説天道之圜也？精氣一上一下，圜周復匝，无所稽留，故曰天道圜。爲君者，虞氏云：貴而嚴也。爲父者，虞氏云：成三男，其取類大，故爲父也。爲玉、爲金者，玉取其剛，金取其明。鼎上九鼎玉鉉，六五金鉉，皆謂乾也。爲寒、爲冰者，乾位西北，西北寒冰之地也。爲大赤者，虞氏云：天陽爲赤。釋名曰：赤者，赫也，太陽之色。白虎通謂：赤者盛陽之氣，故周爲天正，色尚赤也。爲良馬者，乾爲馬，虞氏云：乾善故良也。爲老馬者，四月乾已老也。爲瘠馬者，鄭氏云：凡骨爲陽，肉爲陰，乾陽皆骨，故爲瘠馬也。爲駮馬者，宋衷云：天有五行之色，故爲駮馬。案考工記：畫繢之事雜五色，東方謂之青，南方謂之赤，西方謂之白，北方謂之黑，天謂之玄，地謂之黄。凡五而目有六者，玄與黑同而異也。五方之色畢，而天之玄乃全乎五方之色，故云天有五行之色也。爲木果者，宋衷云：羣星著天似果實著木，故爲木果。坤爲地者，虞云：柔道靜也。爲母者，荀云：陰位之尊。虞云：成三女能致養，故爲母也。爲布者，虞云：坤道廣布，不止一方也。爲釜者，取其化成物也。爲吝嗇者，陽吉陰凶，以陰化陽，吉趨於凶，故吝也。嗇者鄙也，啚與鄙同。乾爲仁，仁主施，坤爲鄙，鄙主歛，故爲嗇也。太玄曰「圜則杌棿，方則嗇吝」是也。一曰：坤田爲嗇。說文云：嗇，愛濇也。从來从㐭，來者㐭而藏之。故田夫謂之嗇夫。古文作嗇，从田，故坤爲嗇。義亦通也。爲旬者，說文云：十日爲旬。坤數十，故爲旬。釋言曰：旬，均也。今易亦有作均者，當讀爲旬也。爲子母牛者，昭四年春秋傳曰：純离爲牛。离，坤之子也。坤离皆牛，故爲子母牛也。爲大轝者，取其載物。許慎曰：輿，地道也。漢世有輿地圖，其取諸此與？爲文者，九家云：萬物相雜，故爲文。楚語：左史倚相曰地事文。逸禮三正記曰：質法天，文法地。白虎通曰：天爲質，地受而化之，養而成之。故爲文也。爲衆者，虞云：物三稱羣，陰爲民，三陰相隨，故爲衆也。爲柄者，虞氏曰：柄，本也。一說：柄當從古文作枋，枋與方通，乾爲圜，故坤爲方。彖傳曰「至靜而德方」是也。其於地也爲黑者，據消息十月北方之色，至十一月一陽生，則爲玄。故說文曰：黑而有赤色曰玄也。震爲雷者，虞云：太陽火得水有聲，故爲雷也。爲駹者，虞云：駹蒼色，震東方，故爲駹。舊讀作龍，上已爲龙，非也。案，今本作龍，鄭讀爲尨，云：取日出時色雜也。爲玄黄者，虞云：天玄地黄，震天地之雜物，故爲玄黄。爲專者，虞云：陽在初隱靜，未出觸坤，故專，則乾靜也專。延叔堅說以專爲旉大布，非也。案旉古布字，故云大布。今本作旉。干寶注云：花之通名。鋪爲花皃謂之藪，義亦通也。爲大塗者，鄭云：國中三道曰塗。上值房、心，塗而大者，取房有三塗焉。案，王制云：道路男子由右，婦人由左，車從中央。是道有三也。震在卯，卯上值房、心。鴻範五行傳曰：出入不節。鄭注云：房有三道，出入之象。三塗即三道也。王廙云：大塗萬物所出也。爲長子者，虞云：乾一索，故爲長子也。爲决躁者，變至三體兑，兑爲决，震外體爲躁，故爲决躁也。爲蒼筤竹者，九家云：蒼筤，青也。震陽在下，根長堅剛，陰爻在中，使外蒼筤也。爲萑葦者，鄭云：竹類。其於馬也爲善鳴者，乾爲馬，震得乾之初。虞云：爲雷，故善鳴也。爲馵足者，虞云：馬白後左足爲馵，震爲左、爲足，初陽白，故爲馵足。爲作足者，作，起也，震足起，故爲作足。王𢒥云：馬行先作弄四足也。爲的顙者，虞云：的，白顙頟也。震反生，以初爲顙，初陽白，故爲的顙。其於稼也爲反生者，宋云：陰在上，陽在下，故爲反生。謂枲豆之類戴甲而生。一曰：震春爲生，乾陽反初，故曰反生也。其究爲健、爲蕃鮮者，虞云：震巽相薄，變而至三，則下象究。與四成乾，故其究爲健、爲蕃鮮。巽究爲躁卦，躁卦則震，震雷巽風无形，故卦特變耳。案，變至三則成巽，故云下象究。二至四體乾，故與四成乾。乾，健也。蕃鮮，白也。巽爲白，故云耳。巽爲木者，柔爻爲草，剛爻爲木。震爲蒼筤竹、爲萑葦、爲稼，皆柔爻也。巽爲木，謂剛爻也。爲風者，陸云：風，土氣也。巽，坤之所生，故爲風。亦取静於本而動於末也。爲長女者，荀云：柔在初。爲繩直者，翟玄云：上二陽共正一陰，使不得邪辟，如繩之直也。爲工者，荀云：以繩木故爲工。爲白者，虞云：乾陽在上，故白也。爲長、爲高者，虞云：乾陽在上，長故高。爲進退者，二陽爲進，初陰爲退。巽爲木，説文引易曰：地可觀者莫可觀於木。木於五事屬貌，容止可觀，進退可度，是其義也。爲不果者，巽，兑之反也；兑爲決，故巽爲不果。爲臭者，虞云：臭，氣也。風至知氣，巽二入艮鼻，故爲臭。其於人也爲宣髮者，鄭云：頭髮顥落曰宣。取四月靡草死，髮在人體猶靡草在地。虞云：爲白，故宣髮。馬君以宣爲寡髮，非也。案，古宣、鮮字皆讀爲斯。詩瓠葉云：有兔斯首。鄭箋云：斯，白也。今俗斯、白之字作鮮，齊魯之間聲近斯。宣二年春秋傳云：於思於思。賈逵曰：頭白貌。思、斯同音，宣讀如斯，故訓爲白也。爲廣顙者，虞云：變至三，坤爲廣，四動成乾爲顙，故爲廣顙。爲多白眼者，虞云：爲白，离目上向則白眼見，故多白眼。爲近利市三倍者，虞云：變至三成坤，坤爲近，四動成乾，乾爲利，至五成噬嗑，故稱市，乾三爻爲三倍，故爲近利市三倍。其究爲躁卦者，虞云：震内體爲專，外體爲躁，變至五成噬嗑，動上成震，故其究爲躁卦。八卦諸爻，惟震巽變耳。坎爲水者，説文曰：水，準也。北方之行象衆水並流，中有微陽之氣也。爲溝瀆者，虞云：以陽闢坤，水性流通，故爲溝瀆也。爲隱伏者，虞云：陽藏陰中，故爲隱伏也。爲矯揉者，宋云：使曲者更直爲矯，直者更曲爲揉。水流有曲直，故爲矯揉也。爲弓輪者，虞云：可矯揉，故爲弓輪。坎爲月，月在庚爲弓，在甲象輪，故爲弓輪也。案，虞據納甲爲言。又坎在丁上弦，在丙下弦，故參同契曰：上弦兑數八，下弦艮亦八。賈誼新書曰「古之爲路輿三十輻以象月」是也。其於人也爲加憂者，虞云：兩陰失心爲多眚，故加憂。案，兩陰謂三初也。爲心病者，虞云：爲勞而加憂，故心病。亦以坎二折坤爲心病也。爲耳痛者，坎爲耳，爲疾，故爲耳痛也。爲血卦者，血陰類，坎流坤，故爲血卦。爲赤者，白虎通曰：十一月之時，陽氣始養根株黄泉之下，萬物皆赤，故爲赤也。其於馬也爲美脊者，宋云：陽在中央，美脊之象。爲極心者，荀云：極，中也。乾爲馬，坎中爻乾也，故爲極心。爲下首者，乾爲首，陽陷坤中，故爲下首。爲薄蹄者，蹄，震也；薄，迫也。陽不在初，行則迫地，故爲薄蹄。爲曳者，初足不正，故爲曳也。其於輿也爲多眚者，虞云：眚，敗也。坤爲大轝，坎折坤體，故爲車多眚也。爲通者，坎爲大川，爲溝瀆，以達於川，故爲通也。爲月者，虞云：坤爲夜，以坎陽光坤，故爲月也。爲盗者，虞云：水行潛竊，故爲盗也。其於木也爲堅多心者，虞云陽剛在中，故堅多心，棘屬也。离爲火者，説文曰：火，燬也。南方之行，炎而上也。爲日者，荀云：陽外光也。爲電者，鄭云：取火明也。多明似日，暫明似電也。爲中女者，荀云：柔在中也。爲甲胄者，虞云：外剛故爲甲。乾爲首，巽繩貫甲而在首上，故爲胄。胄，兜鍪也。爲戈兵者，虞云：乾爲金，离火斷乾，燥而煉之，故爲戈兵也。其於人也爲大腹者，虞云：象日常滿如妊身婦，故爲大腹。乾爲大，坤爲腹也。爲乾卦者，虞云：火日熯燥物，故爲乾卦。鄭云：乾當爲幹，陽在外能幹正也。董遇作幹。列子曰木葉幹殼，張湛讀爲乾。若然，乾、幹同物，故讀從之。爲鼈、爲蟹、爲蠃、爲蚌、爲龜者，虞云：此五者皆取外剛内柔也。鄭云：皆骨在外。其於木也爲折上槀者，虞云：巽木在离中體大過死，巽蟲食心，則蠹蟲食木，故上稾。或以离火燒巽，故折稾。案，巽蟲者，巽爲風，易本命曰：二九十八，八主風主蟲，故蟲八日化。王充論衡曰：夫蟲，風氣所生，倉頡知之，故凡蟲爲風之字，取氣於風。故云：巽蟲也。艮爲山者，周語曰：山，土之聚也。坤爲土，陽止坤上，故爲山。爲徑路者，虞云：山中徑路，震陽在初，則爲大塗，艮陽小，故爲徑路。鄭云：田間之道曰徑路。艮爲之者，取山間鹿兔之蹊。爲小石者，陸云：剛卦之小，故爲小石也。爲門闕者，虞云：乾爲門，艮陽在門外，故爲門闕。兩小山，闕之象也。爲果蓏者，果，上也；蓏，二陰也。宋云：木實謂之果，草實謂之蓏。梅李瓜瓞之屬，皆出山谷也。爲閽寺者，宋云：閽人主門，寺人主巷。艮爲止，此職皆掌禁止者也。爲指者，虞云：艮手多節，故爲指。爲拘者，虞云：指屈信制物，故爲拘。拘舊作狗，上已爲狗，字之誤。爲鼠者，虞云：似狗而小，在坎穴中，故爲鼠，晉九四是也。爲黔喙之屬者，馬云：黔喙，肉食之獸，謂豺狼之屬。黔，黑也。陽元在前。鄭云：取其爲山獸。其於木也爲多節者，虞云：陽剛在外，故多節，松柏之屬。兑爲澤者，虞云：坎水半見，故爲澤。爲少女者，虞云：坤三索，位在末，故少也。爲巫者，乾爲神，兑爲通，與神通氣，女故爲巫。案，山澤通氣，故兑爲通也。爲口舌者，虞云：兑得震聲，故爲口舌。爲毁折者，虞云：二折震足，故爲毁折。爲附决者，虞云：乾體末圜，故附决，則果蓏之屬也。其於地也爲剛鹵者，虞云：乾二陽在下，故剛；澤水潤下，故鹹。爲妾者，虞云：三少女位賤，故爲妾。爲羔者，虞云：羔，女使，皆取位賤，故爲羔。舊讀羔爲羊，非也。鄭本作陽，云此陽讀爲養。无家女行賃炊爨，今時有之，賤於妾也。以上八卦取象猶未備，故又取九家及虞氏，以該易之象焉。九家所載，乃説卦之逸象。乾六爻稱六龍，故爲龍。其動也直，故爲直。黄帝、堯、舜垂衣裳而天下治，蓋取諸乾坤。上曰衣，下曰裳，故乾爲衣，坤爲裳。震爲言，謂乾初也。陰陽之義，辟諸雌雄，牝以合牡，猶坤以配乾，故坤爲牝。經利牝馬之貞，是其義也。坤先迷，故爲迷。上已爲枋，傳寫訛爲柄，故重出方也。六四括囊，故爲囊。天玄而地黃，故爲黃。莊二十二年春秋傳曰：庭實旅百，奉之以玉帛，天地之美具焉。杜預注云：乾爲玉，坤爲帛。是爲帛也。酒主陽，漿主陰，坤陰故爲漿。帝出乎震，今之王古之帝，故震爲王。鵠，聲之遠聞者，故爲鵠。考工記曰：凡冒鼓必於啓蟄之日。鄭彼注云：蟄蟲好聞雷聲而動，所以取象。太玄云：三八爲木，爲東方，爲春，爲鼓。注云：如雷聲也。震爲雷，故爲鼓。大過體巽，九二枯楊生梯，巽爲木，故爲楊。巽爲風，鸛水鳥知風雨者，故爲鸛。坎十一月，律中黃鍾，黃鍾爲宫，爲聲調之始，故坎爲宫。釋言曰：坎，律銓也。樊光注云：坎卦水，水性平，律亦平，銓亦平也。六律爲萬事根本，黃鍾又爲六律之本，故爲律。爲可者，可，河字磨滅之餘，又石鼓文河作可，蓋古文也。坎爲大川，故爲河。爲棟未詳。或云：當爲棟。大過棟橈，謂坎也。案，虞氏注大過，以巽木爲棟，疑不能明也。爲叢棘者，坎於木爲堅多心，故爲叢棘。坎上六「示於叢棘」是也。坎爲鬼，説文曰狐者鬼所乘，故爲狐。子夏曰坎爲小狐，干寶亦云坎爲狐也。蒺藜，棘類。困六三據於蒺藜，虞氏亦云坎也。蒙初六曰：用説桎梏。虞注云：坎爲穿木，震足艮手互與坎連，故爲桎梏。昭四年春秋傳曰：純离爲牛。坤爲牝，坤二五之乾成离，故爲牝牛。艮爲鼻者，管寧曰：鼻者，艮天中之山。裴松之案，相書謂鼻之所在爲天中，鼻有山象，故曰天中之山。噬嗑六二噬膚滅鼻，鼻謂艮也。爲虎者，艮无虎象，虎當爲膚，字之誤也。虞氏亦云艮爲膚也。爲狐者，未濟卦辭曰：小狐汔濟。虞注云：否艮爲狐。僖十四年春秋傳曰：其卦遇蠱，曰獲其雄狐。蠱上體艮爲狐也。坎爲狐，取其形之隱也；艮爲狐，取其喙之黔也。兑爲常者，九家注云：常，西方之神也。輔頰者，兑上也。咸上曰咸其輔頰舌，故爲輔頰也。以上逸象凡三十一，訛一羡一，實三十也。虞氏傳其家五世孟氏之學，八卦逸象十倍於九家。如乾逸象六十一：爲王，爲神，爲人，爲聖人，爲賢人，爲君子，爲善人，爲武人，爲行人；爲物，爲敬，爲威，爲嚴，爲道，爲德，爲信，爲善，爲良，爲愛，爲忿，爲生，爲慶，爲祥，爲嘉，爲福，爲禄，爲積善，爲介福；爲先，爲始，爲知，爲大，爲盈，爲肥，爲好，爲施，爲利，爲清，爲治，爲高，爲宗，爲申，爲舊，爲久，爲古，爲畏，爲大明，爲晝；爲遠，爲郊，爲野，爲門，爲大謀，爲道門，爲百，爲歲，爲朱，爲頂，爲圭，爲蓍。坤象八十一：爲妣，爲民，爲刑人，爲小人，爲鬼，爲尸，爲形，爲自，爲我，爲躬，爲身，爲拇；爲至，爲安，爲康，爲富，爲財，爲積，爲重，爲厚，爲基，爲致，爲用，爲包，爲寡，爲徐，爲營，爲下，爲裕，爲虚，爲書，爲永，爲邇，爲近；爲思，爲默，爲惡，爲禮，爲義，爲事，爲類，爲閉，爲密，爲恥，爲欲，爲過，爲醜，爲惡，爲怨，爲害，爲終，爲喪，爲死，爲殺，爲亂，爲喪期，爲積惡；爲冥，爲晦，爲夜，爲暑，爲乙，爲年，爲十年；爲盍，爲戶，爲闔戶；爲庶政，爲大業，爲土，爲田，爲邑，爲國，爲邦，爲大邦，爲鬼方；爲器，爲缶，爲輻；爲虎，爲黄牛。震象四十九：爲帝，爲主，爲諸侯，爲人，爲行人，爲士，爲兄，爲夫，爲元夫；爲行，爲征，爲出，爲逐，爲作，爲興，爲奔，爲奔走，爲驚衛；爲百，爲言，爲講，爲議，爲問，爲語，爲告，爲響，爲音，爲應，爲交，爲懲，爲後，爲世，爲從，爲守，爲左，爲生，爲緩，爲寬仁，爲樂，爲笑，爲大笑；爲陵，爲祭，爲鬯，爲草莽，爲百穀，爲麋鹿，爲筐，爲趾。坎象四十七：爲雲，爲玄雲，爲大川；爲志，爲謀，爲惕，爲疑，爲恤，爲逖，爲悔，爲涕洟，爲疾，爲災，爲破，爲罪，爲悖，爲欲，爲淫，爲獄，爲暴，爲毒，爲虚；爲瀆，爲孚，爲平，爲則，爲經，爲法，爲叢，爲聚，爲習，爲美，爲後，爲入，爲納；爲臀，爲腰，爲膏；爲陰夜，爲歲，爲三歲；爲酒，爲鬼，爲校，爲穿木，爲弧，爲弓彈。艮象三十七：爲弟，爲小子，爲賢人，爲童，爲童僕，爲官，爲友；爲道，爲時；爲小狐，爲狼；爲碩，爲碩果，爲慎，爲順，爲待，爲執，爲厚，爲求，爲篤實；爲穴居，爲城，爲宫，爲庭，爲廬，爲牖，爲居，爲舍，爲宗廟，爲社稷；爲星，爲斗；爲沬，爲肱，爲背，爲尾，爲皮。巽象二十：爲命，爲誥，爲號，爲隨，爲處，爲利，爲商，爲同，爲歸，爲交；爲白茅，爲草莽，爲草木，爲薪，爲帛，爲墉，爲牀，爲桑；爲虵，爲魚。离象十九：爲黄，爲見，爲飛，爲明，爲光，爲甲，爲孕，爲戎，爲刀，爲斧，爲資斧，爲矢，爲黄矢，爲罔；爲鶴，爲鳥，爲飛鳥；爲甕，爲瓶。兑象九：爲友，爲朋，爲刑，爲刑人；爲小，爲密，爲見，爲右，爲少知。以上逸象共三百二十三，義備疏中，不復訓也。

周易述卷二十二

全卷闕

周易述卷二十二

易微言上

元

易上經曰：「乾，元亨利貞。」述曰：元，始也。乾初爲道本，故曰元。六爻發揮，旁通于坤，故亨。利貞者，六爻皆正，成既濟定也。

彖傳曰：「大哉乾元，萬物資始，乃統天。」述云：資，取。統，本也。「大衍之數五十，其用四十有九」，其一元也。故六十四卦萬一千五百二十筴，皆取始于乾元。筴取始于乾，猶萬物之生本乎天。

又曰：「至哉坤元，萬物資生，乃順承天。」述云：乾坤相竝俱生，合于一元，故萬一千五百二十筴，皆受始于乾，由坤而生也。天地既分，陽升陰降，坤爲順，故順承天。

文言曰：「元者，善之長也。」述云：始息于子，故曰善之長。外傳曰：震雷長也。故曰元。

尚書召誥曰：「其維王位在德元。」

公羊：「元年春，王正月。元年者何？君之始年也。」何休注云：「變一爲元，元者，氣也。無形以起，有形以分，造起天地，天地之始也。」疏云：「春秋説云：『元者，端也。』氣泉注云：『元爲氣之始，如水之有泉，泉流之原，無形以起，有形以分，窺之不見，聽之不聞。』宋氏云：『無形以起，在天成象；有形以分，在地成形也。』」疏又云：「春秋説云：『王不上奉天文以立號，則道術無原，故先陳春，後言王。天不深正其元，則不能成其化，故先起元，然後陳春矣。是以推元在春上，春在王上矣。』」文選注引元命包曰：元年者何？元宜爲一，謂之元；何曰君之始年也。

「公何以不言即位。」何休注云：「即位者，一國之始。政莫大于正始，故春秋以元之氣正天之端，春秋以下，皆元命包文。以天之端正王之政，以王之政正諸侯之即位，以諸侯之即位正竟内之治。諸侯不上奉王之政，則不得即位，故先言正月，而後言即位。政不由王出，則不得爲政，故先言王，而後言正月也。王者不承天以制號令，則無法，故先言春，而後言王。天不深正其元，則不能成其化，故先言元，而後言春。五者同日竝見，相須成體，乃天人之大本，萬物之所繫，不可不察也。」疏云：「元年春者，天之本。王正月，公即位者，人之本。故曰天人之大本也。」

呂氏春秋名類曰：「黄帝曰：芒芒昧昧，因天之威，一作道。與元同氣。芒芒昧昧，廣大之貌。天之威無不敬也。非同氣不協。故曰：同氣賢于同義，同義賢于同力，同力賢于同居，同居賢于同名。帝者同氣，同元氣也。王者同義，同仁義也。霸者同力，同武力也。勤者同居，則薄矣；同居于世。亡者同名，同名則觕矣。同名不仁不義。觕，惡也。其智彌觕者，其所同彌觕；其智彌精者，其所同彌精。精，微妙也。故凡用意不可不精。夫精，五帝三王之所以成也。」又名類曰：「元者，吉之始也。」案，此與「幾者動之微，吉之先見者也」同義。

易通卦驗曰：「天皇之先，與乾曜合元。」

莊子大宗師曰：「伏戲得之，以襲氣母。」司馬彪云：「襲，入也。氣母，元氣之母也。」崔譔云：「取元氣之本。」

通典魏侍中繆襲議曰：「元者，一也，首也，氣之初也。是以周文演易以冠四德，仲尼作春秋以統三正。」

春秋命歷序曰：「元氣正，則天地八卦孳也。」文選注一。

元命包曰：「水者，五行始焉，元氣之所凑液也。」同上。

説題辭曰：「元，清氣以爲天，渾沌無形體。」宋均注云：「言元氣之初如此也。渾沌，未分也。言氣在易爲元，在老爲道，義不殊也」。文選注卅四。

説文「无」字下云：「奇字：『无，通于元者。』」案，奇字，衛宏所撰古文奇字也。

老子道經曰：「道可道，非常道。」河上公注云：「夫道者，一元之至理，有經術政教之道，有自然長生之道。常道當以無爲養神，無事安民，含光藏曜，滅迹匿端，不可稱道。」

董子繁露曰：「惟聖人能屬萬物于一，而繫之元也。故[一]不及本所從來而承之，不能遂其功。是以春秋變一謂之元，元猶原也，其義以隨天地終始也。繫上曰：原始反終。故人惟有終始也。而生死[二]必應四時之變。原始反終，故知死生之説。説，舍也。故元者爲萬物之本，而人之元在焉。」

禮統曰：「天地者，元氣之所生，萬物之祖。」後漢書班固傳注及莊子釋文。元即太極。太極生兩儀，故云：天地者，元氣之所生。

〔一〕「故」，凌曙繁露注本作「終」。
〔二〕「死」，凌曙繁露注本作「不」。

三統歷曰：「太極元氣，函三爲一。極，中也。元，始也。」又曰：「陰陽合德，氣鍾于子，化生萬物者也。」又曰：「元典歷始曰元。傳曰：『元，善之長也。』共養三德爲善。」孟康注云：謂三統之微氣也，當施育萬物，故謂之德。又曰：「元，體之長也。合三體而爲之原，故曰元。於春三月，每月書王，元之三統也。三統合于一元，故因元而九三之以爲法。」又曰：「經元一以統始，易太極之首也。」

何休公羊成八年注云：「王者，號也。德合元者稱皇。孔子曰：『皇象元，逍遥術，無文字，德明謚。』德合天者稱帝，河洛受瑞可放。仁義合者稱王，符瑞應，天下歸往。」疏云：「謂元氣是總三氣之名，三氣謂天地人。三統歷曰：太極元氣，函三爲一。三氣謂酉戌亥。是故其德與之相合者謂之皇。皇者，美大之名。孔子曰至明謚，皆春秋説文。宋氏云：宋均注。『言皇之德象合元矣。逍遥猶勤動，行其德術，未有文字之教，其德盛明者爲其謚矣。』天者，二儀分散以後之稱。子仲。故其德與之相合者謂之帝，帝者，諦也，言審諦如天矣。當爾之時，河出圖，洛出書，可以受而行之，則施於天下。故曰：河洛受瑞可放耳。二儀既分，人乃生焉。人之行也，正直爲本。正直即中行。行合於仁義者謂之王，行合人道者符瑞應之，而爲天下所歸往耳。是以王字通于三才，得爲歸往之義。」

白虎通曰：「皇，君也，美也，大也；天之總美大稱也，時質故總之也。號之爲皇者，煌煌人莫違也。煩一夫，擾一士，以勞天下，不爲皇也。不擾匹夫匹婦，故爲皇。虛無寥廓，與天地通靈也。」

又曰：「德合天地者稱帝，仁義合者稱王，別優劣也。」禮記謚法曰：「德象天地稱帝，仁義所生稱王。帝者，天號；王者，五行之稱也。」

淮南泰族曰：「黃帝曰：芒芒昧昧，因天之威，與元同氣。故同氣者帝，同義者王，同力者霸，無一焉者亡。」

易乾鑿度曰：「易一元以爲元紀。」鄭注云：「天地之元，萬物所紀。」

河圖曰：「元氣闓陽爲天。」後漢方術傳序云：其流又有風角、遁甲、七政、元氣。注：元氣謂開闢陰陽之書也。

體　元

文言曰：「元者，善之長也。君子體仁足以長人。」述云：乾爲善，始息于子，故曰善之長。外傳曰：震雷長也，故曰元。易有三才，故舉君子，初九仁也。元爲體之長，君子體仁，故爲人之長。

又曰：「乾元用九，天下治也。」述云：正元以成化，故天下治。疏云：春秋元命包曰：「天不深正其元，不能成其化。」九者，變化之義，以元用九，六爻皆正。王者體元建極，而君臣上下各得其位，故天下治也。

又曰：「飛龍在天，乃位乎天德」。述云：體元居正，故位乎天德。

又曰：「乾元用九，乃見天則。」述云：六爻皆正，天之法也。在人則爲王度。易說：「易六位正，王度見矣。」

書曰：「其惟王位在德元。小民乃惟刑用于天下，越王顯。」

晉語：悼公言於諸大夫曰：「抑人之有元君，將稟命焉。若稟而棄之，是焚穀也。穀，善也。二三子爲令之不從，故求元君而訪焉，孤之不元，廢也。其誰怨元而以虐奉之，二三子之制也。若欲奉元以濟大義，將在今日；若欲暴虐以離百姓，反易民常，亦在今日。」

无

中庸：「子曰：『聲色之於以化民，末也。』聲色德之顯者，故曰末也。詩曰：『德輶如毛。』德輶如毛，德之微者，故詩云：民鮮克舉。毛猶有倫。『上天之載，無聲無臭。』至矣。」

孔子閒居。孔子曰：「以致五至而行三無。」子夏曰：「敢問何謂三無？」孔子曰：「無聲之樂，無體之禮，無服之喪，此之謂三無。」子夏曰：「三無既得，略而聞之矣。敢問何詩近之？」孔子曰：「『夙夜其命宥密』，無聲之樂也。『威儀棣棣，不可選也』，無體之禮也。

『凡民有喪，匍匐救之』，無服之喪也。」六經無有「以无言道」者，唯中庸引詩「上天之載，無聲無臭」，及「孔子閒居論三無」，此「以无言道」也。説文「无」字下引王育説曰：「天屈西北爲无。乾西北之卦，西北乾元也。天不足西北，故言无。」又引古文奇字曰：「无通于元者。」若然，則无與元同義也。繫上曰：「易有太極。」北史梁武帝問李業興云：「易有太極，極是有無？」業興對曰：「所傳太極是有，愚謂太極即乾之初九，又謂之元，故不可言无。无通于元，故元爲道之本。」三統曆曰：「道據其一，一即元也。」知元之爲道本，則後世先天無極之説，皆可不用也。

隱元年公羊傳曰：「元年者何？君之始年也。」何休注云：「變一爲元，元者，氣也。無形以起，有形以分，造起天地，天地之始也。」疏云：「春秋説云：『元者，端也。』氣泉注云：『元爲氣之始，如水之有泉，泉流之原，無形以起，有形以分，窺之不見，聽之不聞。』宋氏云：『無形以起，在天成象；有形以分，在地成形也。』然則有形與無形，皆生乎元氣而來，故言造起天地，天地之始也。」

劉巘周易義曰：「自無出有曰生」。文選六。

老子道經曰：「視之不見名曰夷，聽之不聞名曰希。」王弼注云：「無象無聲無響，無所不通，無所不往。」又曰：「搏之不得名曰微。」河上公注云：「無色曰夷，無聲曰希，無形曰微」。又曰：「此三者不可致詰，故混而爲一。」河上注云：「混，合也。故合于三，名之而爲一。」

德經曰：「天下萬物生于有，有生于無。」河上注云：「萬物皆從天地生，天地有形位，故言生於有也。天地神明，蜎飛蠕動，皆從道生，道無形，故言生於無。」

淮南説山曰：「有形出于無形，未有天地能生天地者也。至深微廣大矣。」高誘注云：「未有天地生天地，故無形生有形也。」

孫綽遊天台山賦曰：「太虛遼廓而無閡，運自然之妙有。」李善注云：「妙有謂一也。言大道運彼自然之妙，一而生萬物也。謂之爲妙有者，欲言有，不見其形，則非有，故謂之妙；欲言其無，物由之而生，則非無，故謂之有也。斯乃無中之有，謂之妙有也。」文選十一。

又曰：「忽即有而得玄。」注云：「王弼以凡有皆以無爲本，無以有爲功，將欲痦無，必資于有。故云即有而得玄也。」同前。繫辭曰：「一陰一陽之謂道。」韓伯注云：「道者何？无之稱也。」詳見本書。

王弼老子注云：「凡有皆始於無。」又曰：「有之所始，以無爲本。」又曰：「玄，冥嘿無有也。」文選十一。

世説文學篇曰：「王輔嗣弱冠，詣裴徽。徽問曰：『夫無者，誠萬物之所資，聖人莫肯致言，而老子申之無已，何耶？』弼曰：『聖人體無。無又不可以訓，故言必及有。老莊未免於有，恒訓其所不足。』」何劭爲弼傳曰：老子是有者也，故恒言無所不足。文章叙録曰：自儒者論，以老子非聖人，絶禮弃學。何晏説與聖人同，著論行于世。

北史：梁武帝問李業興云：「易有太極，極是有無？」業興對曰：「所傳太極是有。」案，繫辭言易有太極，不可言無。

潛

乾初九曰：「潛龍勿用。」象曰：「潛龍勿用，陽在下也。」文言曰：「龍德而隱者也。」又曰：「潛之爲言也，隱而未見，行而未成，是以君子弗用也。」

中庸曰：「詩云：『潛雖伏矣，亦孔之昭。』故君子内省不疚，無惡於志。君子之所不可及者，其惟人之所不見乎？」

釋言曰：「潛，深也。潛，深測也。」郭注云：「測亦水深之别名。」

法言問神篇曰：「或問神。曰心。請聞之。曰：潛天而天，潛地而地。天地，神明而不測者也。心之潛也，猶將測之，況于人乎？況于事倫乎？」案，潛天而天，潛地而地，所謂知情天地，即神也。心之潛也，猶將測之，所謂形不測也。天地神明不測，而心能測之，伏羲、文王、孔子是也。知情天地，形不測，人與事倫不足言矣。

又曰：「敢問潛心于聖。曰：昔仲尼潛心于文王矣，達之；顏淵亦潛心于仲尼矣，未達一聞當作間。耳。神在所潛而已矣。天神天明，照知四方；天精天粹，萬物作類。人心其神矣乎！操則存，舍則亡。能常操而存者，其惟聖人乎？聖人存神索至，至誠如神。成天下之大順，致天下之大利，大和。和同天人之際，天地位，萬物育。使之而無間者也。」此既濟之功能。

隱

文言曰：「初九，潛龍勿用，何謂也？子曰：龍德而隱者也。」潛陽隱初，故隱者也。又曰：「潛之爲言也，隱而未見，行而未成，是以君子弗用也。」初隱二見，故隱而未見。

繫上曰：「易无思也，无爲也，寂然不動，感而遂通天下之故。非天下之至神，其孰能與于此。」虞注云：「寂然不動，謂隱藏坤初，故不動者也。至神，謂易隱初入微，知幾其神乎。」

又曰：「探嘖索隱。」虞注云：「探，取；嘖，初也。初隱未見，故探嘖索隱，則幽贊神明而生蓍。」

中庸曰：「莫見乎隱，莫顯乎微，故君子慎其獨也。」言隱必見，微必顯，誠中形外，故君子慎獨。

又曰：「是故君子不賞而民勸，不怒而民威于鈇鉞。詩曰：『不顯維德，百辟其刑之。』」

案，不顯謂隱也。

詩烝民曰：「人亦有言，德輶如毛，民鮮克舉之。我儀圖之，維仲山甫舉之，愛莫助之。」毛傳曰：「愛，隱也。」案，如毛猶微也。民鮮克舉，言慎獨者少。毛訓愛爲隱，謂隱微也。隱微之間，非人所能助，故愛莫助之。荀子曰：「能積微者速成。詩曰：『德輶如毛，民鮮克舉』，此之謂也。」荀子，毛公之師也，故其説與荀同。鄭箋不識聖人微言，訓愛爲惜，失之遠矣。

表記曰：「子言之，歸乎君子，隱而顯，不矜而莊，不厲而威，不言而信。」案，歸乎君子讀歸乎田成子之義，言人當以君子爲法也。篇名表記而先言隱而顯，由内而達外也。君子從事于慎獨之功，誠中形外，故隱而顯。誠則不矜而莊，不厲而威，不言而信也。

漢書司馬相如贊曰：「司馬遷稱春秋推見至隱，推見至隱，故亂臣賊子懼。易本隱以之顯。」李奇注云：「隱猶微也。」

初九、初六從下而生，自微及著，如初潛龍，隱也；九二見龍，則顯矣。所謂本隱以之顯也。初乾爲積善，積善成德，故初爲龍德而隱，二爲龍德而正中。中庸言夫微之顯，又云知微之顯，繫下云知微之彰，皆是義也。

揚子太玄曰：「玄者，神之魁也。魁，首也，猶言始。天以不見爲玄，地以不形爲玄，人以心腹爲玄。天奥西北，鬱化精也；地奥黄泉，隱魄滎也；人奥思慮，含至精也。」

荀子勸學曰：「昔者瓠巴鼓瑟而流魚出聽，伯牙鼓琴而六馬仰秣。故聲無小而不聞，行無隱而不形。玉在山而草木潤，淵生珠而岸不枯。爲善不積邪，安有不聞者乎？」説文云：「幽，隱也。从山中𢆶。」𢆶，微也。

老子德經曰：「道隱無名。」注云：「道潛隱，使人無能指名也。」文言：初九曰不成名。

愛字義 附

烝民詩曰：「愛莫助之。」毛傳曰：「愛，隱也。言隱微之際，己所獨制，人莫能助也。」詩静女曰：「愛而不見。」韓詩曰：「愛，隱也。」釋言曰：「愛，隱也。」毛韓義本此。郭氏不識字，改爲薆。

微

繫下曰：「幾者，動之微，吉之先見者也。」虞注云：「陽見初成震，故動之微。復初元吉，吉之先見者也。」幾即一也。一古文作壹。說文壹从壺吉，即吉之先見之義。朱子據劉向傳作「吉凶之先見」，失其義矣。

又曰：「君子知微知彰。」姚信注云：「二下交初，故曰知微；上交于三，故曰知彰。」

又曰：「子曰：顏氏之子，其殆庶幾乎。」虞注云：「幾，微也。顏子知微，故殆庶幾。孔子曰：回也，其庶幾乎。」

又曰：「夫易章往而察來，而微顯闡幽。」虞注云：「神以知來，知以藏往。微者顯之，謂從復成乾，是察來也；闡者幽之，謂從姤之坤，是章往也。」

又曰：「其初難知。」侯果注云：「初則事微，故難知。」

又曰：「能說諸心，能研諸侯之慮。定天下之吉凶，成天下之亹亹者。」荀注曰：「亹亹者，陰陽之微，可成可敗也。」王弼曰：亹亹，微妙之意也。

中庸曰：「莫見乎隱，莫顯乎微，故君子慎其獨也。」在易隱微爲乾坤之初爻。

又曰：「夫微之顯，誠之不可揜，如此夫。」誠則形，故不可揜。

又曰：「致廣大而盡精微。」荀子賦篇曰：精微而無形。

又曰：「知微之顯，可與入德矣。」夫微之顯，誠者，天之道也。知微之顯，誠之者，人之道也。

又曰：「子曰：『聲色之於以化民，末也。』對本故言末。詩曰：『德輶如毛。』」案，毛猶微也。

經解曰：「絜靜精微，易教也。」案，絜靜，坤也；精微，乾也。乾元絜靜，坤元精微，故云易教也。

易乾鑿度曰：「孔子曰：乾坤，陰陽之主也。陽始于亥，形于丑。乾位在西北，陽祖微據始也。」

又云：「易氣從下生。」鄭注云：「易本無形，自微及著，故氣從下生，以下爻爲始也。」

又曰：「天氣三微而成著，三著而成體。」鄭注云：「五日爲一微，十五日爲一著，故五日有一候，十五日成一氣也。冬至陽始生，積十五日至小寒爲一著，至大寒爲二著，至立春爲三著，凡四十五日而成一節。故曰三著而成體也。正月則泰卦用事，故曰成體而郊也。」

淮南齊俗曰：「易曰：履霜堅冰至。聖人之見終始微言。」

呂覽有始曰：「天地有始，天微以成，地塞以形。」高注云：「始，初也。天，陽也。虚而能施，故微以生萬物。地，陰也。實而能受，故塞以成形兆也。」

後漢書魯恭傳：恭議奏曰：「孝章皇帝深惟古人之道，助三正之微，定律著令。」注：「三正，三微也。」前書音義曰：「言陽氣始施，萬物微而未著，故曰微。」

荀子勸學曰：「春秋之微也。」案，春秋推見至隱，故云微。

越語曰：「天道皇皇，日月以爲常。皇皇，著明也。常，象也。明者以爲法，微者則是行。陽至而陰，陰至而陽。日困而還，月盈而匡。」困，窮也。匡，虧也。

荀子曰：「行微如日月。」微謂晦夕、朔旦，至謂二至。說文曰：「徵，召也。從微省壬爲徵。行于微而文達者，即徵之。」荀子曰：「行微如日月。」忠誠盛于內，賁于外，形于四海，所謂行于微，而文達者也。

荀子彊國篇曰：「積微月不勝日，時不勝月，歲不勝時。言積微從日始。財物貨寶以大爲重，政教功名反是，能積微者速成。詩曰：『德輶如毛，毛猶微也。民鮮克舉。』此之謂也。」

又解蔽篇曰：「處一之危，其榮滿側；韋昭注晉語曰：榮者，有色貌也。養一之微，榮矣而未知。危謂戒懼。處心之危有形，故其榮滿側可知也；養心之微無形，故雖榮而未知。大學曰：富潤屋，德潤身。此養一之榮也。故道經曰：『人心之危，道心之微。』危、微之幾，惟明君子而後能知之。」荀子成相曰：思之精，志乃榮，好而一之神以成。精神相反，而不二爲聖人。

又曰：「空石之中有人焉，其名曰觙。其爲人也，善射以好思。耳目之欲接，則敗其思；蚊蚉之聲聞，則挫其精。是以闢耳目之欲，而遠蚊蚉之聲，閑居静思則通。思仁若是，可謂微乎？言静思仁，如空石之人思射，則可謂微乎？假設問之詞也。孟子惡敗而出妻，可謂能自彊矣；有子惡卧而焠掌，可謂能自忍矣，未及好也。未及善射好思。闢耳目之欲[一]。蚊蚉之聲聞則挫其精，可謂危矣，未可謂微也。愚謂，危如乾之九三，微如乾之初九。夫微者至人也。至人也，至人即中庸之至誠。何彊，何忍，何危！故濁明外景，愚謂，火爲濁明，水爲内景。清明内景。聖人縱其欲，兼其情，而制焉者理矣。兼猶盡也。縱欲盡情而不過。制猶縱心所欲不踰矩。夫何彊，何忍，何危！故仁者之行道也，無爲也；聖人之行道也，無彊也。仁者之思也，恭；聖人之思也，樂。」恭謂乾乾夕惕也。樂謂性與天道無所不適也。

説文曰：「危，在高而懼也。」

戰國策：蘇子謂秦王曰：「語曰：識乎微之，爲著者强。」

大略篇曰：「雨水[二]漢故潛。漢溢爲潛，自小至大。人[三]盡小者大，積微者著，德至者色澤洽，澤洽，榮也。楊注：謂德潤身。行盡而聲聞遠。」

[一] 此下脱「可謂能自彊矣，未及思也」句。

[二] 「水」，荀子作「小」。

[三] 「人」，荀子作「夫」。

董子繁露曰：「春秋至意有二端，小大、微著之分也。夫覽求微細于無端之處，誠知小之爲大也，微之將爲著也。『吉凶未形，聖人所獨立也。不見不聞，故曰獨立。雖欲從之，末由也已。』德輶如毛，民鮮克舉。此之謂也。故王者受命，改正朔，不順數而往必迎，迎讀爲逆。來而受之者，授受之義也。故聖人能繫心于微而致之者也。是故春秋之道，以元之氣正天之端，以天之端正王之政，以王之政正諸侯之位。五者俱正而化大行。」

揚子太玄曰：「思心乎一。」又云：「生神莫先乎一。夫一者，思之微也。」注云：「思始于內，故微也。」

後漢書章帝紀：元和二年詔曰：「春秋于春每月書王者，重三正慎三微也。」郎顗七事曰：君子遠覽，防微慮萌。

周書曰：「慎微以始而敬終，乃不困。」

論語撰攷讖曰：「子夏等七十二人共撰仲尼微言。」文選注四十三。

淮南子修務曰：「書傳之微者，惟聖人能論之。」注云：「微，妙；論，叙也。」

韓非子難言曰：「總微説約。」

漢書藝文志曰：「昔仲尼没而微言絶，七十子喪而大義乖。」李奇注云：「隱微不顯之言也。」師古曰：「精微要妙之言耳。」案，精微要妙與隱微不顯義同。唐人不識字，更立一義。

又春秋家有左氏微、鐸氏微、張氏微、虞氏微傳，師古曰：「微謂釋其微指。」後漢方術傳：秦密曰：「董扶褒秋豪之善，貶纖介之惡。」謝承書曰：李咸奏曰：春秋之義，貶纖介之惡，采毫末之善。

法言問明篇曰：「或問明？曰微。或曰：微，何如其明也？曰：微而見之，明其誖乎？聰明其至矣乎？宋咸云：言窮微乃聰明至極之美也。子雲識微字。敢問大聰明？咸曰：既知微義，復問大者。曰：眩眩乎！惟天爲聰，惟天爲明。眩眩，幽深也。夫能高其目而下其耳者，匪天也夫。」

太玄曰：「一也者，思之微也。」

老子道經曰：「搏之不得名曰微。」無形曰微，言一無形體。

孫子曰：「微乎微，微至于無形；言其微妙，所不可見。神乎神，神至于無聲。」

韓詩外傳曰：「至精而妙乎天地之間者，德也。詩曰：『德輶如毛，民鮮克擧之。』」

慎子曰：「夫德清疑作精。微而不見，聰明而不發，是故外物不累其內。」文選注。

淮南本經曰：「夫至大，天地弗能含也；至微，神明弗能領也。」注云：「領，理也。」

范子、計然曰：「見微知著。」文選四十二。

鶡冠子曰：「精微者，天地之始也。」又曰：「遠之近，顯乎隱，大乎小，衆乎少，莫不從微始。」

說苑敬慎篇曰：「韓平子問于叔向曰：剛與柔孰堅？對曰：臣年八十矣，齒再墮而舌尚存。老聃有言曰：『天下之至柔，馳騁天下之至堅。』又曰：『人之生也柔弱，其死也剛强。萬物草木之生也柔脆，其死也枯槁。因此觀之，柔弱者生之徒也，剛强者死之徒也。』夫生者，毁而必復；死者，破而愈亡。吾是以知柔之堅于剛也。平子曰：善哉！然則子之行何從？叔向曰：臣亦柔耳，何以剛爲？平子曰：柔無乃脆乎？叔向曰：柔者紐而不折，廉而不缺，何爲脆也？天下之道微者勝。是以兩軍相加，而柔者克之；兩仇争利，而弱者得焉。」

三統歷曰：「傳曰：『元，善之長也。』共養三德爲善。」孟康注云：「謂三統之微氣也。當施育萬物，故謂之德。」

趙岐孟子注云：「微，小也。」高誘吕覽注云：「微，要眇，靚未萌之萌也。」

說文曰：「尾，微也。易以下爲尾，上爲角。」

說文曰：「微，隱行也。春秋傳曰：『白公其徒微之。』」

又曰：「散，妙也。从人从攴。豈省聲。」然則，微妙之微當作散。

荀子致仕篇曰：「知微而論，可以爲師。」

詩烝民曰：「人亦有言，德輶如毛，民鮮克舉之。我儀圖之，維仲山甫舉之，愛莫助之。」毛傳曰：愛，隱也。隱微之地，故人莫能助。

中庸曰：「是故君子篤恭而天下平。詩云：『予懷明德，不大聲以色。』子曰：『聲色之于以化民，末也。』詩曰：『德輶如毛。』毛猶有倫。『上天之載，無聲無臭。』至矣。」

禮器曰：「禮有以少爲貴者，以其内心也。德産之致也精微，觀天下之物，無可以稱其德者，如此則得不以少爲貴乎？是故君子慎其獨也。」案，「德産之致也精微」，所謂「德輶如毛」也。「觀天下之物，無可以稱其德者」，故「民鮮克舉之」也。「君子慎其獨」，故「愛莫助之」也。

管子白心曰：「道之大如天，其廣如地，其重如石，其輕如羽。」

荀子不苟曰：「操而得之則輕，詩曰：德輶如毛。輕則獨行。」愛莫助之。

莊子齊物曰：「天下莫大于秋豪之末，而太山爲小。」

淮南原道曰：「神托于秋豪之末，高注：言微妙也。而大與宇宙之總。」高注：宇宙諭天地總合也。

又曰：「貴虚者，以豪末爲宅也。」高注：虚者，情無所念慮也。以豪末爲宅者，言精微也。

俶真曰：「夫秋豪之末淪于無間，而復歸于大矣。」高誘注云：「秋豪微妙，故能入于無間。

間，孔。言道無形。以豪末比道，猶復爲大也。」

意林引太公金匱曰：武王問五帝之戒。「太公曰：『道自微而生，禍自微而成。慎終與始，完如金城。』」

三微附

易乾鑿度曰：「天氣三微而成著，三著而成體。」鄭注云：「五日爲一微，十五日爲一著，故五日有一候，十五日成一氣也。冬至陽始生，積十五日至小寒爲一著，至大寒爲二著，至立春爲三著，凡四十五日而成一節。故曰三著而成體也。正月則泰卦用事，故曰成體而郊也。」

後漢書魯恭傳：恭議奏曰：「孝章皇帝深惟古人之道，助三正之微，定律著令。」注云：「三正，三微也。」前書音義曰：「言陽氣始施，萬物微而未著，故曰微。」

陳寵傳：「漢舊事斷獄報重，常盡三冬之月，是時帝始改用冬初孝章。十月而已。元和二年，長水校尉賈宗上言，以爲斷獄不盡三冬，故陰氣微弱，陽氣發泄，招致災旱，事在于此。帝以其言下公卿議，寵奏曰：『夫冬至之節，陽氣始萌，故十一月有蘭、射干、芸、荔之應。易通卦驗曰：十一月廣莫風至，則蘭夜干生。時令曰：諸生蕩，安形體。仲冬一陽爻生，草木皆欲萌動。天以爲正，周以爲春。正、春皆始也。十一月萬物微而未著，天以爲正而周以爲歲首。十二月陽氣上通，雉雊雞乳，地以爲正，殷以爲春。十二月二陽爻生，陽氣上通。十三月陽氣已至，天地已交，萬物皆出，蟄蟲始振，人以爲正，夏以爲春。十三月，今正月也。萬物皆出於地，人始初見，故曰人以爲正。三微成著，以通三統。統者，統一歲之事。棟案，何休公羊注云：統者，始也。周以天元，殷以地元，夏以人元。若以此時行刑，則殷、周歲首皆當流血，不合人心，不稽天意。月令曰：孟冬之月，孟冬當作季秋。趣獄刑，無留罪。明大刑畢在立冬也。秦爲虐政，四時行刑。聖漢初興，改從簡易。蕭何草律，季秋論囚，俱避立春之月，而不計天地之正、二王之春，實頗有違。言蕭何不論天地之正及殷、周之春，實乖正道。陛下探幽析微，允執其中，革百載之失，建永年之功，上有迎承之敬，下有奉微之惠，三正之月不用斷獄，敬承天意，奉順三微也。稽春秋之文，春秋于春每月書王，所以統三統。當月令之意，聖功美業，不宜中疑。』書奏，帝納之。」

白虎通述三微，與此略同。

白虎通曰：「正朔有三，何本？天有三統，謂三微之月也。明王者當奉順而承之，故受命各統一正也。敬始，重本也。朔者，蘇也，革也，言萬物革更，於是故統焉。」

漢書劉向傳：向疏曰：「王者必通三統，明天命所授者博，非獨一姓也。」應劭曰：「二王之後，與己爲三統也。」孟康曰：「天地人之始也。」

知微之顯

中庸曰：「莫見乎隱，莫顯乎微，故君子慎其獨也。」又云：「知微之顯，可與入德矣。」太史公史記贊曰：「易本隱以之顯。」愚謂，隱者乾初九也，至二則顯矣，故云隱以之顯。文言釋九二云：「閑邪存其誠。」二陽不正，故曰閑邪。存誠謂慎獨也。荀子曰：「不誠則不能獨，獨則形隱，猶曲也。」中庸曰：「其次致曲，曲能有誠，誠則形，形則著。」孝經緯：「天道三微而成著。」皆是義也。唯天下至誠，謂九五也。其次致曲，謂九二也。唯天下至誠，誠者也；其次致曲，誠之者也。致曲即孟子思誠。二升坤五，所謂及其成功一也。乾善九五，坤善六二。乾二中而不正，三正而不中，四不中不正；二養正，三求中，兼之四也。以中庸言之，二、三，學知利行者也；四，困知勉行者也；五，生知安行者也。及其知之，及其成功，則一也。

幾

虞書皐陶謨曰：「兢兢業業，一日二日萬幾。」注云：「幾，微也。言當戒懼萬事之微。」又曰：「安女止，惟幾惟康。」注云：「念慮幾微，以保其安。」

又曰：「帝庸作歌曰：『勑天之命，惟時惟幾。』」注云：「奉正天命以臨民，惟在順時，惟在慎微。」

顧命：「王曰：思夫人自亂于威儀，爾無以釗冒貢于非幾。」幾者，吉之先見，非幾不善也。

繫上曰：「夫易聖人之所以極深而研機也。」鄭注云：「機當爲幾。幾，微也。」包咸注論語云：幾者，微也。說文同。

又曰：「子曰：知幾其神乎。君子上交不諂，下交不瀆，其知幾乎。幾者，動之微，吉之先見者也。君子見幾而作，不俟終日。」虞注云：「幾謂陽也，陽在復初稱幾。」王弼曰：「幾者，去無入有。」易正義曰：「幾者，去無入有，有理而未形之時。」文言曰：「知至至之，可與幾也。」述云：「至謂初，幾者，動之微。知微知章，故可與幾。」

尚書皐陶謨曰：「無教佚欲有邦。兢兢業業，一日二日萬幾。」僞孔氏注云：「幾，微也。言當戒懼萬事之微。」荀子云：善日者王。又云：王者敬日。與書義同。

尚書大傳曰：「在旋機玉衡，以齊七政。」玉衡，斗也。旋機者何也？傳曰：「旋者，還也；機者，幾也，微也。其變幾微，而所動者大，謂之旋機。是故旋機謂之北極。」

說文曰：「幾，微也，殆也。从𢆶說文：𢆶，微也。从二幺。从戍。戍，兵守也。𢆶而兵守者，危也。」荀子人心之危，與幾同義。

邵子擊壤集詩云：「何者謂之機，天根理極微。今年初盡處，明日起頭時。此際易得意，其間難下辭。人能知此義，何事不能知。」

孝經鉤命決曰：「道機合者稱皇。」文選注一。

荀子解蔽篇曰：「道經曰：『人心之危，道心之微。』危、微之幾，惟明君子而後能知之。」注云：「幾，萌兆也。與機同。」

虛

咸彖傳〔一〕曰：「山上有澤，咸。君子以虛受人。」

祭義曰：「孝子將祭，慮事不可以不豫，比時具物不可以不備，虛中以治之。」

管子心術篇曰：「虛無無形謂之道。」又曰：「虛之與人也無間，唯聖人得虛道。」注云：「虛能貫穿人形，故曰無閒。」又曰：「天之道虛，地之道靜。虛則不屈，靜則不變。」又曰：「虛者，萬物之始也。」注云：「有形生于无形也。」

賈子新書道術曰：「道者，所從接物也。其本者謂之虛，其末者謂之術。虛者，言其精微

〔一〕「彖傳」當作「象傳」。

也，平素而無設施也；術也者，所從制萬物也，動静之數也。凡此皆道也。」

韓非子外儲説：「鄭長者有言曰：夫虚静無爲而無見也。」

太史公自序曰：「虚者，道之常也。」

荀子解蔽篇曰：「人何以知道？曰：心。心何以知？曰：虚壹而静。心未嘗不臧也，臧讀爲藏。然而有所謂虚；心未嘗不滿也，滿讀爲兩。然而有所謂一；心未嘗不動也，然而有所謂静。人生而有知，知而有志，志也者，臧藏。也；然而有所謂虚，不以所已臧害所將受謂之虚。心生而有知，知而有異，異也者，同時兼知之；同時兼知之，兩也；然而有所謂一，夫不以〔一〕一害，此一謂之壹。心卧則夢，偷則自行，使之則謀，故心未嘗不動也；然而有所謂静，不以夢劇亂知謂之静。未得道而求道者，謂之虚壹而静。知道察，知道行，體道者也。虚壹而静，謂之大清明。」

獨

易履初九：「素履，素始也。往无咎。」象曰：「素履之往，獨行願也。」述曰：「初微謂之獨，

〔一〕「夫不以」，荀子作「不以夫」。

震爲行，使四變而已應之，故獨行願。」疏云：「初爲隱、爲微，隱微于人爲獨。」

觀初六曰：「童觀。」馬融注云：「童猶獨也。」

復六四曰：「中行獨復。」虞注云：「中謂初，震爲行，初一陽爻故稱獨。」

大過象曰：「君子以獨立不懼。」虞注云：「君子謂乾初陽伏巽中，體復一爻潛龍之德，故稱獨立不懼。」疏云：「初爲獨。」晉初六：「晉如摧如，貞吉。」象曰：「晉如摧如，獨行正也。」虞注云：「失位故摧如，動得位故貞吉。初動震爲行，初一稱獨也。」方言曰：一，蜀也。南楚謂之獨。郭注云：蜀猶獨也。是獨即一，故云初一稱獨。

詩思齊曰：「不顯亦臨，無射亦保。」朱子曰：「言文王雖居幽隱，亦常若有臨之者；雖無厭射，亦常有所守焉。其純亦不已如是。」

詩烝民曰：「人亦有言，德輶如毛，民鮮克舉之。我儀圖之，維仲山甫舉之，愛莫助之。」毛傳曰：「儀，宜也。愛，隱也。」正義云：「毛以爲德輶如毛，民寡能舉行之者。我以人之此言實得其宜，乃圖謀之，觀誰能行德，維仲山甫獨能舉此德而行之；其德深遠而隱，莫有能助行之者。山甫既無人助，獨行之耳。」棟謂：德輶如毛，言微也；民鮮克舉，言慎獨者少。唯仲山甫能慎獨，故克舉之；隱微之中神明獨運，非人所能助，故云愛莫助之。荀子曰：「能積微者速成。」引此詩爲證。又曰：「操之則得之，舍之則失之。操而得之則輕，輕則獨行，獨行而不舍，則濟矣。」棟謂：德輶如毛，故操而得之則輕；愛莫助之，故云輕則獨行。行而不舍則至誠也，故云則濟矣。毛公用師說，故訓愛爲隱。鄭氏不明古義，改訓爲惜。七十子喪而大義乖，康成大儒，猶未免也。

禮器曰：「禮之以少爲貴者，以其内心也。鄭注：内心，用心于内，其德在内。德産之致也精微，鄭注：致，致密也。盧注：天地之德所生至精至微也。觀天下之物，無可以稱其德者，如此則得不以少爲貴乎？故君子慎其獨也。」獨則象天。

中庸曰：「君子戒慎乎其所不睹，恐懼乎其所不聞。莫見乎隱，莫顯乎微，故君子慎其獨也。」

大學曰：「欲正其心者，先誠其意。」「所謂誠其意者，毋自欺也。如惡惡臭，如好好色，此之謂自謙，故君子必慎其獨也。小人閒居爲不善，無所不至，見君子而後厭然，揜其不善，而著其善。人之視己，如見其肺肝然，則何益矣？此謂誠于中，形于外，故君子必慎其獨也。曾子曰：十目所視，十手所指，其嚴乎？富潤屋，德潤身，心廣體胖，故君子必誠其意。」鄭注云：嚴乎，言可畏敬也。胖猶大也。三者言實于内，顯見于外。

大學、中庸皆言慎獨。荀子曰：「不誠則不能獨。」大學釋誠意則言慎獨，不誠則不能獨。此大學義疏也。誠，實也。獨，中外一也。大學曰：「此謂誠于中，形于外。」中庸曰：「誠則形。」堯、舜率天下以仁而民從之，桀、紂率天下以暴而民從之，皆獨之效也。故曰：其所令反其所好，而民不從。初疑桀紂之民從暴語，及觀王莽、魏閹時，而其言始驗。

荀子不苟篇曰：「君子養心，莫善于誠，即正心先誠意之義。致誠則無他事矣。唯仁之爲守，唯義之爲行。誠心守仁則形，形則神，神則能化矣；誠心行義則理，理則明，明則能變矣。變化代興，謂之天德。天不言而人推高焉，地不言而人推厚焉，四時不言而百姓期焉：夫此有常，以至其誠者也。君子至德，嘿然而喻，未施而親，不怒而威：夫此順命，天命。以愼其獨者也。善之爲道者，不誠則不獨，不誠則欺，安能獨？不獨則不形，誠則形。不形信不由中。則雖作于心，見于色，出于言，民猶若未從，其所令反其所好而民不從。雖從必疑。天地爲大矣，不誠則不能化萬物；聖人爲知矣，不誠則不能化萬民；父子爲親矣，不誠則疏；君上爲尊矣，不誠則卑。夫誠者，君子之所守也，而政事之本也。」

韓非子揚權曰：「道無雙，故曰一。是故明君貴獨道之容。」

淮南繆稱曰：「獨專之意，樂哉忽乎，日滔滔以自新，忘老之及己也。始乎叔季，歸乎伯孟，必此積也。自少至長。不身遁，斯亦不遁人，遁，隱。故若行獨梁，一木之水橋。不爲無人，不競其容。故使人信己者易，而蒙衣自信者難。」

莊子庚桑曰：「爲不善乎顯明之中者，人得而誅之；爲不善乎幽閒之中者，鬼得而誅之。

明乎人，明乎鬼者，然後能獨行。」注云：幽顯無愧于心，則獨行而不懼。

法言修身篇曰：「天下有三門：由于情欲，入自禽門；由于禮義，入自人門；由于獨智，入自聖門。」司馬光曰：生而知之，獨運明智，極深研幾，非常人所能逮。

問神篇曰：「龍蟠于泥，蚖其肆矣。龍蟠于泥，獨也。以況君子肆恣也。蚖其肆，不慎獨也。以況小人閒居爲不善也。蚖哉！蚖哉！惡覩龍之志也歟。」確乎不拔，潛龍之志。

孝至篇曰：「或曰：何以處僞？曰：有人則作之，無人則輟之，之謂僞。」注云：道不可須臾離，所以君子慎其獨。

韓非子揚權曰：「道無雙，故曰一。是故明君貴獨道之容。」注云：「道以獨爲容。」案，獨道之容即獨也。大戴禮武王踐祚帶之銘云：「火滅脩容。」劉子新論云：「顏回不以夜浴改容。」所謂獨道之容。

揚子太玄曰：「陰不極則陽不生，亂不極則德不形。君子修德以俟時，不先時而起，不後時而縮。動止微章，不失其法者，其唯君子乎！」注云：「君子謂陽也。修德于黃泉，候春而興。」案，修德于黃泉，即獨也。君子慎獨，有隱德者必陽報，故莫見乎隱，莫顯乎微。

老子道經曰：「有物混成，先天地生。寂兮寞兮，獨立而不改。」河上公注云：「獨立者，無匹雙；不改者，化有常。」案，獨即一也。道獨行，故君子慎獨；道不改，故不可須臾離。

淮南原道曰：「所謂無形者，一之謂也。所謂一者，無匹合于天下者也。卓然獨立，塊然獨處，上通九天，下貫九野。」

蜀獨同義

爾雅釋山：「獨者，蜀。」注云：「蜀亦孤獨。」方言：「一，蜀也。南楚謂之獨。」管子云：「抱蜀不言，而廟堂既修。」半農人云：「抱蜀即老子抱一。」

始

恒初六：「浚恒，貞凶，無攸利。」象曰：「浚恒之凶，始求深也。」虞注云：「乾爲始，故曰始求深也。」

乾彖傳曰：「大哉乾元，萬物資始。」荀注云：「謂分爲六十四卦，萬一千五百二十筴，皆受始于乾也。」

繫上曰：「原始反終，故知死生之說。」說，舍也。

大學曰：「物有本末，事有終始。」

乾鑿度曰：「乾漸九月。乾者，天也。終而爲萬物始，北方萬物所始也。故乾位在于十月。」注云：「乾御戌亥，在于十月，而漸九月也。」

又云：「乾位在西北，陽祖微據始也。」

又云：「太初者，氣之始也。太始者，形之始也。鄭注云：形，見也。天象，形見之所本始也。案，太始生于戌仲。太素者，質之始也。」

周書：周祝曰：「天爲古，地爲久，察彼萬物，名于始。」

爾雅釋詁曰：「初、哉、首、基、肇、祖、元、胎、俶、落、權、輿，始也。」

老子道經曰：「無名，天地之始。」注云：「無名者謂道，道無形，故不可名也。始者，道本也。吐氣布化，出于虛無，爲天地本始也。」

吴子曰：「夫道者，所以反本復始。」吴起，曾申弟子，傳左氏春秋。

吕覽召類曰：「元者，吉之始也。」

揚雄羽獵賦云：「於是玄冬季月天地隆烈，萬物權輿于内，徂落于外。」注：爾雅曰：「權輿，始也。」

昬義曰：「夫禮始于冠，本于昬。」鄭注云：「始猶根也，本猶幹也。」

素

乾鑿度曰：「太素者，質之始也。」鄭注云：「地，質之所本始也。」又云：「太素有質，始形也。」案，太素生于亥仲。

文選注：「方言曰：素，本也。」

履初九曰：「素履，往无咎。」述云：初爲履始，故云素。疏云：乾鑿度曰：「太素者，質之始。」鄭注：「尚書大傳云：『素猶始也。』」初爲履始，故云素。素亦始也。

象上傳曰：「素履之往，獨行願也。」述云：初微謂之獨。

張衡靈憲注曰：「太素之前，幽清玄静，寂寞冥默，不可爲象。厥中惟靈，厥外惟無，如是者永久焉，斯爲冥莖，一作涬。蓋乃道根。道根既建，由无生有，太素始萌，萌而未兆，并體同色，坤屯不分。」原注云：坤屯音渾沌。御覽一。

深

恒初六：「浚恒，貞凶。」象曰：「浚恒之凶，始求深也。」虞注云：「浚，深也。莊九年公羊傳曰：浚之者，何深之也。初下稱浚，故曰浚恒。乾初爲淵，故深矣。失位變之，正乾爲始，故曰始求深也。」乾爲始，亦據初，初爲始、爲元。大哉乾元，萬物資始，故乾爲始也。

繫上曰：「无有遠近幽深。」虞注云：「遠謂天，近謂地，深謂陽，幽謂陰。」又曰：「夫易，聖人之所以極深而研幾也。」又曰：「鉤深致遠。」虞注云：「初深，故曰鉤深。致遠謂乾。」又曰：「精義入神。」姚信注云：「入在初也。陰陽在初，深不可測，故謂之神。」

論語子貢曰：「夫子之言性與天道，不可得而聞已矣。」何晏注云：「性者，人之所受以生也。天道者，元亨日新之道深微，故不可得而聞之。」

後漢陳忠傳：「自順帝即位，盗賊並起，郡縣更相飾匿，莫肯糾發。更相文飾，隱匿盗賤。忠上疏曰：『臣聞輕者重之端，小者大之源，故隄潰蟻孔，氣洩鍼芒。揚雄語。是以明者慎微，智者識幾。書曰：小不可不殺。康誥。詩云：無縱詭隨，以謹無良。大雅。蓋所以崇本絶末，鉤深之慮也。』」棟案，慮之初，故曰鉤深。此與仲翔義合。

老子道經曰：「古之善爲士者，微妙玄通，深不可識。」

德經曰：「玄德深矣，遠矣。」

莊子天地曰：「視乎冥冥，聽乎無聲。冥冥之中，獨見曉焉；無聲之中，獨聞和焉。故深之又深而能物焉，窮其原而後能物物。神之又神而能精焉。」

繕性曰：「當時命而大行乎天下，則反一無迹；不當時命而大窮乎天下，則深根寧極而待，此存身之道也。」

繫下曰：「龍蛇之蟄，以存身也。」虞注云：「潛，藏也，龍潛而蛇藏。陰息初，巽爲蛇；陽息初，震爲龍。十月坤成，十一月復生。遘巽在下，龍蛇俱蟄。初坤爲身，故龍蛇之蟄以存身。」莊子言存身之義通于易。

初

天下曰：「以深爲根。」注云：「理根爲太初之極，不可謂之淺也。」

釋言曰：「潛，深也。」初爲深，易潛龍勿用亦在初。

太玄曰：「夫一一所以摹始而測深也。」

易上經曰：「初九，潛龍勿用。」述云：易氣從下生，故以下爻爲始。乾爲龍，潛藏在下，故曰潛龍。其初難知，故稱勿用。太衍之數虚一不用，謂此爻也。

又曰：「初六，履霜堅冰至。」

繫下曰：「其初難知，其上易知，本末也。初辭擬之，卒成之終。」

繫下曰：「小人以小善爲無益而弗爲也，以小惡爲無傷而弗去也。」虞注云：「小善謂復初，小惡謂遘初。」

公羊隱五年傳云：「初者何？始也。」

參同契曰：「元精雲布，因氣託初。」

乾鑿度曰：「太初者，氣之始也。」鄭注云：「元氣之所本始，太易既是寂然無物矣，焉能生此太初哉？則太初者，亦忽然而自生。」又曰：「太初之氣，寒温始生也。」 案，太初生于酉仲。

京房雜試對後漢律歷志。曰：「宓犧作易，紀陽氣之初以爲律法，建日冬至之聲，以黄鍾爲宫，大簇爲商，姑洗爲角，林鍾爲徵，南吕爲羽，應鍾爲變宫，蕤賓爲變徵。 此聲氣之元，五音之正也。」

淮南俶真曰：「聖人之學也，欲以反性于初。」高誘注云：「人受天地之中以生，孟子曰：『性無不善而情欲害之。』故聖人能反其性于初。」

本

易大過：「棟橈。」彖傳曰：「棟橈，本末弱也。」虞注云：「初上陰柔，本末弱，故棟橈也。」

繫下曰：「復，德之本也。」虞注云：「復初，乾之元，故德之本也。」又曰：「其初難知，其上易知，本末也。」侯果注云：「本末，初上也。」

周禮：「師氏以三德教國子，一曰至德以爲道本。」鄭注云：「至德，中和之德，覆燾持載含容者也。孔子曰：『中庸之爲德，其至矣乎！』」

詩簡兮曰：「執轡如組。」毛傳曰：「組，織組也。御衆有文章，言能治衆，動于近，成于遠也。」正義曰：「御者，執轡于此，使馬騁于彼。織組者，總紕于此，而成文于彼。皆動于近，成于遠。」呂覽先己曰：百仞之松，本傷于下，而末槁于上。商因之困，謀失于胸，令困于彼。詩曰：執轡如組。孔子曰：審此言也，可以爲天下。子貢曰：何其躁也。孔子曰：非謂其躁也，謂其爲之于此，而成文于彼也。聖人組修其身，而成文于天下矣。高誘曰：胸猶内，彼亦外也。

大戴禮保傅曰：「易曰：正其本，萬物理。」本謂初。

大學曰：「物有本末，事有終始，知所先後則近道矣。古之欲明明德于天下者，先治其國；虞夏書堯典曰：克明俊德，以親九族。九族既睦，平章百姓。百姓昭明，協和萬邦，黎民於變時雍。由本達末，原始及終，一以貫之之道也。欲治其國者，先齊其家；欲齊其家者，先修其身；欲修其身者，先正其心；欲正其心者，先誠其意；荀子曰：養心莫善于誠。欲誠其意者，先致其知。鄭注云：知謂知善惡，吉凶之所終始也。致知在格物。倉頡篇曰：格，量度之也。棟案，此謂知所先。物格而后知至，知至而后意誠，意誠而后心正，心正而后身修，身修而后家齊，家齊而后國治，國治而后天下平。棟案，此謂知所後。自天子以至于庶人，壹是皆以修身爲本。朱子曰：正心以上，皆所以修身也。其本亂而末治者否矣，其所厚者薄，而其所薄者厚，未之有也。此謂知本，此謂知之至也。」棟案，物有本末，事有終始，格物之事也。知所先後，致知之事也。此謂知本。物格，知止之事也。

孟子曰：『人有恒言，皆曰：天下國家。天下之本在國，國之本在家，家之本在身。』」

又曰：「徐子曰：仲尼亟稱于水曰：水哉！水哉！何取于水也？孟子曰：『原泉混混，不舍晝夜，盈科而後進，放乎四海。』有本者如是，是之取爾。苟爲無本，七八月之閒雨集，溝澮皆盈，其涸也，可立而待也。故聲聞過情，君子恥之。」又曰：「有大人者，正己而物正者也。」

仲舒對策曰：「臣謹案，春秋謂一元之意，一者萬物之所從始也，元者辭之所謂大也。謂一爲元者，視大始而欲正本也。春秋探其本而反，自貴者始，故爲人君者，正心以正朝廷，正朝廷以正百官，正百官以正萬民，正萬民以正四方。四方正，遠近莫敢不壹于正，而亡有邪氣奸其閒者。」

呂覽孝行曰：「凡爲天下，治國家，必務本而後末。詹何曰：身治而國不治者，未之有也。故曰必務本。所謂本者，非耕耘種植之謂，務其人也。務猶求也。務其人，非貧而富之，寡而衆之，衆，多也。務其本也。務本莫貴于孝。孝爲行之本，故聖人貴之。夫孝，三皇五帝之本務，而萬事之紀也。紀猶貫也。夫執一術而百善至、百邪去，天下從者，其惟孝也。一術，孝術。故論人必先以所親，而後及所疏；先本後末，先近後遠。必先所重，而後及所輕。所重謂其親，所輕謂他人。今有人于此行于親重，而不簡慢于輕疏，孝于親以及人之親。則是篤謹孝道，厚慎孝道。先王之所以治天下也。先王以孝治天下。故愛其親不敢惡人，敬其親不敢慢人。愛敬盡于事親，光耀加于百姓，加，施也。究于四海，此天子之孝也。」此孝經義疏也。「聖治」章曰：「聖人因嚴以教敬，因親以教愛。聖人之教不肅而成，其政不嚴而治，其所因者本也。」注：「本謂孝也。」

呂覽執一曰：「楚王問爲國于詹子。詹何，隱者。詹子對曰：『何聞爲身，不聞爲國。』詹子豈以國可無爲哉？以爲爲國之本在于爲身，身爲而家爲，家爲而國爲，國爲而天下爲。故曰：以身爲家，以家爲國，以國爲天下。此四者異位同本，故聖人之事，廣之則極宇宙，窮日月，窮亦極也。約之則無出乎身者也。」

老子德經曰：「善建者不拔。」文言初九曰：確乎其不可拔。屯初九曰：利建侯。虞仲翔引老子爲證。又曰：「修之于身，其德乃真。」淮南道應曰：「楚莊王問詹何曰：『治國奈何？』對曰：『何明于治身，而不明于治國。』楚王曰：『寡人得立宗廟社稷，願學所以守之。』對曰：『臣未嘗聞身治而國亂者也，未嘗聞身亂而國治者也。故本任于身，不敢對以末。』楚王曰：『善。』故老子曰：『修之身，其德乃真也。』」

徐幹修本篇曰：「孔子之制春秋也，詳内而略外，急己而寬人。故于魯也小惡必書，於衆國也大惡始筆。夫見人而不自見者謂之矇，聞人而不自聞者謂之聵，慮人而不自慮者謂之瞀。故明莫大乎自見，聰莫大乎自聞，睿莫大乎自慮。此三者舉之甚輕，行之甚邇，而莫之知也。故知者舉甚輕之事，以任天下之重；行甚邇之路，以窮天下之遠。故德彌高而基彌固，勝彌衆而愛彌廣。易曰：『復，亨，出入无疾，朋來无咎。』其斯之謂歟。」

法言吾子曰：「請問本。曰：黄鍾以生之，中正以平之。確乎！鄭、衛不能入也。」以樂喻本，堅樹在始，故云確乎。

法言先知曰：「或曰：齊得夷吾而霸，仲尼曰小器，請問大器？曰：大器其猶規矩準繩乎。先自治而後治人之謂大器。」吴祕注云：規矩先自方圓，準繩先自平直，然後能爲器，器出于是，大器者也。管子不知禮，安能以禮正國哉！

堯舜性之也，湯武身之也，此先自治而後治人者也。五霸假之也，故器小。此王霸之辨也。以大學言之，誠意、正心、修身，規矩準繩也，所謂先自治也；齊家、治國、平天下，所謂治人也。先誠意、正心、修身，而後齊家、治國、平天下，所謂先自治而後治人也。由本達末，原始反終，一以貫之之道也。

莊子天地曰：「以本爲精，以物爲粗。」關尹、老聃之學。

至

坤文言曰：「至哉坤元，萬物資生，乃順承天。」晉語曰：民之疾心固皆至矣。韋昭云：至，深也。

繫辭上曰：「顯諸仁，藏諸用，鼓萬物而不與聖人同憂，盛德大業至矣哉！」又曰：「易，其至矣乎。」

襄二十九年春秋傳曰：季札觀樂，見舞韶樂者，曰「德至矣哉」云云。

大學曰：「在止於至善。」

表記曰：「道有至，至道以王。」

孔子閒居。孔子曰：「以致五至而行三無。」子夏曰：「敢問何謂五至？」孔子曰：「志之所至，詩亦至焉；詩之所至，禮亦至焉；禮之所至，樂亦至焉；樂之所至，哀亦至焉。哀樂相生，是故正明目而視之，不可得而見也；傾耳而聽之，不可得而聞也。志氣塞乎天地，此之謂五至。」

賈誼新書修政：「語曰：帝顓頊曰：至道不可過也，至義不可易也。」

孝經：子曰：「先王有至德要道，以順天下，民用和睦，上下無怨。」注云：「孝者，德之至，道之要也。」

周禮：「師氏以三德教國子，一曰至德以爲道本。」鄭注云：「至德，中和之德，覆燾持載含容者也。」孔子曰：『中庸之爲德，其至矣乎！』」

論語：子曰：「中庸之爲德，其至矣乎！民鮮久矣。」中庸曰：子曰：中庸其至矣乎！民鮮能久矣。

中庸曰：「苟不至德至道，不凝焉。」

荀子君道曰：「至道大形，百姓易俗，小人變心，姦怪之屬莫不反慤，夫是之謂政教之極。故天子不視而見，不聽而聰，不慮而知，不動而功，塊然獨坐而天下從之，如一體如四支之從心，夫是之謂大形。」

司馬法：「有虞氏不賞不罰，而民可用，至德也。」

要

孝經：子曰：「先王有至德要道，以順天下，民用和睦，上下無怨。」殷仲文注云：「窮理之至，以一管衆爲要。」

孝子道經曰：「常無欲以觀其妙。」河上公注云：「妙，要也。人常無欲，則可以觀道之要妙。」

莊子大宗師曰：「道可傳而不可受，可得而不可見。豨韋氏得之，以挈天地。」司馬彪注云：「挈，要也，得天地要也。」

約

論語：子曰：「君子博學于文，約之以禮。」又顏淵曰：「夫子循循然善誘人，博我以文，約我以禮。」孔安國注云：言夫子既以文章開博我，又以禮節節約我。

孟子曰：「博學而詳說之，將以反說約也。」趙岐注云：博，廣，詳，悉也。廣學悉其微言而說之者，將以約說其要意，不盡知則不能要言之也。章指言廣尋道意，詳說其事，要約至義，還反于樸，說之美者也。

荀子王霸曰：「人主者，守至約而詳，事至佚而功，垂衣裳不下簟席之上，而海内之人莫不願得以爲帝王。夫是之謂至約。」

韓非子難言曰：「總微說約。」

後漢范升曰：「夫學而不約必叛道也。顏淵曰：『博我以文，約我以禮。』孔子謂知教。顏淵可謂善學矣。老子曰：『學道日損。』損猶約也。」

極

列子黄帝曰：「機發于踵。」注：「郭象曰：常在極上起。」阮籍通老論曰：「道者，法自然而爲化，侯王能守之，萬物將自化。易謂之太極，春秋謂之元，老子謂之道。」

一

一在易爲太極，在爻爲初。凡物皆有對。一者至善，不參以惡，參以惡則二矣。又爲獨，獨者至誠也，不誠則不能獨；獨者隱也，愛莫助之，故稱獨。一則貫，二則亂，故云其爲物不貳。得一善則拳拳服膺，并一而不貳，所以爲積也。

恒六五象傳曰：「婦人貞吉，從一而終也。」虞注云：「一謂初。」繫下曰：「天下之動，貞夫一者也。」虞注云：「一謂乾元，萬物之動各資天一陽氣以生，故天下之動，貞夫一者也。」又曰：「天下同歸而殊途，一致而百慮。」又曰：「天地絪緼，萬物化醇。男女搆精，萬物化生。易曰：『三人行則損一人，一人行則得其友。』言致一也。」

左傳襄廿一年：臧武仲曰：「夏書曰：『念茲在茲，釋茲在茲，名言茲在茲，允出茲在茲。惟帝念功，將謂由己壹也，信由己壹，而後功可念也。』」案，茲，此也。壹即一。念、釋、名言、允出皆在于此，故云由己壹也。詩曹風云：「鳲鳩在桑，其子七兮。淑人君子，其儀一兮。其儀一兮，心如結兮。」大戴禮引此詩云：「君子其結于一也。」中庸曰：「天下之達道五，所以行之者三。曰：君臣也，父子也，夫婦也，昆弟也，朋友之交也。五者，天下之達道也。知、仁、勇三者，天下之達德也，所以行之者一也。」朱子曰：一則誠而已矣。又曰：「凡爲天下國家有九經，所以行之者一也。」朱子曰：一者，誠也。又曰：「天地之道，可壹言而盡也。其爲物不貳，則其生物不測。」荀子曰：「并一而不貳，所以爲積也。」孟子曰：「梁襄王曰：『天下惡乎定？』吾對曰：『定于一。』『孰能一之？』對曰：『不嗜殺人者能一之。』」趙岐注云：「孟子謂仁政爲一也。」又曰：「章指言定天下者一道而已，不貪殺人則歸之，是故文王視民如傷，此之謂也。」不嗜殺人，仁也。仁即一也。故曰：不嗜殺人者能一之。

禮器曰：「禮有大有小，有顯有微。大者不可損，小者不可益，顯者不可揜，微者不可大也。故經禮三百，曲禮三千，其致一也。未有入室而不由户也。」鄭注：致之言至也，一謂誠也。鄭注：三百、三千皆由誠也。

正義曰：「其致一也者，致，至也；一，誠也。雖三千、三百之多，而行之者皆須至誠，故云一也。若損大益小，揜顯大微，皆失至誠也。」

孟子曰：「滕文公爲世子，將之楚過宋，而見孟子。孟子道性善，言必稱堯舜。世子自楚反，復見孟子。孟子曰：『世子疑吾言乎？夫道一而已矣。』」

荀子儒效曰：「道出乎一。曷謂一？曰：執神而固。曷謂神？曰：盡善浹洽之謂神，萬物莫足以傾之之謂固，神固之謂聖人。」

乾鑿度曰：「易變而爲一。」鄭注云：「一主北方，氣漸生之始，此即太初之氣所生也。」又曰：「易始于一。」鄭注云：「易本無體，炁變而爲一，故氣從下生也。」

春秋元命包曰：「陽數起于一，成于三。」又曰：「元年者何？元宜爲一謂之元。何曰：君之始年也。」文選注。

揚子太玄曰：「生神莫先乎一。」注云：「玄始于一，玄道生神，故生神無先一也。」

揚子太玄曰：「常初一，戴神墨，履靈武〔一〕，以一耦萬，終不稷。測曰：戴神墨，體一形也。」

案，稷，測也。一，中也。以一耦萬，故不偏側。」

老子道經曰：「少則得，多則惑。是以聖人抱一爲天下式。」

老子德經曰：「道生一。」王弼注云：「一，數之始，而物之極也。」又曰：「一生二，二生三，三生萬物。」高誘淮南注云：「一謂道也。二者，和氣也。或說：一者，元氣也。生二者，乾坤也。二生三，三生萬物，天地設位，陰陽流通，萬物乃生。」愚謂：一，太一，天也。二，陰陽也。太一分爲兩儀，故一生二；二與一爲三，故二生三；三合然後生，故三生萬物。

說文曰：「惟初太始，道立于一，造分天地，化成萬物。」又丙部云：「陰氣初起，陽氣將虧。从一入冂。一者，陽也。」又甘部云：「从口含一。一，道也。」

三統歷曰：「太極元氣，含三爲一。」後漢書郅惲曰：含元包一。又曰：「始于一而三之。」又曰：「十一月，乾之初九，陽氣伏于地下，始著爲一。」又曰：「經元一以統始，易太極之首也。春秋二以目歲，易兩儀之中也。於春每月書王，易三極之統也。於四時雖亡事，必書時月，易四象之節也。是故元始有象一也，春秋二也，三統三也，四時四也，合而爲十，成五

〔一〕「武」，太玄作「式」。

體。以五乘十，大衍之數也；而道據其一，其餘四十九所當用也。」

家語本命解曰：「分于道謂之命，形于一謂之性。」

呂覽論人曰：「游意于無窮之次，事心于自然之塗，若此則無以害其天矣。無以害其天則知精，知精則知神，知神之謂得一。凡彼萬形，得一後成。」高注云：「天，身也。一，道也。道生萬物，萬物得一乃後成也。」

淮南原道曰：「道者一立而萬物生矣。是故一之理施，四海一之，解達也。際天地。」至也。又天文曰：「道曰規，始于一，一而不生，故分而爲陰陽，陰陽合和而萬物生。」又精神曰：「一生二，二生三，三生萬物。」高誘曰：「一謂道也，二曰神明，三曰和氣也。或說：一者，元氣也。生二者，乾坤也。二生三，三生萬物，天地設位，陰陽通流，萬物乃生。」又曰：「心志專于內，通達耦于一。」一者，道也。又詮言曰：「一也者，萬物之本也，無敵之道也。」文子敵作適，後人訓爲主一者無他適，失之。

春秋元命包曰：「陰陽之性，以一起。人副天道，故生一子。」

春秋保乾圖曰：「陽起于一，天帝爲北辰。」

韓非子揚權曰：「用一之道，以名爲首，名正物定，名倚物徙。倚，偏倚。故聖人執一而靜。」又曰：「道無雙，故曰一。」

荀子勸學曰：「螾無爪牙之利，筋骨之彊，上食埃土，下飲黄泉，用心一也；蟹六跪而二螯，非虵蟺之穴無所寄托者，用心躁也。是故無冥冥之志者，無昭昭之明；無惛惛之事者，無赫赫之功。行衢道者不至，事兩君者不容。目不能兩視而明，耳不能兩聽而聰。螣蛇無足而飛，梧鼠五技而窮。詩曰：『鳲鳩在桑，其子七兮。淑人君子，其儀一兮。其儀一兮，心如結兮。』故君子結于一也。」

又解蔽曰：「故好書者衆矣，而倉頡獨傳者，一也；好稼者衆矣，而后稷獨傳者，一也；好樂者衆矣，而夔獨傳者，一也；好義者衆矣，而舜獨傳者，一也。倕作弓，浮游作矢，而羿精于射；奚仲作車，乘杜作乘馬，而造父精于御：自古及今，未嘗有兩而能精者也。」荀子言一而後精。後出古文云：惟精惟一，先精後一。非古義也。

管子兵法曰：「明一者王，察道者帝，通德者王。」

仲舒對策曰：「春秋大一統者，天地之常經，古今之通誼也。」師古曰：「一統者，萬物之統皆歸于一也。」

班固述律歷志曰：「元元本本，數始于一，産氣黄鍾，造計秒忽。」張晏曰：「數之元本，起于初九之一也。」

老子道經曰：「聖人抱一爲天下式。」河上公注云：「抱，守也。守一乃知萬事，故能爲天下法式。」王弼注云：「一，少之極也。式猶則也。」文選注。

呂覽大樂曰：「道也者，至精也。精微。不可爲形，不可爲名，彊爲之謂之太一。故一也者制令，兩也者從聽。從聽，聽從。先聖擇擇讀爲釋。兩法一，擇，棄也。法，用也。是以知萬物之情。故能以一聽政者，樂君臣，和遠近，説黔首，合宗親；能以一治其身者，免于災，終其壽，全其天；天，身。能以一治其國者，姦邪去，賢者至，成大化；能以一治天下者，寒暑適，風雨時，爲聖人。故知一則明，明兩則狂。」

管子内業曰：「一物能化，謂之神；一事能變，謂之智。化不易氣，變不易智。惟執一之君子能爲此乎？執一不失，能君萬物。」

莊子天地曰：「泰初有無，無有無名；一之所起，有一而未形。注云：一者，有之初，至妙者也。至妙，故未有物理之形耳。夫一之所起，起于至一，非起于無也。然莊子之所以屢稱無于初者，何哉？初者，未生而得生，得生之難，而猶上不資于無，下不待于知，突然而自得此生矣。物得以生，謂之德；天地之大德曰生。未形者有分，且然無閒，謂之命；留動而生物，物成生理，謂之形；形體保神，各有儀則，謂之性。注云：夫德、形、性、命因變立名，其于自爾一也。性脩反德，德至同于初。」謂復于初。

繕性曰：「古之人，在混芒之中，崔譔云：混混芒芒，未分時也。與一世而得澹漠焉。當是時也，陰陽和靜，鬼神不擾，四時得節，萬物不傷，羣生不夭，人雖有知，無所用之，此之謂至一。

當是時也，莫之爲而常自然。」

天下曰：「聖有所生，王有所成，皆原于一。」注云：「使物各得其根，抱一而已，無飾于外。斯聖王所以生成也。」

又曰：「以本爲精，以物爲粗，以有積爲不足，澹然獨與神明居，古之道術有在于是者。關尹、老聃聞其風而悅之，建之以常無有，主之以太一。」

又曰：「至大無外，謂之大一；至小無内，謂之小一。」司馬彪注云：「無外不可一，無内不可分，故謂之一也。」

説文甘字下云：「美也。从口含一。一，道也。」

老子德經曰：「昔之得一者，天得一以清，地得一以寧，神得一以靈，谷得一以盈，萬物得一以生，侯王得一以爲天下貞。」王弼注云：「一者，數之始，物之極也。各是一物，所以爲生也。各以其一，致此清寧貞。」天地之一，即乾坤之元也。清，輕清上升也。寧，安貞也。神亦乾也，谷亦坤也。萬物資始于乾元，資生于坤元，故得一以生。侯王得一以爲天下貞，乾元用九，而天下治也。

春秋元命包曰：「常一不易，玉衡正。」文選注九。

文子曰：「一也者，無適之道也。」案，適讀爲敵。一者，道之本，故云無適。論語曰：「君子之于天下也，無適也。」荀子君子曰：「天子四海之内無客禮，告無適也。」適皆讀爲敵。

後儒有「主一無適」之語，讀適如字，訓爲之殊，非古義。淮南詮言曰：一者，萬物之本也，無敵之道也。義與文子同。

一亦作壹，古壹字從壺吉。一之初，幾也。幾者，動之微，吉之先見者也。以此見性之初，有善而无惡。惡者，善之反，不與善對，故云無敵，亦曰獨。君子慎獨，無惡于志也，惡讀如字。幾有善而无惡。周子言「幾善惡」，非也。

鬼谷子陰符曰：「道者，天地之始，一其紀也。」又曰：「道者，神明之源，一其化端。」

鶡冠子曰：「有一而有氣。」陸佃注云：「一者，元氣之始。」

六韜：武王問太公曰：「兵道何如？」太公曰：「凡兵之道，莫過乎一。一者，能獨往獨來。黄帝曰：『一者，階于道，幾于神，用之在于幾，顯之在于勢，成之在于君。』故聖王號兵爲凶器，不得已而用之。」

致一 附

易林補遺引京房占變：「一爻動則變，亂動則不變。」補遺所据，當在火珠林。易曰：「三人行則損一人，一人行則得其友。」繫辭曰：「言致一也。」又：「天下之動，貞夫一者也。」故左傳占卦，皆一爻變。

貫

離騷經曰：「貫薜荔之落蘂。」王逸注云：「貫，累也。」左傳宣六年：中行桓子曰：「使疾其民，以盈其貫。」以盈其貫，是其貫將滿，所謂惡積而不可弇，罪大而不可解也。韓非子曰：「是其貫將滿也。貫皆有積義，道積于一。」論語：子謂曾參曰：「吾道一以貫之。」釋詁云：「貫，習也。習者，重習，亦有積義。」荀子曰：「服習積貫。」又曰：「貫日而治詳之。」

一貫

一貫之道，三尺童子皆知之，百歲老人行不得。宋儒謂唯顏子、曾子、子貢得聞一貫，非也。「吾道一以貫之」，自本達末，原始及終。老子所謂「甚易知，甚易行，天下莫能知，莫能行也」。下云言有宗，事有君，即一也。忠即一也。恕而行之，即一以貫之也。韋昭注周語「帥意能忠」曰：「循己之意，恕而行之爲忠。」

論語：子曰：「參乎！吾道一以貫之。」曾子曰：「唯。」子出。門人問曰：「何謂也？」曾子曰：「夫子之道，忠恕而已矣。」以忠行恕，謂之一貫。

繫下曰：「天下之動，貞夫一者也。」虞注云：「一謂乾元。」

論語：子貢問曰：「有一言而可以終身行之者乎？」子曰：「其恕乎！己所不欲，勿施于人。」以忠恕之道終身行之，以絜矩之道平天下，所謂一以貫之也。大學言平天下，而云明明德；中庸言至誠盡性，而可以贊化育，皆所謂一以貫之者也。

中庸曰：「忠恕違道不遠。施諸己而不願，亦勿施於人。子曰：『君子之道四，丘未能一焉：所求乎子，以事父，未能也；所求乎臣，以事君，未能也；所求乎弟，以事兄，未能也；所求乎朋友，先施之，未能也。』」

大學曰：「所惡于上，毋以使下；所惡于下，毋以事上；所惡于前，毋以先後；所惡于後，毋以從前；所惡于右，毋以交于左；所惡于左，毋以交于右。此之謂絜矩之道。」荀子曰：五寸之矩，盡天下之方也。

右申忠恕之義。

堯典曰：「克明俊德，以親九族。九族既睦，平章百姓。孔注：百姓，百官。百姓昭明，協和萬邦，黎民於變時雍。」

大學曰：「知止而後有定，定而后能靜，靜而后能安，安而后能慮，慮而后能得。物有本末，事有終始，知所先後則近道矣。釋格物。古之欲明明德于天下者，先治其國；欲治其國者，先齊其家；欲齊其家者，先修其身；欲修其身者，先正其心；欲正其心者，先誠其意；欲誠其意者，先致其知。致知即中庸之明善。致知在格物。蒼頡篇：格，量度之也。物格而后知至，知至而后意誠，意誠而后心正，心正而后身修，身修而后家齊，家齊而后國治，國治而后天下平。自天子以至于庶人，壹是皆以修身爲本。天下之動貞夫一。其本亂而末治者否矣，不明俊德而欲親九族。其所厚者薄，而其所薄者厚，不親九族而欲平章百姓。未之有也。此謂知本，此謂知之至也。」釋致知。

右申一貫之道。

堯典之「克明俊德」，大學之「欲明明德」，即一也。「明俊德」以及九族、百姓、萬邦、黎民，「明明德」以修身、齊家、治國、平天下，即一以貫之也，一即本也。故云：「壹是皆以修身爲本。」「物有本末，事有終始」，由本達末，原始及終，一貫之義也。忠，一也。以忠行恕，即一以貫之也；以忠行恕，即中庸、大學所陳是也。

繫下曰：「天下之動，貞夫一者也。」虞注云：「一謂乾元，萬物之動各資天一陽氣以生，故天下之動，貞夫一者也。」又曰：「易曰：『憧憧往來，朋從爾思。』子曰：『天下何思何慮？天下同歸而殊途，一致而百慮。劉熙曰：慮，旅也；旅，衆也。一致百慮，慮及衆物，以一定之也。天下何思可慮？』」韓伯注云：夫少則得，多則惑，塗雖殊，其歸則同；慮雖百，其致不二。苟識其要，不在博求，一以貫之，不慮而盡矣。

子曰：「賜也，女以予爲多學而識之者與？」對曰：「然。多原于一，故曰然。非與？」一以貫多，故曰非。曰：「非也。蒙上非與。予一以貫之。」何晏曰：善有元，事有會，天下殊途而同歸，百慮而一致，知其元則衆善舉矣。

孟子曰：「博學而詳説之，將以反説約也。」

孝經：「仲尼曰：先王有至德要道，以順天下，民用和睦，上下無怨。」殷仲文注云：孝經疏。「窮理之至，以一管衆爲要。」

荀子不苟曰：「君子位尊而志恭，心小而道大；所聽視者近，而所聞見者遠。是何耶？是操術然也。故千人萬人之情，一人之情是也；是以君子有絜矩之道。天地始者，今日是也；百王之道，後王是也。君子審後王之道，而論于百王之前，若端拜而議。百王謂堯、舜、禹、湯，後王謂文、武。端，元端，朝服也。推禮義之統，統，本。分是非之分，總天下之要，治海内之衆，若使一人。故操彌約，約，要。而事彌大。五寸之矩，盡天下之方也。大學絜矩義疏。故君子不下室堂，堂，明堂。而海内之情舉積此者，則操術然也。」

非相曰：「以近知遠，以一知萬，以微知明。」儒效曰：「道出乎一。曷謂一？曰：執神而固。曷謂神？曰：盡善浹洽之謂神，萬物莫足以傾之之謂固，神固之謂聖人。聖人也者，道之管也。天下之道管是矣，百王之道一是矣。」

又曰：「以淺持博，以古持今，注云：當作以今持古。以一持萬云云，是大儒者也。」

莊子天地曰：「記曰：通于一而萬事畢，無心得而鬼神服。」郭注云：「一無爲而羣理都舉。記，書名也，云老子所作。」案，此論一貫與宋儒同，與孔子異。道家以一爲終，故莊子曰：「得其一而萬事畢。」聖人以一爲始，故夫子曰：「吾道一以貫之。」此儒與道之別也。

後漢書范升傳：升奏曰：「孔子曰：『博學約之，弗叛矣夫。』夫學而不約，必叛道也。顏淵曰：『博我以文，約我以禮。』孔子可謂知教，顏淵可謂善學矣。老子曰：『學道日損。』損猶約也。又曰：『絕學無憂。』絕末學也。」

又曰：「天下之事所以異者，以不一本也。易曰：『天下之動，貞夫一也。』又曰：『正其本，萬事理。』五經之本，自孔子始。」

說文士字下云：「數始于一，終于十。从一从十。孔子曰：『推十合一爲士。』」案，一，道也。一以貫之，故推十得合一也。

法言吾子曰：「多聞則守之以約，多見則守之以卓；寡聞則無約也，寡見則無卓也。」此論語義疏，即顔子之一貫也。

春秋繁露曰：「古之造文者，三畫而連其中謂之王。三畫者，天地與人也；而連其中，通其道也。取天地與人之中，以爲貫而參通之，非王者孰能當是？」

淮南俶真曰：「夫道有經紀條貫，得一之道連千枝萬葉。」高誘注云：「一者，道之本也。得其根本，故能連千枝萬葉，以少正多也。」

子

易上經曰：「乾初九，潛龍勿用。」馬融曰：「初九，建子之月，陽氣始動于黄泉，故曰潛龍。」

明夷六五曰：「其子之明夷，利貞。」象曰：「其子之貞，明不可息也。」述曰：其讀曰亥。坤終于亥，乾出于子，故明不可息。參同契曰：含元虚危，播精于子。

廣雅釋天曰：「太初，氣之始也；生于酉仲，清濁未分也。太始，形之始也；生于戌仲，八月酉仲，爲太初，屬雄；九月戌仲，爲太始，屬雌。清者爲精，濁者爲形。太素，質之始也；生于亥仲，已有素朴而未散也。三氣相接，至于子仲，剖判分離，輕清者上爲天，重濁者下爲地，中和爲萬物。」

説文包字下云：「元氣起于子。子，人所生也。」

三統歷曰：「太極元氣，含三爲一。」孟康曰：「元氣起于子。未分之時，天地人混合爲一，故子數獨一也。」

又曰：「陰陽合德，氣鍾于子，化生萬物。」虞注易曰：陰陽合德，謂天地雜，保太和，日月戰。

又曰：「天統之正，始施于子半。」蘇林曰：「子之西，亥之東，其中間也。」案，子半猶子仲也。

易緯稽覽圖曰：「甲子卦氣起中孚，六日八十分日之七。」鄭注云：「六，以候也。八十分爲一日。日之七者，一卦六日七分也。」

乾鑿度曰：「中孚爲陽，貞于十一月子。」

藏

繫上曰：「坤以簡能。」虞注云：「陰藏爲簡。簡，閲也。坤閲藏物，故以簡能矣。」

又曰：「顯諸仁，藏諸用，鼓萬物而不與聖人同憂。盛德大業至矣哉。」

又曰：「聖人以此洗〔一〕心，退藏于密。」虞注云：「陽動入巽，巽爲退伏，坤爲閉户，故藏密。

〔一〕〔二〕「洗」，繫辭上傳惠氏作「先」，通行周易、皇清經解本同。

謂齊于巽，以神明其德。」

又曰：「神以知來，知以藏往。」虞注云：「乾神知來，坤知藏往。來謂洗〔二〕心，往謂藏密也。」

説卦曰：「坤以藏之。」

漢書翼奉對曰：「詩之爲學，情性而已。五性不相害，六情更興廢。觀性以歷，性，五行；歷，甲己之數。觀情以律，情，六情；律，十二律。明主所宜獨用，難與二人共也。故曰：『顯諸仁，藏諸用。』露之則不神，獨行則自然矣。」易之用在坎、离，而其本在震、巽。

説卦曰：「齊乎巽，齊也者，言萬物之絜齊也。」虞注云：「巽陽藏室，故絜齊。」

列子黄帝曰：「聖人藏于天。」注：郭象曰：「不闚性分之外，故曰藏也。」

乾鑿度曰：「易者，以言其德也。通精無門，藏神無内也。」神在内，故藏神無内。有内不可言藏。内，易正義作穴。鄭注云：「俲易無爲，故天下之性莫不自得也。」俲，古文佼。鄭氏云：佼，易也。

韓詩外傳曰：「子夏讀詩已畢。夫子問曰：『爾亦何大于詩矣？』子夏對曰：『詩之于事也，昭昭乎若日月之光明，燎燎乎如星辰之錯行，上有堯、舜之道，下有三王之義，尚書大傳作論書事爲是。弟子不敢忘。雖居蓬户之中，彈琴以詠先王之風，有人亦樂之，無人亦樂之，亦可以發憤忘食矣。詩曰：衡門之下，可以棲遲；泌之洋洋，可以樂饑。』夫子造然變容曰：『嘻！吾子始可以言詩已矣。然子已見其表，未見其裏。』顯諸仁，見其表也；藏諸用，故未見其裏也。顏淵曰：『其表已見，其裏又何有哉？』孔子曰：『窺其門，不入其中，安知其奧藏之所在乎？然藏又非難也。丘嘗悉心盡志，已入其中，前有高岸，後有深谷，泠泠然如此，既立而已矣。不能見其裏，未謂精微者也。』」藏神無内，可謂精微。

老子德經曰：「道者，萬物之奧。」注云：「奧，藏也。道爲萬物之藏，無所不容也。」文選注引蒼頡篇曰：奧，藏也。

心

復彖傳曰：「復，其見天地之心乎。」荀注云：復者，冬至之卦，陽起初九，爲天地心，萬物所始，吉凶之先，故曰見天地之心。

説卦曰：「坎爲亟心。」

乾鑿度曰：「易歷曰：『陽紀天心。』」陽當作易。

參同契曰：「天符有進退，詘伸以應時。故易統天心，復卦建始萌。」

詩桑柔曰：「君子實維，秉心無競。」鄭箋云：「君子謂諸侯及卿大夫也。其執心不彊于善，而好以力争。」春秋傳：師曠曰：臣不心競而力争。

大學曰：「欲修其身，先正其心。」又曰：「所謂修身云云。」

孟子曰：「惟大人爲能格君心之非。君仁莫不仁，君義莫不義，君正莫不正。一正君，而國定矣。」

趙岐孟子盡心篇章指曰：「盡心者，人之有心爲精氣主，思慮可否，然後行之，猶人法天，天之執持綱維，以正二十八舍者，北辰也。論語曰：『北辰居其所，而衆星拱之。』心者，人之北辰也。苟存其心，養其性，所以事天也。」

仲舒對策曰：「爲人君者，正心以正朝廷，正朝廷以正百官，正百官以正萬民，正萬民以正四方。四方正，遠近莫敢不一于正，而亡有邪氣奸其間者。」

説苑辨物曰：「易曰：『仰以觀于天文，俯以察于地理，是故知幽明之故。』夫天文、地理、人情之效，存于心則聖智之府。」

法言問神曰：「或問神。曰：心。請聞之。聞當作問。曰：潛天而天，乾元。潛地而地。坤元。天地，神明而不測者也。心之潛也，猶將測之，況于人乎？況于事倫乎？心之潛，即神也。天地，神明而不測，潛天而天，潛地而地，是與天地合德者也，故曰猶將測之。人與事倫不足言矣。伏羲、文王、孔子其人也。

莊子庚桑曰：「萬惡不可内于靈臺」。司馬彪注云：「心爲神靈之臺也。」

養心

大學曰:「欲正其心者,先誠其意。」故荀子曰:「養心莫善于誠。」大學釋誠意而歸于慎獨,故荀子曰:「不誠則不獨,不獨則不形。」此大學「誠于中,形于外」、中庸「誠則形」之義也。荀子所言見不苟篇。七十子之徒所傳之大義,與宋儒旨趣不同。孟子言「存心」,故云「養心莫善于寡欲」;荀子言「慎獨」,故云「養心莫善于誠」。或據孟子以駁荀子之非,是駁大學也。

周易述卷二十三

易微言下

道

繫上曰：「一陰一陽之謂道。」

越紐録：范子曰：「道者，天地先生不知老，曲成萬物不名巧，故謂之道。道生氣，氣生陰，陰生陽，陽生天地，天地立然後寒暑燥濕、日月星辰、四時而萬物備。術者，天意也。」淮南天文曰：「道曰規，始于一，一而不生，故分而爲陰陽，陰陽合和而萬物生。」

韓非子主道曰：「道者，萬物之始，是非之紀也。是故明君守始以知萬物之源，治紀以知善敗之端。故虚静以待令。令名，自命也；令事，自定也。虚則知實之情，静則知動者正。」

解老曰：「道者，萬物之所然也。」

鄭長者曰：「體道，無爲無見也。」漢書藝文志：鄭長者二篇，在道家。

管子四時曰：「道生天地。」

管子白心曰：「道者，一人用之，不聞有餘；天下行之，不聞不足。此謂道矣。」注云：多少皆足者，道也。

正篇曰：「陰陽同度曰道。」

内業曰：「夫道者，所以充形也，而人不能固。其往不復，其來不舍。謀乎莫聞其音，卒乎乃在于心，冥冥乎不見其形，淫淫乎與我俱生。不見其形，不聞其聲，而序其成，謂之道。」注云：雖無形聲，常依序而成，故謂之道。

文選注引管子曰：「虛而無形謂之道。」

形勢解曰：「道者，扶持衆物使得生育，而各終其性命者也。」

韓非子揚權曰：「夫道者，弘大而無形；德者，覈理而普至。至于羣生，斟酌用之。」又曰：「道無雙故曰一，是故明君貴獨道之容。」又曰：「虛靜無爲，道之情也。參伍比物，事之形也。參之以比物，伍之以合虛。喜之則多事，惡之則生怨。故去喜去惡，虛心以爲道舍。」

又曰：「道者，萬物之所然也，萬理之所稽也。理者，成物之文也；道者，萬物之所成也。

故曰：道，理之者也。物有理不可以相薄，故理之爲物之制。萬物各異理，萬物各異理而道盡稽萬物之理，故不得不化。不得不化，故無常操。是以生死氣稟焉，萬智斟酌焉，萬事廢興焉。天得之以高，地得之以藏，維斗得之以成其威，日月得之以恒其光；五常得之以常其位，列星得之以端其行，四時得之以御其變氣；軒轅得之以擅四方，赤松得之與天地統，聖人得之以成文章。道與堯、舜俱智，與接輿俱狂，與桀、紂俱滅，與湯、武俱昌。以爲近乎，遊于四極；以爲遠乎，常在吾側；以爲暗乎，其光昭昭；以爲明乎，其物冥冥。而功成天地，和光雷霆，宇内之物恃之以成。凡道之情，不制不形，柔弱隨時，與理相應；萬物得之以死，得之以生；萬物得之以敗，得之以成。道譬諸若水，溺者多飲之即死，渴者適飲之即生；譬之若劍戟，愚人以行忿則禍生，聖人以誅暴則福成。故得之以死，得之以生，得之以敗，得之以成。」

莊子天地曰：「夫子曰：夫道，覆載萬物者也。洋洋乎大哉！」

賈子新書道術曰：「道者，所從接物也。其本者謂之虛，其末者謂之術。虛者，言其精微也，平素而無設施也。術也者，所從制物也，動静之數也。凡此皆道也。」

又道德説曰：「道疑〔一〕而爲德。神載于德。德者，道之澤也。道雖神，必載于德。」

阮籍通老子論曰：「道者，自然。易謂之太極，春秋謂之元，老子謂之道。」文選十一。

遠

虞注易曰：「乾爲遠。」

老子德經曰：「玄德深矣，遠矣。」

玄

文言曰：「夫玄黄者，天地之雜也。天玄而地黄。」

説卦曰：「震爲玄黄。」虞注云：「天玄地黄，震天地之雜物，故爲玄黄。」

考工記曰：「天謂之玄，地謂之黄。」廣雅曰：乾、玄，天也。

月令曰：「季冬天子居玄堂右个。」蔡邕章句曰：「玄，黑也，其堂尚玄。」文選注八。

越語曰：「至于玄月，王召范蠡而問焉。」韋昭注云：「謂魯哀十六年九月。」

〔一〕「疑」上有闕文，新書原爲「冰」字，浙江書局本以爲古凝字，下「疑」字爲舊校者注。

爾雅月名曰：「九月爲玄。」乾鑿度曰：乾漸九月。注云：乾御戌亥，在于十月，而漸九月。天謂之玄，故九月爲玄。

夏小正傳曰：「玄也者，黑也。」

説文曰：「玄，幽遠也。黑而有赤色者爲玄，象幽而入覆之也。」漢書郊祀志：「年始冬十月，色外黑内赤。」服虔曰：「十月陰氣在外，故外黑；陽氣尚伏在地，故内赤也。」朱氏震曰：「坎，北方也。其色玄者，赤黑也。赤者，乾陽也。黑者，坤陰也。」棟謂：乾御戌亥，戌亥之月，乾坤合居，故赤黑爲玄。

章懷張衡傳注云：「玄，深也。」

考工記：鍾氏曰：「三入爲纁，五入爲緅，七入爲緇。」鄭注云：「染纁者，三入而成。又再染以黑，則爲緅。緅，今禮俗文作爵，言如爵頭色也。又再染以黑，乃成緇矣。凡玄色者，在緅、緇之間，其六入者與。」賈疏云：「以緅入黑汁即爲玄。六入爲玄，但無正文，故此注與士冠禮注皆云：玄則六入與。更以此玄入黑汁，則名七入爲緇矣。」

文選注引鍾會注老子曰：「幽冥晦昧故稱爲玄。」王弼曰：「玄，冥嘿無有也。」文選十一。

桓譚新論曰：「揚雄作玄書，以爲玄者，天也，道也。言聖賢制法作事，皆引天道以爲本統，而因附續萬類、王政、人事、法度。故宓犧氏謂之易，老子謂之道，孔子謂之元，而揚雄謂之玄。」解嘲曰：「知玄知默，守道之極。」

老子道經曰：「無名，天地之始；有名，萬物之母。故常無欲以觀其妙，常有欲以觀其徼。小也。此兩者同出而異名。同出于道。王弼注云：兩者，謂始與母也。同出于玄也。異名，所施不同也。在首則謂之始，終則謂之母也。訓暢令盡也。同謂之玄。玄，天也。玄之又玄，上天之載，無聲無臭。衆妙之門」。徼亦妙也，故曰衆妙。又曰：「生而不有，爲而不恃，長而不宰，是謂玄德。」王弼注云：玄德者，皆有德不知其至，出于幽冥者也。王弼注俱見文選注中。

淮南原道曰：「舜執玄德于心，而化馳若神。」高注云：「玄，天也。馳，行也。」

又覽冥曰：「夫物類之相感，玄妙深微。」案，陽在地下稱玄，坤上六其血玄黄。是妙古文眇。眇，小也，猶微也。陽在下故言深。

太玄曰：「天以不見爲玄，地以不形爲玄，人以心腹爲玄。天奥西北，鬱化精也；地奥黄泉，隱魄榮也；人奥思慮，含至精也。」

張衡玄圖曰：「玄者，無形之類，自然之根。作于太始，莫之與先。包含道德，搆掩乾坤。橐籥元氣，禀受無原。」御覽一。

老子道經曰：「古之善爲士者，微妙玄通。」河上公注云：「玄，天也。言其節志精微，與天通也。」文選注：精微今作玄妙。

神

繫上曰：「神无方而易无體。」神无方故不測。又曰：「陰陽不測之謂神。」變化故无方，自微及著故无體。又曰：「知變化之道者，其知神之所爲乎？」虞注云：在陽稱變，乾五之坤；在陰稱化，坤二之乾。陰陽不測之謂神，知變化之道，故知神之所爲。又曰：「易无思也，无爲也。」虞注云：天下何思何慮？同歸而殊途，一致而百慮。故无爲，謂其静也專。寂然不動，謂隱藏坤初，機息矣。專故不敢動者也。感而遂通天下之故。感，動也。以陽變陰，通天下之故，謂發揮剛柔而生爻者也。非天下之至神，其孰能與于此？」至神謂易隱初入微，知幾其神乎。又曰：「唯神也，故不疾而速，不行而至。」神謂易也，謂日月斗在天，日行一度，月行十三度，從天西轉，故不疾而速；是寂然不動，隨天右周，感而遂通，故不行而至者也。又曰：「利用出入，民咸用之，謂之神。」又曰：「鼓之舞之以盡神。」虞注云：神，易也。陽息震爲鼓，陰消巽爲舞，故鼓之舞之以盡神。

繫下曰：「于是始作八卦，以通神明之德。」漢書贊曰：「易本隱以之顯。」張揖曰：「作八卦以通神明之德，是本隱也；有天道焉，有地道焉，有人道焉，以類萬物之情，是之顯也。」

又曰：「精義入神，以致用也。」姚信曰：陽稱精，陰爲義，入在初也。陰陽在初，深不可測，故謂之神。變爲姤、復，故曰致用也。

説卦曰：「神也者，妙萬物而爲言者也。」説文神字下云：天神引出萬物者也。妙萬物者，引出萬物也。孟子曰：「大而化之謂聖，聖而不可知之謂神。」莊子外物曰：聖人之所以駴天下，神人未嘗過而問焉。郭注云：神人即聖人也。聖言其外，神言其内。又曰：「所存者神。」大戴禮哀公問孔子曰：「所謂聖人者，知通乎大道，應變而不窮，能測萬物之情性者也。大道者，所以變化而凝成萬物者也。情性也者，所以理然不取舍者也。」吕覽君守曰：「至神逍遥倏忽，而不見其容；至聖變習移俗，而莫知其所從。」荀子儒效曰：「道出乎一。曷爲一？曰：執神而固。曷謂神？曰：盡善浹洽之謂神，萬物莫足以傾之之謂固，神固之謂聖人。」又天論曰：「萬物各得其和以生，各得其養以成，不見其事而見其功，夫是之謂神。」大戴禮勸學曰：「神莫大于化道。」史記律書曰：「氣始于冬至，周而復生。神生于無形，精微故無形。成于有形，正義曰：天地既分，二儀已質，萬物之形成于天地之間，神在其中。然後數形而成聲。正義曰：數謂天數也，聲謂五聲也。言天數形則能成其五聲也。故曰神使氣，氣就形。形理知類有可類。或未形而未類，或同形而同類，類而可班，班，別也。義與辨同。類而可識。聖人知天地識之別，故從有以至未有，正義曰：從有，萬物形質也。未有謂天地未形也。以得細若氣，微若聲。正義曰：氣謂大易之氣，聲謂五聲之聲。然聖人因神而存之，因神而存之，故謂之神。雖妙必効，妙，微眇。効猶見也。情核其華道者明矣。華，榮華，有色貌也；道，心之微，故曰榮道。非其聖心以乘聰明，孰能存天地之神，而成形之情哉！情核其華道者明，故成形之情。神者，物受之而不能知。日用而不知。及[二]其去來，夫微之顯，故有去來。故聖人畏而欲存之。誠不可掩，故畏而欲存之。唯欲存之，神之亦存。神其神故神存。其欲存之者，故莫貴焉。積微月不勝日，時不勝月，歲不勝時，故莫貴焉。孟子曰：所存者神。管子曰：神者，至貴也。

詩汜歷樞曰：「卯酉爲革政，午亥爲革命。神在天門，出入候聽。」宋均注云：「神，陽氣，君象也。天門，戌亥之間，乾所據者。」郎顗傳。

墨子公輸曰：「治于神者，衆人不知其功；爭于明者，衆人知之。」

法言問神曰：「或問神。曰心。請問之。不知神在心，故復問。曰：潛天而天，潛地而地。如乾之初九。天地，神明而不測者也。心之潛也，猶將測之，況于人乎？況于事倫乎？敢問潛

〔二〕「及」，中華書局標點本史記無，「其去來」屬上讀。

心于聖。曰：昔仲尼潛心于文王矣，達之；顔淵亦潛心于仲尼矣，未達一間耳。神在所潛而已矣。天神天明，照知四方；天精天粹，萬物作類。乾元用九而天下治。人心其神矣乎？操則存，捨則亡。中庸其至矣乎！民鮮能久。能常操而存者，其惟聖人乎？至誠無息。聖人存神索至，注云：存其精神，探幽索微。成天下之大順，致天下之大利，和同天人之際，使之而無間者也。」

先知曰：「先知其幾于神乎？」注云：神以知來，先知近于神。

揚雄解嘲曰：「爰清爰静，游神之庭。」

班固賓戲曰：「鋭思于豪芒之内，潛神默記，恒以年歲。」師古曰：豪芒喻纖微也。

管子心術曰：「去欲則宣，宣，通也。宣則静，静則精，精則獨立矣。獨則明，明則神矣。神者，至貴也。故舘不辟除，則貴人不舍焉。故曰：不潔則神不處。」

内業曰：「一物能化謂之神，一事能變謂之智。化不易氣，變不易智。」

荀子不苟曰：「誠信生神。」注：「中庸曰：『至誠如神。』」

淮南泰族曰：「故大人者與天地合德，日月合明，鬼神合靈，與四時合信。故聖人懷天氣，抱天心，執中含和，不下廟堂而衍四海，變習易俗，民化而遷善，若性諸己，能以神化也。」

後漢書：「李固上疏曰：『臣聞氣之清者爲神，人之清者爲賢。』」

幽贊

樂記曰：「明則有禮樂，幽則有鬼神。」聖人作易，其始也幽贊于神明，其終也明贊于天地。幽贊，一也。贊天地之化育，與天地參，一貫三也。

幽明 附

繫辭曰：「知幽明之故。」幽，北方也，坎也。明，南方也，離也。尚書堯典：「宅南郊曰明都，宅朔方曰幽都。」檀弓曰：「葬于北方，北首之幽之故也。」説卦曰：「離也者，明也，南方之卦也。」此幽明之故也。

妙

理微謂之妙，妙猶眇也。自廣雅訓妙爲好，而其義始晦。

繫下曰：「子曰：『顏氏之子其殆庶幾乎？』」虞注云：「幾者，神妙也。顏子知幾，故殆庶幾。」案，妙古文眇。眇，小也，猶微也。荀悦申鑒曰：「理微謂之妙。」章懷後漢書訓妙爲美，此俗訓。

說卦曰：「神也者，妙萬物而爲言者也。」董遇本妙作眇。眇，小也。繫曰：「非天下之至神，其孰能與于此？」又曰：「知幾其神乎？」虞注云：「至神謂易，隱初入微。」又云：「陽在復初稱幾，隱初入微，陰陽不測。故神也者，妙萬物而爲言者也。」師古漢書昭帝紀注曰：眇，微也。

中庸曰：「故君子語大，天下莫能載焉；語小，天下莫能破焉。」朱子注云：「其大無外，其小無内。」案，淮南精神曰：「無外之外，至大也；無内之内，至貴也。」高誘注云：「言天無有垠外而能爲之外，諭極大也。無内言其小，小無内而能爲之内，道尚微妙，故曰至貴。」又曰：「能知大貴，何往而不遂。」高誘注云：「大貴謂無内之内，言道至微能出入于無間。」

老子道經曰：「常無欲，以觀其妙。」注云：「妙，要也。人常能無欲，則可以觀道之要。要，謂一也。」鍾會注云：文選注。「妙者，極之微也。」

莊子庚桑曰：「夫全其形生之人藏其身也，不厭深眇而已矣。」

淮南時則曰：「仲夏之月，日長至，陰陽争，死生分。」高誘曰：「至，極也。陽盡午中，而微陰妙重淵矣，此陽陰争辨之際。」

漢書張敞傳：「敞上封事曰：『夫心之精微，口不能言也。言之微眇，書不能文也。』」

揚雄解難曰：「抗辭幽説，閎意眇指。」師古曰：眇讀爲妙。曹大家幽通賦注云：眇，微也。

又曰：「聲之眇者，不可同于衆人之耳。」注同前。

淮南齊俗曰：「樸至大者無形狀，道至眇者無度量。」

吕氏春秋謹聽曰：「賢者之道，牟而難知，妙而難見。」高誘云：「牟猶大也。賢者之道，碟落不凡，惟義所在，非不肖所及，故難知也。其仁愛物，本于中心，精妙幽微，亦非不肖所及，故難見也。」

吕覽用兵曰：「有巨有微。」高誘曰：「巨、惋、略、微、要、妙，覩未萌之萌也。」

誠

文言曰：「閑邪存其誠。」又曰：「修辭立其誠。」虞注云：「乾爲誠。」大學曰：「欲正其心者，先誠其意。」又曰：「所謂誠其意者，毋自欺也。如惡惡臭，如好好色，此之謂自謙，故君子必慎其獨也。小人閒居爲不善，無所不至，見君子而後厭然，揜其不善而著其善，人之視己，如見其肺肝然，則何益矣？此謂誠於中，形於外，故君子必慎其獨也。」

中庸曰：「子曰：『鬼神之爲德，其盛矣乎！視之而不見，聽之而不聞，體物而不可遺。使天下之人，齊明盛服以承祭祀，洋洋乎如在其上，如在其左右。』詩曰：『神之格思，不可度思，矧可射思。』夫微之顯，誠之不可揜，如此夫！

又曰：「誠者，天之道也。誠之者，人之道也。誠者，不勉而中，不思而得，從容中道，聖人也。誠之者，擇善而固執之者也。」

又曰：「自誠明，謂之性；自明誠，謂之教。誠則明矣，明則誠矣。」

又曰：「唯天下至誠，爲能盡其性。能盡其性，則能盡人之性。能盡人之性，則能盡物之性。能盡物之性，則可以贊天地之化育。可以贊天地之化育，則可以與天地參矣。」

又曰：「故至誠無息。不息則久，久則徵，徵則悠遠，悠遠則博厚，博厚則高明。」

又曰：「唯天下至誠，爲能經綸天下之大經，立天下之大本，知天地之化育。夫焉有所倚！肫肫其仁，淵淵其淵，浩浩其天。」

荀子曰：「養心莫善於誠。」又曰：「不誠則不獨。」大學言誠意而歸之慎獨，則誠猶獨也。

易乾鑿度論易之義云：「移物致耀，至誠專密。」鄭注云：「移，動也。天確爾至誠，故物得以自動，寂然專密，故物得以自耀也。」若然，則存誠猶慎獨，獨即至誠也。

乾鑿度曰：「孔子曰：易者，易也，變易也，不易也。易者以言其德也。虛無感動，清静炤哲，移物致耀，至誠專密。」

漢書孔光傳：光對策曰：「書曰：『天既付命，正厥德。』言正德以順天也。又曰：『天棐諶辭。』諶，誠也。諶辭，至誠之辭也。言有誠道，天輔之也。明承順天道在于崇德、博施、加精、致誠、孳孳而已。」

孟子曰：「居下位而不獲于上，民不可得而治也。獲于上有道，不信于友，弗獲于上矣。信于友有道，事親弗悦，弗信于友矣。悦親有道，反身不誠，不悦于親矣。誠身有道，不明乎善，不誠其身矣。是故誠者，天之道也；思誠者，人之道也。此上述其師子思之語。至誠而不動者，未之有也；不誠，未有能動者也。」

韓詩外傳曰：「唐虞之法可得而考也，其喻人心不可及矣。詩曰：『上天之載，無聲無臭。』其孰能及之。」

又曰：「勇士一呼，而三軍皆避，士之誠也。昔者楚熊渠子夜行，寢石以爲伏虎，彎弓而射之，没金飲羽，下視知其爲石。石爲之開，而況人乎？夫倡而不和，動而不僨，中心有不全者矣。夫不降席而匡天下者，求之己也。孔子曰：『其身正，不令而行；其身不正，雖令不從。』先王之所以拱揖指麾，而四海來賓者，誠德之至也，色以形于外也。詩曰：『王猷允塞，徐方既來。』」

呂覽精通曰：「人或謂兔絲無根。兔絲非無根也，其根不屬也，伏苓是。屬，連也。慈石召鐵，或引之也；石，鐵之母也。以有慈石故能引之，石之不慈者亦不能引也。樹相近而靡，或軵之也。

聖人南面而立，以愛利民爲心，心在利民。號令未出而天下皆延頸舉踵矣，則精通乎民也。精誠通洞于民，使之然也。夫賊害于人，人亦然。今夫攻者，砥厲五兵，發且有日矣，所被攻者不樂，非或聞之也，神者先告也。非聞將見攻也，神先告之，令其志意愁慼不樂。身在乎秦，所親愛在于齊，死而志氣不安，精或往來也。德也者，萬民之宰也。宰，主也。月者，羣陰之本也。月望則蚌蛤實，羣陰盈；月晦則蚌蛤虛，羣陰虧。夫月形乎天，而羣陰化乎淵；聖人形德乎己，而四荒咸飭乎仁。所謂誠乎此而諭乎彼。養由基射虎中石，矢乃飲羽，誠乎虎也；伯樂學相馬，所見無非馬者，誠乎馬也；宋之包丁好解牛，所見無非死牛者，三年而不見生牛，用刀十九年，刃若新鄺研，鄺，砥也。順乎理誠乎牛也。故君子誠乎此而諭乎彼，感乎己而發乎人。」

莊子漁父曰：「孔子愀然曰：問漁父。『請問何謂真？』客曰：真者，精誠之至也。不精不誠，不能動人。故强哭者雖悲不哀，强怒者雖嚴不威，强親者雖笑不和；真悲無聲而哀，真怒未發而威，真親未笑而和。真在內者，神動于外，是所以貴真也。真者，所以受于天也，真即誠也。誠者天之道，故真亦受于天。自然不可易也。」

呂覽具備曰：「三月嬰兒，軒冕在前，弗知欲也；斧鉞在後，弗知惡也。慈母之愛諭焉，誠也。故誠有又誠，乃合于情；當作精。精有又精，乃通于天；乃通于天，水木石之性皆可動也。中孚信及豚魚，吕梁忠信亦爾。又況有血氣者乎？故凡説與治之務莫若誠。以誠説則信著之，以誠治則化行之。聽言哀者，不若見其哭也；聽言怒者，不若見其鬭也。説與治不誠，其動人心不神。」

淮南泰族曰：「夫蛟龍伏寢于淵，而卵剖于陵；螣蛇雄鳴于上風，雌鳴于下風，而化成形，精之至也。故聖人養心莫善于誠，至誠而能動化矣。」又曰：「聖主在上位，廓然無形，寂然無聲，官府若無事，朝廷若無人，無隱人，無軼民，無勞役，無冤刑，四海之内莫不仰上之德，象主之指，夷狄之國重譯而至，非户辨而家説之也，推其誠心，施之天下而已矣。詩曰：『惠此中國，以綏四方。』内順而外寧矣。」

班固幽通賦曰：「精通靈而感物兮，神動氣而入微。曹大家注云：言人參于天地，有生之最神靈也。誠能致其精誠，則通于神靈，感物動氣，而入微者矣。養流睇而猿號兮，李虎發而石開。養由基、李廣。非精誠其焉通兮，苟無實其孰信。操末技猶必然兮，矧耽躭躬于道真。」師古曰：躬，親也。射者微技，猶能精誠感于猿、石，况立身種德，親躭大道，而不倦者乎？

仁 附

子曰：「水火，吾見蹈而死者矣，未見蹈仁而死者也。」此語合于易理。仁乃乾之初生之道也，故未見蹈仁而死。極其變，如求仁得仁，殺身成仁，乃全而歸之之義，不可言死。禮記：君子曰終，小人曰死。

中　甲子卦氣起中孚，大玄準之爲中。

大舜執其兩端，用其中于民；周公設官分職，以爲民極。極，中也。虞、周皆既濟之世，贊化育之功同也。

復彖曰：「復，其見天地之心乎。」案，冬至復加坎，坎爲亟心。亟，古文極，中也。然則天地之心，即天地之中也。董子繁露曰：「陽之行，始于北方之中，而止于南方之中；陰之行，始于南方之中，而止于北方之中。陰陽之道不同，至于盛而皆止于中，其所起皆必于中。中者，天地之太極也，日月之所至而郤也。長短之隆，不得過中，天地之制也。」如董子之言，則天地之心兼二至也。象至日閉關，兼二至。

繫上曰：「易簡而天下之理得矣。天下之理得，而易成位乎其中矣。」荀爽注云：「易謂坎離，陽位成于五，五爲上中。陰位成于二，二爲下中。故易成位乎其中。」案，易簡即天地之中也。

成十三年左傳：「劉子曰：吾聞之，民受天地之中以生，所謂命也。是以有動作、禮義、威儀之則，以定命也。」

明道程子曰：「民受天地之中以生，天命之謂性也。」

荀爽對策曰：「昔者聖人建天地之中而制禮。」

中庸曰：「天命之謂性。」又曰：「喜怒哀樂之未發，謂之中。」又曰：「中也者，天下之大本也。」又曰：「立天下之大本。」

周語曰：「王將鑄無射，問律于伶州鳩。對曰：『律，所以立均出度也。古之神瞽考中聲而量之以制，考，合也。謂合中和之聲而量度之，以制樂也。度律均鍾，百官軌儀，紀之以三，天地人。平之以六，六律。成于十二，律呂。天之道也。夫六，中之色也，故名之曰黃鍾，十一月曰黃鍾，乾初九也。六者，天地之中。天有六氣，降生五味；天有六甲，地有五子。十一而天地畢矣，而六爲中，故六律、六呂而成天道。黃鍾初九，六律之首，故以六律正色爲黃鍾之名，重元正始之義也。所以宣養六氣、九德也。』」六氣，陰、陽、風、雨、晦、明也。九德，九功之德，水、火、金、木、土、穀、正德、利用、厚生也。十一月陽伏于下，物始萌；于五聲爲宮，含元處中，所以徧養六氣、九德之本。

三統歷曰：「四分月法，以其一乘章月，是爲中法。朔不得中，是爲閏月，言陰陽雖交，不得中不生。」獨陰不生，獨陽不生，獨天不生。天者，中也。三合然後生，故云不得中不生。

論語堯曰：「咨！爾舜！天之歷數在爾躬，允執其中。四海困窮，天禄永終。舜亦以命禹。」

孟子曰：「湯執中。」

善

文言曰：「元者，善之長也。」又曰：「積善之家必有餘慶。」虞注云：「初乾爲積善。」

繫上曰：「一陰一陽之謂道，繼之者善也，成之者性也。」又曰：「子曰：顔氏之子，其殆庶幾乎。有不善未嘗不知，知之未嘗復行也。易曰：『不遠復，无祇悔，元吉。』」虞注云：「復以自知。」

中庸曰：「子曰：『回之爲人也，擇乎中庸，得一善則拳拳服膺，而弗失之矣。』」一善謂乾初，即復初也。復初爲中行，故云擇乎中庸。得一善與繫辭相發明。

大戴禮勸學曰：「積善成德。」案，初爲善，三爲成德，故文言曰：君子以成德爲行。漢議郎元賓碑云：乾之積善，謂乾三也。陽成于三，積善成德，至三而成。

晉語甯莊子曰：「善，德之建也。」積善成德，故爲德之建。

純

文言曰：「大哉乾乎，剛健中正，純粹精也。」

中庸曰：「詩曰：『維天之命，於穆不已。』蓋曰天之所以爲天也。『於乎不顯，文王之德之純。』蓋曰文王之所以爲文也，純亦不已。」朱子曰：純，純一不雜也。

鄭語[一]：史伯曰：「建九紀以立純德。」韋昭曰：「建，立也。純，純一不尨駁也。」賈唐曰：「九紀，九功也。」

乾鑿度曰：「易卦六十四分而爲上下，象陰陽也。陽道純而奇，故上篇三十，所以象陽也。陰道不純而偶，故下篇三十四，所以法陰也。」鄭注云：「陽道專斷，兼統陰事，故曰純也。」

又曰：「消息純者爲帝，不純者爲王。六子上不及帝，下有過王，故六子雖純，不爲乾坤。」

楚語：觀射父曰：「先王之祀也，以一純二精。」韋昭注云：「一純，心一而潔也。二精，所用玉帛也。」又曰：「聖王正端以其不違心，帥其羣臣精物以臨監享祀，無有苛慝于神

[一] 四庫全書本自此以下至卷末均闕，據皇清經解本補。

者，謂之一純。」韋昭注云：「不違心，謂心思端正，服則端冕。」

禮投壺曰：「二算爲純。」釋文云：「純音全。」鄭注儀禮如字，云：「純，全也。」案，純訓全。乾爲純者，陽兼陰爲一，故全。陽兼陰爲一，故又訓爲一。

莊子刻意曰：「純也者，謂其不虧其神也。」

辨精字義

文言曰：「大哉乾乎，剛健中正，純粹精也。」

繫上曰：「精氣爲物。」虞注曰：「乾純粹精，故主爲物。」鄭注云：「精氣謂七八也。精氣謂之神。」

又曰：「是故君子將有爲也，將有行也，問焉而以言。其受命也如嚮，无有遠近幽深，遂知來物。非天下之至精，其誰能與于此。」虞注云：「神以知來，感而遂通，謂幽贊神明而生著也。至精謂乾純粹精也。」

繫下曰：「精義入神以致用也。」姚信曰：「陽稱精，陰爲義，入在初也。陰陽在初，深不可測，故謂之神。變爲姤、復，故曰致用也。」

又曰：「男女搆精。」虞注云：「乾爲精。」

中庸曰：「致廣大而盡精微。」

禮記禮器曰：「德産之致也精微。」鄭注：「致，致密也。」

經解曰：「絜静精微，易之教也。」案，絜静，坤也；精微，乾也。

周語：内史過曰：「先王知大事必衆濟也，故袚除其心。」又云：「袚除其心，精也。」精，絜也。然則長衆使民之道，非精不和。今晉侯以惡，實棄其精也。」

公羊莊十年傳曰：「觕者曰侵，精者曰伐。」何休云：「觕，麤也。精猶精密也。」吕覽愛士曰：此兵之精者也。高注云：言能用兵，勝負死生之本所克敗，故曰：此兵之精妙矣。

荀子成相云：「大參乎天，精微而無形。」莊子秋水曰：河伯曰：世之議者皆曰：至精無形。

管子心術曰：「静則精，精則獨立矣。獨則明，明則神矣。神者至貴也，故館不辟除則貴人不舍焉。」

精、静同義，在乾爲精，在坤爲静，故經解曰：「絜静精微。」

淮南天文曰：「天地之襲精爲陰陽，陰陽之專精爲四時，四時之散精爲萬物。」高誘曰：「襲，合精氣也。」

又曰：「二陰一陽成氣二，二陽一陰成氣三。」高誘注云：「陰粗觕故得氣少，陽精微故得氣多。」

呂覽大樂曰：「道也者，至精也，不可爲形，不可爲名，彊爲之謂之太乙。」高誘注曰：「精，微。」又云：「精，微妙也。」

又君守曰：「天無形而萬物以成，至精無象而萬物以化，大聖無事而千官盡能，此乃謂不教之教，無言之詔。」

又博志曰：「孔某、墨翟晝日諷誦習業，夜親見文王、周公旦而問焉。夜則夢見文王、周公而問其道也。用志如此其精也，精，微密也。何事而不達，何爲而不成。故曰：精而熟之，鬼將告之。非鬼神告之也，精而熟之也。」史游日積學，所致無鬼神，故曰有鬼告之。

三統歷曰：「銅爲物之至精，不爲燥濕寒暑變其節，不爲風雨暴露改其形，介然有常，有似于士君子之行。」

淮南本經曰：「天之精，日月星辰雷電風雨也。」

管子内業曰：「凡物之精，此則爲生，注云：精神之至，靈者得此則爲生。下生五穀，上爲列星，流于天地之間謂之鬼神，藏于胸中謂之聖人。」

心術曰：「世人之所職者精也。去欲則宣，宣則静矣。宣，通也。静則精，精則獨立矣。」又曰：「形不正者德不來，中不精者心不治。」又曰：「一氣能變曰精，一事能變曰智。」

太玄曰：「一六爲水，爲北方，爲冬，脟精。」范望注云：「精者氣之妙也，言微陽始生，氣精妙也。」

莊子天下曰：「以本爲精，以物爲粗。」

老子道經曰：「窈兮冥兮，其中有精，其精甚真。」

韓詩外傳曰：「凡治氣養心之術，莫徑由禮，莫優得師，莫慎一好。好一則博，博則精，精則神，神則化，是以君子務結心乎一也。詩曰：『淑人君子，其儀一兮。其儀一兮，心如結兮。』」

墨子公孟曰：「公孟子曰：實爲善，人孰不知，譬若良玉處而不出，有餘精。」公孟子即公明子，聖人之徒也。實爲善即誠也。

馮衍德誥曰：「沈情幽思引六經之精微。」文選注四。

易簡

繫上曰：「乾以易知，坤以簡能。」虞注云：「陽見稱易，陰藏爲簡，簡，閱也。乾息昭物，天下文明，故以易知。坤閱藏物，故以簡能矣。」陽見稱易，謂初九。乾息，昭物謂九二。

又云：「易則易知，簡則易從。」虞注云：「乾縣象著明，故易知；坤陰陽動闢，故易從。」

又云：「易簡而天下之理得矣。」虞注云：「易爲乾息，簡爲坤消，乾坤變通，窮理以盡性，故天下之理得矣。」

繫下曰：「夫乾確然示人易矣。夫坤隤又作退。然示人簡矣。」虞注云：「陽在初弗用，確然無爲，潛龍時也。不易世，不成名，故示人易者也。隤，安。簡，閱也。坤以簡能，閱內萬物，故示人簡者也。」

又曰：「夫乾天下之至健也，德行恒易以知險。夫坤天下之至順也，德行恒簡以知阻。」虞注云：「險謂坎也。乾二五之坤成坎離，日月麗天，天險不可升，故知險者也。阻，險阻也。坤二五之乾，艮爲山險，坎爲水，巽高兑下，地險山川邱陵，故以知阻也。」

越語：范蠡曰：「節事者與地，與地，法地。唯地能包萬物以爲一，其事不失。爲一，不偏也。不失，不失時也。

坤以簡能，陰藏爲簡能。包萬物以爲一，所謂簡能也。

乾鑿度曰：「孔子曰：易者，易也，變易也，不易也，管三成爲道德苞籥。易者以言其德也。繫曰：德行恒易。通行无門，藏神无内也。簡易无爲，故天下之性莫不自得也。光明四通，簡易立節，簡易者，寂然无爲之謂也。天地爛明，日月星辰布設，八卦錯序，律歷調列，五緯順軌，四時和栗孳結。四瀆通情，優游信潔。根著浮流，氣更相實。此皆言易道無爲，故天地萬物各得以自通也。虛无感動，清静炤哲。移物致耀，至誠專密。不煩不擾，淡泊不失，此其易也。」

鄭玄易贊曰：即易序。「易之爲名也，一言而函三義：簡易一也，變易二也，不易三也。故繫辭云：『乾坤其易之藴耶。』又曰：『易之門户耶。』又曰：『夫乾寉然示人易矣，夫坤隤然示人簡矣。易則易知，簡則易從。』此言其簡易之法則也。」

法言五百曰：「或問：天地簡易而聖人法之，何五經之支離？曰：支離蓋其所以爲簡易也。由博而約。已簡已易，焉支焉離？」約則簡易。

易

簡 缺

繫上曰：「乾以易知。」鄭注云：「易，佼易也。」今本乾鑿度曰傚易立節，傚即佼也。

性命

文言曰：「乾道變化，各正性命，保合太和，乃利貞。」

説卦曰：「窮理盡性以至于命。」虞注云：「乾爲性。」

詩烝民曰：「天生烝民，有物有則。民之秉彝，好是懿德。」鄭箋曰：「天之生衆民，其性有物象，謂五行仁義禮智信也；其情有所法，謂喜怒哀樂好惡也。然而，民所執持有常道，莫不好有美德之人。」正義曰：因經物則異文，故箋分性情爲二。性謂五性，情謂六情以充之，五性本于五行，六情本于六氣。洪範：五行，水火木金土。禮運曰：人者，天地之心，五行之端。是人性法五行也。昭元年左傳曰：六氣，陰陽風雨晦明也。昭二十五年左傳：民有好惡喜怒哀樂，生于六氣。是六情法六氣也。五行謂仁義禮智信者，鄭于禮記之説，以爲木行則仁，金行則義，火行則禮，水行則智，土行則信是也。六情有所法者，服虔左傳之注以爲好生于陽，惡生于陰，喜生于風，怒生于雨，哀生于晦，樂生于明是也。棟案，翼奉之説以六情通十二律：北方之情好也，好行貪狼，申子主之；東方之情怒也，怒行陰賊，亥卯主之。二陰並行，是以王者忌子卯也。南方之情惡也，惡行廉貞，寅午主之；西方之情喜也，喜行寬大，巳酉主之。二陽並行，是以王者忌午酉也。上方之情樂也，樂行姦邪，辰未主之；下方之情哀也，哀行公正，戌丑主之。辰未屬陰，戌丑屬陽，萬物各以其類應。又云：詩之爲學，情性而已。五性不相害，六情更興廢。觀性以歷，觀情以律。張晏曰：性謂五行也。歷謂日也。晉灼曰：翼氏五性，肝性静，静行仁，甲己主之；心性躁，躁行禮，丙辛主之；脾性力，力行信，戊癸主之；肺性堅，堅行義，乙庚主之；腎性智，智行敬，丁壬主之也。

大戴本命曰：「分于道謂之命，形于一謂之性，春秋元命苞曰：陰陽之性以一起，人副天道，故生一子。化于陰陽，象形而發謂之生。」

太玄曰：「察性知命，原始見終。」又曰：「一生一死，性命瑩矣。」瑩，明也。又曰：「考終命存乎成。」

呂覽貴當曰：「治欲者不于欲，欲，貪欲也。于性。性者，萬物之本也。不可長不可短，因其固然而然之，此天地之數也。」

春秋元命苞曰：「陰陽之性以一起，人副天道，故生一子。」

性反之辨

堯舜，性之也；乾元用九，一以貫之也。湯、武，反之也；不遠復，无祇悔，元吉也。堯、舜生知，安行也。湯、武學知，利行也。及其知之，及其成功，一也。

三　才

繫上曰：「六爻之動，三極之道也。」陸績注云：「此三才極至之道。」案，極，中也。三極謂天地人之中也。

繫下曰：「易之爲書也，廣大悉備，有天道焉，有人道焉，有地道焉。兼三才而兩之，故六者非它也，三才之道也。」

説卦曰：「昔者聖人之作易也，將以順性命之理，是以立天之道曰陰與陽，立地之道曰柔與剛，立人之道曰仁與義。兼三才而兩之，故易六畫而成卦。」虞注云：謂參天兩地，乾坤各三爻而成六畫之數也。

繫上曰：「大衍之數五十。」述曰：大衍之數五十，三才五行之數也。三才者，日十、辰十二、星二十八，合五十；日合于天統，月合于地統，星主斗，斗合于人統。故曰：三才五行者，天地之數五十有五。土生數五，成數五，本揚子太玄。月令五行舉成數，中央土其數五，與太玄合。五十有五減五，故五十。此五行之數也。繫曰：「參五以變。」漢人解參五皆謂三才五行。

中庸曰：「唯天下至誠爲能盡其性，能盡其性則能盡人之性，能盡人之性則能盡物之性，能盡物之性則可以贊天地之化育，可以贊天地之化育則可以與天地參矣。」

越語：范蠡曰：「夫人事必將與天地相參，然後乃可以成功。」韋昭曰：「參，三也。天地人事三合，乃可以成大功。」

左傳昭十一年「三墳」，馬融注云：「三墳，三氣，陰陽始生天地人之氣也。」左傳正義。

易乾鑿度曰：「易始于一，鄭注云：易本無體，氣變而爲一，故氣從下生。分于二，清濁分于兩儀。通于三。陰陽氣交，人生其中，故爲三才。

劉歆三統歷曰：「三統者，天旋地化人事之紀也。十一月乾之初九，陽氣伏于地下，始著爲一，萬物萌動，鍾于太陰，故黃鍾爲天統，律長九寸。九者，所以究極中和爲萬物元也。易曰：『立天之道曰陰與陽。』六月坤之初六，陰氣受任于太陽，繼養化柔，萬物生長，楙之于未，令種剛彊大，故林鍾爲地統，律長六寸。六者，所以含陽之施，楙之于六合之内，令剛柔有體也。『立地之道曰柔與剛。』『乾知大始，坤作成物。』正月乾之九二，萬物棣通，族出于寅，人奉而成之，仁以養之，義以行之，令事物各得其理。寅木也爲仁，其聲商也爲義，故太蔟爲人統，律長八寸，象八卦。宓戲氏之所以順天地、通神明、類萬物之情也。『立人之道曰仁與義。』春秋元命苞曰：天人同度，正法相受，垂文象人行其事謂之教。教之爲言效也，道之始也。『在天成象，在地成形。』『后以裁成天地之道，輔相天地之宜，以左右民。』此三律之謂矣，是爲三統。其于三正也，黄鍾子爲天正，林鍾未之衝丑爲地正，太蔟寅爲人正。三正正始，是以地正適其始紐于陽，東北丑位。易曰：『東北喪朋，迺終有慶。』荅應之道也。」論語疏曰：統者本也，謂天地人之本。

又曰：「太極元氣，函三爲一。極，中也。元，始也。」孟康曰：「元氣始起于子，未分之時，天地人混合爲一，故子數獨一也。」

又曰：「三統合于一元。」王砅元珠密語曰：天地人俱生于太初。

董子繁露曰：「古之造文者，三畫而連其中謂之王。三畫者，天地與人也，而連其中者，通其道也。取天地與人之中以爲貫而參通之，非王者孰能當是。」説文曰：三者，天地人也。而參通之者，王也。孔子曰：一貫三爲王。字林曰：王者，天地人一貫三爲王，天下所法也。法言君子曰：通天地人曰儒，通天地而不通人曰伎。

又曰：「唯人道可以參天。」

周書小開武曰：「周公曰：三極，一維天九星，二維地九州，三維人四虞。」

揚子太玄曰：「夫玄也者，天道也，地道也，人道也，兼三道而天名之。」注云：「天地人三者俱謂之玄。玄，天也，故以天名也。」又曰：「君臣、父子、夫妻之道。」注云：「此三者人倫之大綱，俱行于天也。」

才

孟子論性而及才，才者天之所降，故曰降才，即說卦之三才也。在天曰陰陽，在地曰柔剛，在人曰仁義，故孟子論爲不善云「非才之罪」。因舉仁義禮智，而云「或相倍蓰而無算者，不能盡其才者也」。繼而言天之降才，又言存乎人者有仁義，而云牿亡之後未嘗有才。知才爲天之所降明矣。

情

孟子曰：「乃若其情則可以爲善矣。」又云：「若夫爲不善，非才之罪也。」繼又云：「人見其禽獸也，而以爲未嘗有才焉者，是豈人之情也哉！」孟子言性而及情，情猶性也。故文言曰：「利貞者，情性也。」俗本云：利貞者，性情也。王弼注遂有性其情之語，是性善而情惡，非孟子義也。彖傳屢言天地之情，情猶性也。中庸曰：「喜怒哀樂之未發謂之中，發而皆中節謂之和。情和而性中，故利貞者，情性也。」利貞故中和，六爻不皆中故云貞。

積

易中庸皆言積，荀子亦言積，學記比年入學一段，乃學之積也。記蛾子時術之，鄭氏以爲其功，乃復成大垤，此積之效也。

易乾初九上經「潛龍勿用」。干寶注曰：「初九甲子，天正之位，而乾元所始也。」文言曰：「元者，善之長也。」

坤初六「履霜堅冰至」。象曰：「履霜堅冰，陰始凝也。順至其道，至堅冰也。」

文言曰：「積善之家必有餘慶，虞注云：謂初乾爲積善，以坤牝陽滅，出復震爲餘慶，謂東北喪朋，乃終有慶也。積不善之家必有餘殃。坤積不善，以臣弑君，以乾通坤，極姤生巽爲餘殃。臣弑其君，子弑其父，坤消至二，艮子弑父，至三成否，坤臣弑君。非一朝一夕之故，其所由來者漸矣。剛爻爲朝，柔爻爲夕。由辨之不早辨也。鄭云：辨，别也。述云：復小而辨于物，則辨之早矣。易曰：『履霜堅冰至』，蓋言順也。」

繫上曰：「鳴鶴在陰，其子和之。子曰：君子居其室，出其言善，則千里之外應之，況其邇者乎。居其室，出其言不善，則千里之外違之，況其邇者乎。言出乎身，加乎民。行發乎邇，見乎遠。言行，君子之樞機，樞機之發，榮辱之主也。言行，君子所以動天地也。可不慎乎。」

甲子卦氣起中孚，互艮爲居，巽陽隱室，故居其室。震爲出、爲言，善謂復初，震巽同聲相應，故千里之外應之。邇謂坤，不善謂姤復，差以豪氂，繆以千里，故千里之外違之。坤爲身、爲民、爲邇，震爲行，乾爲遠。樞主闔闢，機主發動。乾陽爲榮，坤陰爲辱，故樞機之發，榮辱之主。中孚二變成益，巽風動天，震雷動地，故云：言行，君子之所以動天地也。艮爲慎，故可不慎乎。

繫下曰：「善不積不足以成名，虞注云：乾爲積善，陽稱名。惡不積不足以滅身。坤爲積惡、爲身，以乾滅坤，故滅身者也。小人以小善爲无益而弗爲也，小善謂復初。以小惡爲无傷而弗去也，小惡謂姤初。故惡積而不可弇，謂陰息姤至遯，子弑其父，故惡積而不可弇。罪大而不可解。陰息遯成否，以臣弑君，故罪大而不可解。易曰：『何校滅耳，凶。』」吕覽別類曰：義小爲之則小有福，大爲之則大有福；于禍則不然，小有之不若其亡也。高注云：禍雖微小，積小成大，故不若亡。

揚子太玄曰：「君子在玄則正，在福則沖，在禍則反；小人在玄則邪，在福則驕，在禍則窮。」案，在玄則正，慎獨也；在易爲乾初九。在玄則邪，閒居爲不善也；在易爲坤初六。

賈子新書脩政語曰：「顓頊曰：功莫美于去惡而爲善，罪莫大于去善而爲惡。故非吾善善而已也，善緣善也；非吾惡惡而已也，惡緣惡也。吾日慎一日，其此已也。」

大戴禮保傅曰：「易曰：『正其本而萬物理。本謂初。范升傳：正其本萬物理。劉向說苑：建其本而萬物理。失之毫釐，初尚微，故云毫釐。詩云：德輶如毛。差之千里。積善餘慶，積惡餘殃，故差之千里。故君子慎始也。辨之早。棟案，此語本諸日法。後漢書太史令虞恭曰：日法所該通遠無已，損益毫釐，差以千里是也。

禮記經解曰：「禮之教化也微，其止邪也於未形，使人日徙善遠罪而不自知也。易曰：『君子慎始，差以毫釐，繆以千里。』故曰：『臣弑君，子弑父，非一朝一夕之故，其漸久矣。』」周易述疏云：古文周易太史公猶見其全，而大小戴禮察保傅、經解及易緯通卦驗亦引之，或遂以爲緯書之文，非也。

韓非子外儲說曰：「患之可除，在子夏之說春秋。子夏曰：春秋之記臣殺君、子殺父者以十數矣，皆非一日之積也，有漸而至矣。凡姦者行久而成積，積成而力多，力多而能殺，故明主蚤絶之。」又曰：「子夏曰：善持勢者蚤絶姦之萌。」

管子權脩曰：「欲民之正，則微邪不可不禁也。微邪者，大邪之所生也。微邪不禁，而求大邪之無傷國，不可得矣。」

尚書大傳曰：「書曰：『三歲考績，三考，黜陟幽明。』其訓曰：一之三以至九年，夫數窮矣，陽德終矣。積不善至于幽，六極以類降，故黜之；積善至于明，五福以類升，故陟之。皆所自取，聖無容心也。」揚子太玄曰：陽推五福以類升，陰幽六極以類降，升降相關大貞乃通。蓋畫卦與衍疇其理一也。

淮南繆稱曰：「易曰：『剥之不可遂盡也，故受之以復。』積薄爲厚，積卑爲高，故君子日孳孳以成煇，小人日快快以至辱。其消息也，離朱弗能見也。」消息微，故離朱弗能見。

徐幹中論脩本曰：「先民有言，明出乎幽，著生于微，故宋井之霜以基升正之寒，黄蘆之萌以兆大中之暑。事亦如之。故君子脩德始乎笄丱，終乎鮐背，創夷原，成乎喬嶽。易曰：『升，元亨，用見大人，勿恤，南征吉。』積小至大之謂也。」

韓非子喻老曰：「扁鵲見蔡桓公，立有閒，扁鵲曰：『君有疾在腠理，不治將恐深。』故良醫之治病也，攻之于腠理，此皆争之于小者也。夫事之禍福亦有腠理之地，故聖人早從事焉。」

漢書：仲舒對策曰：「册曰：上嘉唐虞，下悼桀紂，寖微寖滅、寖明寖昌之道，虚心以改。

臣聞衆少成多，積小致鉅，故聖人莫不以腌暗至明，以微至顯。是以堯發于諸侯，舜興于深山，非一日而顯也，蓋有漸以致之矣。言出乎己，舜察邇言。不可塞也；行發于身，不可揜也。言行治之大者，君子所以動天地也。易卦氣起中孚，始著爲一，初九是也。初九體震，與姤旁通，震爲言、爲行，震雷動地，巽風動天，故動天地。乾爲積善，初尚微小，故盡小者大，慎微者著。詩云：『惟此文王，小心翼翼。』故堯兢兢日行其道，而舜業業日致其孝，善積而名顯，德章而身尊。此其寖明寖昌之道也。積善在身，猶長日加益而人不知也；積惡在身，猶火之銷膏而人不見也。非明乎情性，察乎流俗者，孰能知之。」又云：「夫暴逆不仁者，非一日而亡也，亦以漸至。故桀紂雖亡道，然猶享國十餘年。此其寖微寖滅之道也。」

漢書：枚乘書曰：「福生有基，禍生有胎。納其基，絶其胎，禍何自來。納猶藏也。泰山之霤穿石，單極之絖斷幹。孟康曰：西方人名屋梁爲極。單，一也。一梁謂井鹿盧也。言鹿盧爲綆索，久鍥斷井幹也。水非石之鑽，索非木之鋸，漸靡使之然也。靡，盡也。我有好爵，我與爾靡之。與此靡同。夫十圍之木始生如蘖，足可搔而絶，手可擢而拔，據其未生，先其未形也。磨礱底厲不見其損，有時而盡；底，柔石也。厲，皂石也。種樹畜養不見其益，有時而大；積德累行不知其善，有時而用；棄義背理不知其惡，有時而亡。」此當有成文，傳自聖人之徒。

法言脩身曰：「君子微慎厥德，悔吝不至，何元憞之有。」注云：微，纖也。悔吝，小疵也。元憞，大惡也。

賈誼新書審微曰：「善不可謂小而無益，不善不可謂小而無傷。非以善爲一足以利天下，小不善爲一足以亂國家也。當夫輕始而傲微，則其流而令于大亂，是故子民者謹焉。夫事有逐姦，勢有召禍。老聃曰：『爲之于未有，治之于未亂。』管仲曰：『備患于未形，上也。語曰：爦爦弗滅，炎炎奈何。萌芽不伐，且折斧柯。智禁于微，次也。』事之適亂，如地形之惑人也。機漸而往，俄而東西易面，人不自知也。故墨子見衢路而哭之，悲一跬而繆千里。」

老子德經曰：「爲之于未有，治之于未亂。合抱之木生于毫末，九層之臺起于累土，千里之行始于足下。」

荀子大略曰：「夫盡小者大，積微者著，德至者色澤洽，德潤身。行盡而聲聞遠。小人不誠于內，而求之于外。」

文子曰：「積道德者，天與之，地助之。」文選注廿九。

張衡東京賦曰：「堅冰作于履霜，尋木起于蘖栽。」薛綜注云：「言事皆從微至著，不可不慎之于初，所以尋木起于牙蘖，洪波出于涓泉。」

呂東萊曰：「乾之初九曰：潛龍勿用。坤之初六曰：履霜堅冰至。陽者善之類也，坤者惡之類也。善端初發且要涵養，惡念初生便須翦除。」

天地尚積

京房易傳曰：「積陽爲天，積陰爲地。」

中庸曰：「天地之道，可一言而盡也。其爲物不貳，不貳，一也。荀子曰：并一而不貳，所以成績也；并一而不貳，則通于神明，參于天地矣。案，積善成德而神明自得，故通于神明。則其生物不測。詳下文。天地之道博也，厚也，高也，明也，悠也，久也。覆出以起下文。今夫天以下言積。斯昭昭之多，及其無窮也，日月星辰繫焉，萬物覆焉；今夫地一撮土之多，及其廣厚，載華而不重，振河海而不洩，萬物載焉；今夫山一卷石之多，及其廣大，草木生之，禽獸居之，寶藏興焉；今夫水一勺之多，及其不測，黿鼉蛟龍魚鱉生焉，貨財殖焉。鄭注云：此言天之高明本生昭昭，地之博厚本由撮土，山之廣大本起卷石，水之不測本從一勺，皆合少成多，自小致大。爲至誠者亦如此乎。詩曰：『維天之命，於穆不已。』蓋曰天之所以爲天也。『於乎不顯，文王之德之純。』蓋曰文王之所以爲文也，純亦不已。」鄭注云：天所以爲天，文王所以爲文，皆由行之無已，爲之不止，如天地山川之云也。易曰：君子以愼德，積小以成高大是與。正義曰：此一節明至誠不已，則能從微至著，從小至大。

聖學尚積

詩敬之曰：「日就月將，學有緝熙于光明。」鄭箋云：「日就月行，言當習之以積漸也。」學記曰：「古之教者，比年入學，中年考校。一年視離經辨志，三年視敬業樂羣，五年視博習親師，七年視論學取友，謂之小成。九年知類通達，强立而不反，謂之大成。夫然後足以化民易俗，近者悦服而遠者懷之，此大學之道也。記曰：蛾子時術之，其此之謂乎。」注云：蛾，蚍蜉也。蚍蜉之子，微蟲耳。時術，蚍蜉之所爲，其功乃復成大垤。又曰：「三王之祭川也，皆先河而後海，或源也或委也。此之謂務本。」鄭注云：「源，泉所出也；委，流所聚也。始出一勺，卒成不測。」正義曰：「猶學初爲積漸，後成賢聖也。」大戴勸學曰：「積土成山，風雨興焉；積水成淵，蛟龍生焉。積善成德在易乾初爲善，乾三成德。而神明自得，聖心循焉。故不積蹞步無以至千里，不積小流無以成江河。騏驥一躍不能十步，駑馬十駕功在不舍。鍥而舍之，朽木不折；鍥而不舍，金石可鏤。」荀子同。

荀子儒效曰：「人無師法，則隆性〔一〕矣；有師法，則隆積〔二〕矣。而師法者，所得乎積，原本作情，注云：當作積。非所受乎性，不足以獨立而治。性也者，吾所不能爲也，然而可化也；積也者，非吾所有也，然而可爲乎。注錯習俗，所以化性也；并一而不貳，所以成積也。與中庸「其爲物不貳」義同。習俗移志，安久移質，并一而不貳，則通于神明，參于天地矣。積善成德而神明自得，故通于神明。故積土而爲山，積水而爲海，旦暮積之而爲歲；至高謂之天，至下謂之地，宇中六指謂之極，六指，上下四方。盡六指之遠則爲六極，言積近以成遠。塗之人百姓，積善而全盡謂之聖人。彼求之而後得，爲之而後成，積之而後高，盡之後聖。故聖人也者，人之所積也。」

性惡曰：「積善而不息，則通于神明，參于天地矣。故聖人者，人之所積而致也。」

尸子曰：「水積則生吞舟之魚，土積則生豫章之木，學積亦有生焉。」

〔一〕「性」原作「情」，據荀子原文改。
〔二〕「積」原作「性」，據荀子原文改。

王者尚積

詩皇矣序曰：「皇矣，美周也。天監代殷，莫若周。周世世脩德，莫若文王。」

家語好生曰：「周自后稷積行累功以有爵土，公劉重之以仁，及至大王亶父敦以德讓，其樹根置本備豫遠矣。」漢書婁敬傳敬曰：周之先自后稷，堯封之邰，積德累善十餘世。

荀子彊國曰：「積微，月不勝日，時不勝月，歲不勝時。愚謂，此言積微自日而月，自月而時，自時而歲，不從微始，非積也，故曰不勝。凡人好敖慢小事，大事至然後興之務之，如是則常不勝夫敦比于小事者矣。以小至大，故月不勝日。敦原本作熟，先子從宋本改。是何也？則小事之至也數，其縣日也博，其爲積也大；楊注：博謂所縣繫時日之多，大謂積小以成大，若蟻蛭然也。大事之至也希，其縣日也淺，其爲積也小。愚按，此所謂月不勝日，時不勝月，歲不勝時也。故善日者王，善時者霸，善日謂敦比于小事者也。月不勝日，故善日者王。善時謂興務于大事者也。時不勝月，故善時者霸。補漏者危，楊注：不能累功累業，至于弊漏然後補之也。大荒者亡。楊注：都荒廢不治者。故王者敬日，霸者敬時，一日二日萬機，王者敬日也；聲色化民，霸者敬時也。敬日者隱微幽獨，敬時者在政教號令。僅存之國危而後慼之，亡國至亡而後知亡，至死而後知死，亡國之禍敗，不可勝悔也。霸者之善，著焉可以時托也；王者之功名，不可勝日志也。善積成名，故功名不可勝日志也。財物貨寶以大爲重，政教功名反是，能積微者速成。詩曰：『德輶如毛，毛猶微也。民鮮克舉之。』此之謂也。」

以易言之，微即乾之初九也。初九，元也。乾元用九而天下治，故「德輶如毛，民鮮克舉。」

大戴禮禮察曰：「凡人之知能見已然，不能見將然。禮者禁于將然之前，而法者禁于已然之後。禮云禮云，貴絕惡于未萌，而敬起于微眇，敬起當從治安策作起敬。使民日徙善遠罪而不自知也。孔子曰：『聽訟吾猶人也，必使無訟乎。』此之謂也。爲人主計者，莫如安審取舍，所謂辨之早。取舍之極定于內，安危之萌應于外也。師古曰：極，中也。萌，始生也。安者非一日而安也，危者非一日而危也，皆以積然，治安策云：皆以積漸然。不可不察也。善不積不足以成名，惡不積不足以滅身，而人之所行各在其取舍，以禮義治之者積禮義，以刑罰治之者積刑罰。刑罰積而民怨倍，禮義積而民和親。故世主欲民之善同，而所以使民之善者異，或導之以德教，或敺之以法令。導之以德教者，德教行而民康樂；敺之以法令者，法令極而民哀戚。哀樂之感，禍福之應也。我以爲秦王之欲尊宗廟而安子孫與湯武同，然湯武能廣大其德，久長其後，行五百歲而不失，秦王亦欲至是，而不能持天下十餘年，即大敗之。此無他故也，湯武之定取舍審，而秦王之定取舍不審也。此即積善惡之應，而其原皆在于微眇。易曰：『君子愼始。差若毫釐，繆以千里。』取舍之謂也。」

淮南繆稱曰：「君子不謂小善不足爲也而舍之，小善積而爲大善；不謂小不善爲無傷也而爲之，小不善積而爲大不善。是故積羽沈舟，群輕折軸。故君子禁于微，壹快不足以成善，積快而爲德；壹恨不足以成非，積恨而成怨。故三代之善，千歲之積譽也；桀紂之謗，千歲之積毁也。」

漢書叔孫通傳：魯兩生曰：「禮樂所由起，百年積德而後可興也。」

孟子言積善

孟子公孫丑篇曰：公孫丑問曰「敢問何爲浩然之氣」云云，至「而又害之」，是集義所生者，非義襲而取之也」，朱注：「集義，由言積善。」此語最當。非義襲而取之也，襲與習同。襲，重習也。義須積，如苗之長，義襲而取，猶助長也。故下言助長之害。「必有事焉而勿正心，勿忘勿助長也」，顧氏炎武謂：「正心，心乃忘字之并也。謂必有事焉而勿忘。申之曰：勿忘勿助長也。」當從其讀。義襲而取，猶一蹴而至聖人之域。夫子曰：非求益者也，欲速成者也。即助長之義。集義之功，中庸所謂「不息」也。「不息則久，久則徵，徵則悠遠，悠遠則博厚，博厚則高明。『維天之命，於穆不已』，天之所以爲天也。『於乎不顯，文王之德之純』，文王之所以爲文也，純亦不已。」在聖人爲不已，在學者爲勿忘。

「必有事焉而勿正」，朱注「謂預期也」，引公羊傳曰：「戰不正勝。」此言良是。

三　五

繫上曰：「大衍之數五十。」述云：大衍之數五十，三才五行之數也。三才者，日十、辰十二、星二十八，凡五十。日合于天統，月合于地統，星主斗，斗合于人統。故曰三才之數。五行者，天地之數五十有五，土生數五，成數五，五十有五減五，故五十，此五行之數。

又曰：「參伍以變。」

尚書大傳曰：「天地人之道備，而三五之運興矣。」

春秋合誠圖曰：「至道不遠，三五而反。」宋均注云：「三，三正也；五，五行也。三正五行，王者改代之際會也。能于此際自新如初，則道無窮矣。」

春秋保乾圖曰：「陽起于一，天帝爲北辰。氣成于三，以立五神，三五展轉，機以運動，故三百歲斗歷改憲也。」

應劭風俗通曰：「三統者，天地人之始，道之大綱也。五行者，品物之宗也。道以三興，德以五成，故三皇五帝，三王五伯。至道不遠，三五復反。譬若循連鐶，順鼎耳，窮則反本，終則復始也。」

史記天官書曰：「爲天數者必通三五。」索隱云：「三辰五行。」

三統歷曰：「三代各據一統，明三統常合而迭爲首，登降三統之首，周還五行之道也。故三五相包而生天統之正，始施于子半，蘇林曰：子之西，亥之東，其中間也。地統受之于丑初，人統受之于寅初，孟仲季迭用事爲統首。三微之統既著，而五行自青始，其序亦如之。五行與三統相錯。傳曰：『天有三辰，地有五行。』然則三統五星可知也。易曰：『參伍以變，錯綜其數。』太極運三辰五星于上，而元氣轉三統五行于下，其于人皇極統三德五事。故三辰之合于三統也，日合于天統，月合于地統，斗合于人統，五星之合于五行，三辰五星相經緯也。」

淮南泰族曰：「昔者五帝三王之涖政施教，必用參五。何謂參五？仰取象于天，俯取度于地，中取法于人，乃立明堂之朝，行明堂之令，明堂布令之宮有十二月之政令。以調陰陽之氣，以和四時之節，以辟疾病之菑。俯視地理以制度量，察陵陸水澤肥墽高下之宜，立事生財，以除饑寒之患。中考乎人德以制禮，行仁義之道，以治人倫而除暴亂之禍。乃澄列金木水火土之性。故立父子之親而成家；別清濁五音六律相生之數，以立君臣之義而成國；察四時季孟之序，以立長幼之禮而成官。此之謂參。制君臣之義，父子之親，夫婦之辨，長幼之序，朋友之際，此之謂五。」

乾元用九天下治義

周易述疏云：易者，五經之原也。孔子脩春秋，書「元年春王正月」，蓋用「乾元用九」之義。故董子繁露曰：「春秋何貴乎元而言之？元者，始也，言本正也。道，王道也。王者，人之始也。王正則元氣和順，風雨時，景星見，黄龍下；王不正則上變天，賊氣並見。五帝三皇之治天下，不敢有君民之心，什一而税，教以愛，使以忠，敬長老，親親而尊尊，不奪民時，使民不過歲三日。民家給人足，無怨望忿怒之患，强弱之難，無强賊妒疾之人。民脩德而美好，被髮銜哺而游，不慕富貴，恥惡不犯，父不哭子，兄不哭弟，毒蟲不螫，猛獸不搏抵，不觸蟲。故天爲之下甘露，朱草生，醴泉出，風雨時，嘉禾興，鳳凰麒麟遊于郊。囹圄空虛，畫衣裳而民不犯，四夷傳譯而朝，民情至樸而不文。郊天祀地秩山川以時，至封于泰山，禪于梁父。立明堂宗祀，先帝以配天。天下諸侯各以其職來祭，貢土地所有，先以入宗廟；端冕盛服而後見，先德恩之報，奉元之應也。」

董子對策曰：「臣謹案，春秋謂一元之意，一者，萬物之所從始也；元者，辭之所謂大也。謂一爲元者，視大始而欲正本也。春秋深探其本，而反自貴者始，故爲人君者正心以正朝廷，正朝廷以正百官，正百官以正萬民，正萬民以正四方。四方正，遠近莫敢不一于正，而亡有邪氣奸其閒者。是以陰陽調而風雨時，羣生和而萬民殖，五穀熟而草木茂，天地之閒被潤澤而大豐美，四海之内聞盛德而皆倈臣，諸福之物，可致之祥，莫不畢至，而王道終矣。孔子曰：『鳳鳥不至，河不出圖，吾已矣夫。』自悲可致此物，而身卑賤不得致也。」

大

乾彖傳曰：「大哉乾元，萬物資始，乃統天。」

老子道經曰：「有物混成，先天地生，不知其名，字之曰道，强爲之名曰大。」

理

理字之義，兼兩之謂也。人之性稟于天性，必兼兩，在天曰陰與陽，在地曰柔與剛，在人曰仁與義，兼三才而兩之，故曰性命之理。樂記言天理，謂好與惡也。好近仁，惡近義，好惡得其正謂之天理，好惡失其正謂之滅天理。大學謂之拂人性。天命之謂性，性有陰陽、剛柔、仁義，故曰天理。後人以天人理欲爲對待，且曰天即理也，尤謬。格物致知，窮理之事；正心誠意，盡性之事。性盡理窮，乃天下至誠也，故至于命。上天之載，無聲無臭。至矣此也。

繫上曰：「易簡而天下之理得矣。天下之理得，而易成位乎其中矣。」又曰：「仰以觀于天文，俯以察于地理。」

説卦曰：「窮理盡性以至于命。」虞注云：「以乾推坤謂之窮理。」俯以察于地理，故坤屬理。

案，「易簡而天下之理得」，此述天命而及中和；「窮理盡性以至于命」，此由中和而遡天命。

又曰：「昔者聖人之作易也，將以順性命之理，是以立天之道曰陰與陽，立地之道曰柔與剛，立人之道曰仁與義。」述曰：陰與陽、柔與剛、仁與義，所謂理也。

中庸曰：「文理密察足以有別也。」理者，分別之意。

樂記曰：「音者，生于人心者也。樂者，通倫理者也。」鄭注：「理，分也。」

又曰：「人生而靜，天之性也；感于物而動，性之欲也。欲，史記作頌，徐廣讀爲容。物至知知然後好惡形焉，好惡無節于内，知誘于外，不能反躬，天理滅矣。夫物之感人無窮，而人之好惡無節，則是物至而人化物也。人化物也者，滅天理而窮人欲者也。」

樂由天作，樂者通倫理者也，故謂之天理。理，分也，猶節也。漢律逆節絶理謂之不道。康成、子雍〔一〕以天理爲天性，非是。理屬地不屬天，一闔一闢、一動一静謂之天理。上云人生而静天之性，感于物而動性之容也，是之謂天理。

韓非子曰：「凡物之有形者，易裁也，易割也。何以論之？有形則有短長，有短長則有大小，有大小則有方圓，有方圓則有堅脆，有堅脆則有輕重，有輕重則有白黑。長短、大小、方圓、堅脆、輕重、白黑之謂理，理定而物易割也。故欲成方圓而隨于規矩，則萬事之功形矣。而萬物莫不有規矩，聖人盡隨于萬物之規矩，則事無不事，功無不功。」此釋理字最分明。

又曰：「道者萬物之所然也，萬理之所稽也。理者成物之文也。易陰陽剛柔爲性命之理，兼三才而兩之，故易六位成章，所謂成物之文也。道者萬物之所以成也，萬物各異理。萬物各異理而道盡稽萬物之理，故不得不化。不得不化故無常操，是以生死氣稟焉，萬智斟酌焉，萬事廢興焉。天得之以高，地得之以藏，坤以藏之。維斗得之以成其威，斗有威儀。日月得之以恒其光，五帝得之以常其位，列星得之以端其行，四時得之以御其變氣，軒轅得之以擅四方，赤松得之與天地統，聖人得之以成文章。凡道之情，不制不形，柔弱隨時，與理相應。」

〔一〕「子雍」疑爲「邵雍」之誤。

又曰：「凡理者，方圓、長短、麤靡、靡，細也。堅脆之分也。故理定而後物可得道也。」

道理二字說得分明。宋人說理與道同，而謂道爲路，只見得一偏。

管子君臣曰：「別交正分之謂理，順理而不失之謂道。」注：「別上下之交，正君臣之分。」

心術曰：「德者道之舍，物得以生。德者得也。以無爲之謂道，舍之之謂德。故道之與德無閒，故言之者不別也。閒之，理者，謂其所以舍也；道德之理可閒者，則以有所舍、所以舍之異也。義者，謂各處其宜也；禮者，因人之情，緣義之理，而爲之節文者也。故禮者，謂有理也；理也者，明分以諭義之意也。故禮出乎義，義出乎理，理因乎宜者也。」

人心道心 附

「人心之危」，中庸所謂「誠之者」也，所謂「慎獨」也。「道心之微」，中庸所謂「誠者」也，荀子所謂「獨」也。

誠獨之辨 附

誠之者功之始也，獨者功之全也，故荀子曰：「不誠則不能獨。」

生安之學 附

後人談孔學者，止及困勉之學，而未及生安。六經之書，生安之學爲多。談困勉之學未嘗不親切而有味，以示學者則善，以之訓詁六經則離者多矣。此七十子喪而大義乖之故，非後人之過也。

精一之辨 附

精者精微，一者道本。得一而加功焉，然後精。僞尚書「惟精惟一」，此誤解荀子也。吾聞一而後精，不聞精而始一。蓋後人以爲精察之精，故誤耳。

附

周易述提要

周易述二十三卷，國朝惠棟撰。棟字定宇，號松崖，元和人。其書主發揮漢儒之學，以荀爽、虞翻爲主，而參以鄭康成、宋咸、干寶諸家之説，皆融會其義，自爲注而自疏之。其目録凡四十卷。自一卷至二十一卷皆訓釋經文；二十二卷、二十三卷爲易微言，皆雜采經典論易之語；二十四卷至四十卷凡載易大義、易例、易法、易正訛、明堂、大道録、褅説六名，皆有録無書。其注疏尚缺下經第〔一〕四卷，及序卦、雜卦兩傳。蓋未完之書。其易微言二卷，亦皆雜録舊説，以備參考。他時藏書，則此爲當棄之糟粕，非欲别勒一篇，附諸注疏之末。故其文皆隨得隨書〔二〕，未經詮次。棟没之後，其門人過尊師説，併未定殘稿而刻之，寔

〔一〕「第」，中華書局影四庫總目作「十」。
〔二〕「隨得隨書」四字，中華書局影四庫總目無。

非棟本意也。自王弼易行，漢學遂絶，宋元儒者類以意見揣測，去古寖遠。中間言象數者又岐爲圖書一派，其説愈衍愈繁，莫不言之有故，執之成理〔一〕，而未必皆四聖之本旨。故説經之家，莫多於易與春秋，而易尤總〔二〕雜。棟獨一一原本漢儒，推闡考證，雖掇拾散佚，未能備睹專門授受之全，要其引據古義，具有根柢，視空談説經者則相去遠矣。乾隆四十三年九月恭校上。

（録自文淵閣四庫全書總目）

〔一〕「莫不」至「成理」句，中華書局影四庫總目無。
〔二〕「總」，中華書局影四庫總目作「叢」。

易漢學

易漢學原序

六經定於孔子，燬於秦，傳於漢。漢學之亡久矣，獨詩、禮二經猶存。毛鄭兩家春秋爲杜氏所亂；尚書爲僞孔氏所亂；易經爲王氏所亂。杜氏雖有更定，大較同於賈、服；僞孔氏則雜采馬、王之説，漢學雖亡而未盡亡也。惟王輔嗣以假象説易，根本黄、老，而漢經師之義蕩然無復有存者矣。故宋人趙紫芝有詩云：「輔嗣易行無漢學，玄暉詩變有唐風。」蓋實録也。棟曾王父樸菴先生嘗閔漢易之不存也，取季氏易解所載者，參衆説而爲之傳，天、崇之際遭亂散佚，以其説口授王父，王父授之先君。先君於是成易説六卷，又嘗欲别撰漢經師説易之源流而未暇也。棟趨庭之際，習聞餘論，左右采獲，成書七卷，自孟長卿以下五家之易，異流同源，其説略備。嗚呼！先君無禄，即世三年矣。以棟之不才，何敢輒議著述？然以四世之學，上承先漢，存什一於千百，庶後之思漢學者猶知取證，且使吾子孫無忘舊業云。長洲惠棟。

易漢學卷一

孟長卿易上

卦氣圖說

孟氏卦氣圖以坎、離、震、兑爲四正卦，餘六十卦卦主六日七分，合周天之數。内辟卦十二謂之消息卦，乾益爲息，坤虚爲消，其實乾坤十二畫也。繫辭云：「乾之策二百一十有六，坤之策一百四十有四，凡三百有六十，當期之日。」夫以二卦之策當一期之數，則知二卦之爻周一歲之用矣。四卦主四時，爻主二十四氣；十二卦主十二辰，爻主七十二候；六十卦主六日七分，爻主三百六十五日四分日之一。辟卦爲君，雜卦爲臣，四正爲方伯。二至二分，寒温風雨，總以應卦爲節。是以周易參同契曰：「君子居室，順陰陽節；藏器俟時，勿違卦月；謹候日辰，審察消息。纖芥不正，悔吝爲賊。二至改度，乖錯委曲；隆冬大暑，盛夏霜雪；二分縱横，不應漏刻。水旱相伐，風雨不節；蝗蟲湧沸，羣異旁出。」

此言卦氣不效，則分至寒温皆失其度也〔一〕。漢書谷永對策曰：「王者躬行道德，則卦氣理效，五徵特序；兼洪範五行言。失道妄行，則卦氣悖亂，咎徵著郵。」後漢張衡上疏亦言：「律歷卦候，數有徵效。」郎顗七事云：今春當旱，夏必有水，以六日七分候之可知。樊毅修華嶽碑云：「風雨應卦，瀐潤萬物。」是漢儒皆用卦氣爲占驗。宋、元以來，漢學日就滅亡，幾不知卦氣爲何物矣。余既列二圖於後，兼采先儒諸説以爲左證焉。

閏餘者〔二〕，剥卦陽氣盡於九月之終，至十月末純坤用事，坤卦將盡，則復陽來。隔坤之一卦六爻，爲六日，復來成震，一陽爻生，爲七日。故言『反復其道，七日來復』。是其義也。

繫辭上曰：「旁行而不流。」九家易曰：「旁行，周合六十四卦，月主五卦，爻主一日，歲既周而復始。」〔三〕

〔一〕此下續編本有注曰：「春秋命歷序曰：元氣正則天地八卦孳也。」

〔二〕此下至「周而復始」，續編本在六日七分圖後，所引李鼎祚注「缺」文即此。

〔三〕此下續編本引周易折中啓蒙附論言卦氣直日兩段，似王先慎所加。

卦氣七十二候圖〔一〕

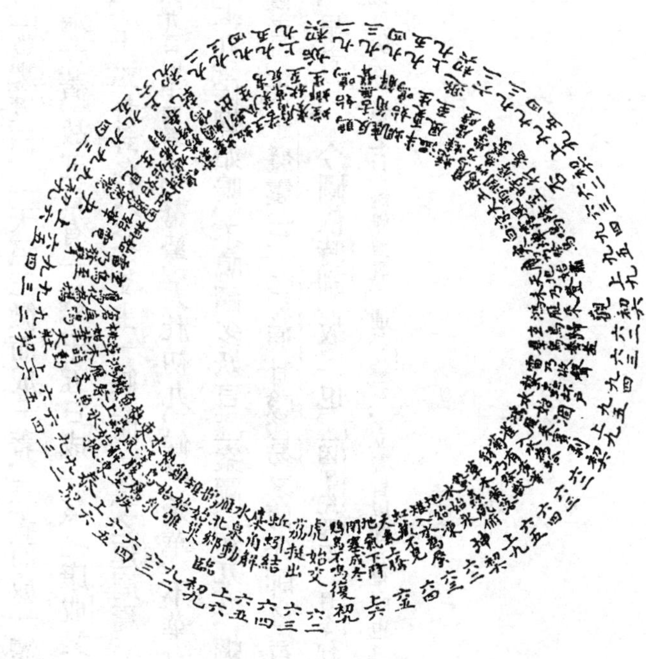

〔一〕「七十二候圖」續编本在後，「六日七分圖」在前。

右李漑所傳卦氣圖也。其説原於易緯。素問曰：「五日謂之候，三候謂之氣，六氣謂之時，四時謂之歲。」乾鑿度曰：「天氣三微而成一著，三著而成一體。」康成注云：「五日爲一微，十五日爲一著，故五日有一候，十五日成一氣。」康成又云：「每一卦生三氣，則各得十五日；十二卦卦各六爻，爻主一候，而一歲之運周焉。」案，御覽載易緯通卦驗：九百六十七卷，九百四十四卷。「驚蟄，大壯初九，候桃始華，不華倉庫多火。」今圖與之合。又曰：「姤上九，候蜩始鳴，不鳴國多妖言。」案圖，姤九五，蜩始鳴；蜩、蟬同。上九，半夏生，遲一候者。朱子發震云：「易通卦驗，易家傳先師之言，所記氣候比之時訓，晚者二十有四，早者三。今圖依時訓，故異也。」困學紀聞曰：月令仲冬虎始交。通卦驗云：小寒，季冬鵲始巢。詩推度災云：復之日，雉雊雞乳。通卦驗云：立春皆以節有早晚也。

六日七分圖

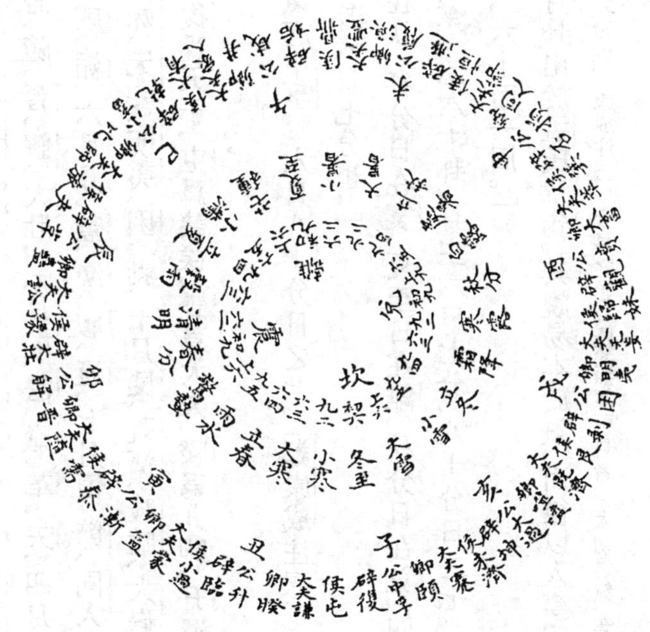

魏正光曆推四正卦術曰：「十一月未濟、蹇、頤、中孚、復，十二月屯、謙、睽、升、臨，正月小過、蒙、益、漸、泰，二月需、隨、晉、解、大壯，三月豫、訟、蠱、革、夬，四月旅、師、比、小畜、乾，五月大有、家人、井、咸、姤，六月鼎、豐、渙、履、遯，七月恒、節、同人、損、否，八月巽、萃、大畜、賁、觀，九月歸妹、无妄、明夷、困、剥，十月艮、既濟、噬嗑、大過、坤。」又云：「四正爲方伯，中孚爲三公，復爲天子，屯爲諸侯，謙爲大夫，睽爲九卿，升還從三公，周而復始。」

易緯稽覽圖曰：「甲子卦氣起中孚。六日八十分日之七。」鄭康成注云：「六，以候也。八十分爲一日，之七者，一卦六日七分也。」

易緯是類謀曰：「冬至日在坎，春分日在震，夏至日在離，秋分日在兑，四正之卦，卦有六爻，爻主一氣。共主二十四氣。餘六十卦，卦主六日七分，八十分日之七。歲有十二月，三百六十五日四分日之一，六十而一周。」

唐一行六卦議曰：「十二月卦出於孟氏章句，其説易本於氣，而後以人事明之。易乾鑿度曰：太易者，未見氣也；太初者，氣之始也。康成注云：太易之始，漠然無氣可見者；太初之氣，寒温始生也。乾鑿度又云：易變而爲一。注云：一主北方，氣漸生之始，此則太初之氣所生也〔一〕。京氏又以卦爻配朞，坎、離、震、兑，其用事自分、至之首，皆得八十分日之七十三；頤、晉、井、大畜，四卦皆在分、至之首。皆五日十四分；四卦共少二百九十二分。餘皆六日七分。自乾象歷以降，皆因京氏，惟天保歷依易通統軌圖。自八十有二節、五卦、初爻，相次用事，及上爻與中氣皆終，非京氏本旨及七略所傳。按郎顗所傳，皆六日七分，不以初爻相次用事，齊歷謬矣。」「易爻當日，十有二中，直全卦之初；十有二節，直全卦之中。齊歷又以節在貞，氣在悔，非是。」

復卦經云：「七日來復。」康成注曰：「建戌之月，以陽氣既盡；建亥之月，純陰用事；至建子之月，陽氣始生。隔此純陰一卦，卦主六日七分，舉其成數言之，而云『七日來復』。」孔穎達曰：「按，易緯云：『卦氣起中孚，故離、坎、震、兑各主其一方；其餘六十卦，卦有六爻，爻別主一日，凡主三百六十日；餘有五日四分日之一者，每日分爲八十分，五日分爲四百分，四分日之一又分爲二十分，是四百二十分，六十卦分之，六七四十二，卦別各得七分，是每卦六日七分也。』」李鼎祚曰：「案，易軌一歲十二月三百六十五日四分日之一，以坎、離、震、兑四方正卦，卦別一爻，爻主一氣；其餘六十卦三百六十爻，爻主一日，當

〔一〕此下續編本尚有注，曰：「孟喜弟子趙賓説易箕子之明夷，謂陰陽氣無，箕子當作荄滋。」

周天之數，餘五日四分日之一，以通缺〔一〕

消　息

左傳正義〔二〕：「易曰：伏羲作十言之教，曰乾、坤、震、巽、坎、離、艮、兑、消、息。」

繫辭上曰：「變化者，進退之象也。」荀爽曰：「春夏爲變，秋冬爲化；息卦爲進，消卦爲退也。」

説卦曰：「數往者順，知來者逆。」仲翔曰：「坤消從午至亥，上下故順也。乾息從子至巳，下上故逆也。」

九家易注泰卦曰：「陽息而升，陰消而降。陽稱息者，長也，起復成巽，萬物盛長也。陰言消者，起姤終乾，萬物成熟，熟則給用，給用則分散，故陰用特言消也。」

易乾鑿度曰：「聖人因陰陽起消息，立乾坤以統天地。」又云：「消息卦純者爲帝，不純者爲王。」

〔一〕此缺文即前所云「閏餘者」至「周而復始」兩條。

〔二〕此上續編本尚有三條：「剥彖傳曰：君子尚消息盈虚，天行也。」「豐彖傳曰：日中則昃，月盈則食，天地盈虚，與時消息。」「臨彖傳曰：至於八月有凶，消不久也。」

史記歷書：太史公曰：「黄帝考定星歷，建立五行，起消息。」注：「皇侃曰：『乾者，陽生爲息；坤者，陰死爲消也。』」

漢書：京房上封事曰：「辛酉以來，少陰并[一]力而乘消息。」孟康曰：「房以消息卦爲辟，辟，君也。消卦曰太陰，息卦曰太陽，其餘卦曰少陰、少陽，爲臣下也。」

後漢書：陳忠上疏曰：「頃季夏大暑，而消息不協，寒氣錯時，水漏爲變。天之降異，必有其故。所舉有道之士，可策問國典所務，王事過差，令處煖氣不效之意。庶有讜言，以承天誡。」

四正

説卦曰：「震，東方也；離也者，南方之卦也；兑，正秋也；坎者，正北方之卦也。」案，震、離、兑、坎，陰陽各六爻。荀爽以爲：「乾六爻皆陽，陽爻九，四九三十六，合四時。坤六爻皆陰，陰爻六，四六二十四，合二十四氣。蓋四正者，乾坤之用。」翟玄注文言云：「乾坤有消息，從四正來也。」

〔一〕「并」，續編本作「倍」。

繫辭上曰：「兩儀生四象。」仲翔曰：「四象，四時也。兩儀謂乾坤也。乾二五之坤，成坎、離、震、兑四卦。震春，兑秋，坎冬，離夏，故兩儀生四象。」

孟氏章句曰：「坎、離、震、兑，二十四氣，次主一爻。其初則二至二分也。坎以陰包陽，故自北正。微陽動於下，升而未達，極於二月，凝涸之氣消，坎運終焉。春分出於震，始據萬物之元，爲主於内，則羣陰化而從之。極於南正，而豐大之變窮，震功究焉。離以陽包陰，故自南正。微陰生於地下，積而未章，至於八月，文明之質衰，離運終焉。仲秋陰形於兑，始形萬物之末，爲主於内，羣陽降而承之。極於北正，而天澤之施窮，兑功究焉。故陽七之静始於坎，陽九之動始於震；陰八之静始於離，陰六之動始於兑。故四象之變皆兼六爻，而中節之應備矣。」一行六卦議。

易緯是類謀曰：「冬至日在坎，春分日在震，夏至日在離，秋分日在兑。四正之卦，卦有六爻，爻主一氣。」

康成注通卦驗曰：「冬至坎始用事，而主六氣，初六爻也；小寒於坎直九二，大寒於坎直六三，立春於坎直六四，雨水於坎直九五，驚蟄於坎直上六。春分於震直初九，清明於震直六二，穀雨於震直六三，立夏於震直九四，小滿於震直六五，芒種於震直上六。夏至於離直初九，小暑於離直六二，大暑於離直九三，立秋於離直九四，處暑於離直六五，白露於離直上九。秋分於兑直初九，寒露於兑直九二，霜降於兑直六三，立冬於兑直九四，小雪於兑直九五，大雪於兑直上九。」

孟康漢書注曰：「分卦直日之法，一爻主一日，六十四爲三百六十日，餘四卦震、離、兑、坎爲方伯。監司之官所以用震、離、兑、坎者，是二至二分用事之日，又是四時各專王之氣，各卦主時，其占法各以其日觀其善惡也。」

魏正光歷曰：「四正爲方伯。」薛瓚注漢書曰：「京房謂：『方伯卦，震、兑、坎、離也。』」京氏易傳曰：「方伯分威，厥妖馬生子亡。」

易緯乾鑿度曰：「四維正紀，經緯仲序，度畢矣。」康成云：「四維正四時之紀，則坎離爲經，震兑爲緯，此四正之卦爲四仲之次序也。」

京氏易傳曰：「賦斂不理，茲謂禍，厥風絶經緯。」四時不正也。又云：「大經在辟而易臣，茲謂陰動。」坎離爲經，位方伯，故云大經。辟，辟卦也。大經在辟，謂方伯擬君，易其臣道也。又云：「大經搖政，茲謂不陰。」不陰，不臣也。

漢書：魏相奏曰：「東方〔一〕之神太昊，乘震，執規，司春；南方之神炎帝，乘離，執衡，司

〔一〕自「東方」至「有時也」，續編本無。

夏；西方之神少昊，乘兑，執矩，司秋；北方之神顓頊，乘坎，執權，司冬；中央之神黄帝，乘坤、艮，執繩，司下土。兹五帝所司，各有時也。東方之卦不可以治西方，南方之卦不可以治北方。春興兑治則饑，秋興震治則華，冬興離治則泄，夏興坎治則雹。」

十二消息

易繫辭曰：「變通配四時。」仲翔曰：「變通趣時，謂十二月消息也。泰、大壯、夬配春，乾、姤、遯配夏，否、觀、剥配秋，坤、復、臨配冬，謂十二月消息相變通，而周於四時也。」

又云：「剛柔相推，變在其中矣。」仲翔曰：「謂十二消息，九六相變，剛柔相推而生變化，故變在其中矣。」

又曰：「往來不窮謂之通。」荀爽曰：「謂一冬一夏，陰陽相變易也。十二月消息，陰陽往來，無窮已，故通也。」

又曰：「寒往則暑來，暑往則寒來。」仲翔曰：「乾爲寒，坤爲暑。謂陰息陽消，從姤至復，故寒往暑來也。陰詘陽信，從復至泰，故暑往寒來也。」

又曰：「範圍天地之化而不過。」九家易曰：「範者，法也；圍者，周也。言乾坤消息，法周天地而不過於十二辰也。辰，日月所會之宿，謂諏訾、降婁、大梁、實沈、鶉首、鶉火、鶉尾、壽星、大火、析木、星紀、玄枵之屬是也。諏訾以下謂自寅至丑，自泰至臨也。

干寶注乾六爻曰：「陽在初九，十一月之時，自復來也。初九甲子，乾納甲，天正之位，而乾元所始也。陽在九二，十二月之時，自臨來也。陽在九三，正月之時，自泰來也。陽氣在九〔一〕四，二月之時，自大壯來也。陽在九五，三月之時，自夬來也。陽在上九，四月之時也。」四月於消息爲乾。又注坤六爻曰：「陰氣在初，五月之時，自姤來也。陰氣在二，六月之時，自遯來也。陰氣在三，七月之時，自否來也。陰氣在四，八月之時，自觀來也。陰氣在五，九月之時，自剥來也。陰在上〔二〕，十月之時也。」十月於消息爲坤。

康成注乾鑿度曰：「消息於雜卦爲尊，每月者譬一卦而位屬焉，各有所繫。」案，每月譬一卦者，如乾之初九屬復、坤之初六屬姤是也。臨、觀以下倣此。

春秋緯、樂緯曰：「夏以十三月爲正，息卦受泰，物之始其色尚黑，以寅爲朔。殷以十二月爲正，息卦受臨，物之牙其色尚白，以雞鳴爲朔。周以十一月爲正，息卦受復，其色尚赤，以夜半爲朔。」

〔一〕「九」字原無，據上下文義補。
〔二〕「上」原作「上六」，據上下文義删「六」字。

此後漢陳寵所謂「三微成著，以通三統」也。康成謂：「十日爲微，一月爲著，三微成著，一爻也；三著成體，乃泰卦也。」

易乾鑿度曰：孔子曰：「復表日角，臨表龍顔，泰表載與戴同。干，大壯表握訴、龍角、大辰，古肙字。夬表升骨、履文，姤表耳參漏、足履王、知多權，遯表日角、連理，否表二好文，坤爲文，故好文。觀表出準虎眉[一]，剥表重童，與瞳同。明歷元。」

案，十二消息皆辟卦，故舉帝王之表以明之。

周易參同契曰：「朔旦爲復，初九晦至朔旦，震來受符。陽氣始通。出入無疾，仲翔云：謂出震成乾，入巽成坤，坎爲疾，十二消息不見坎象，故出入無疾。立表微剛。黄鍾建子，韋昭曰：十一月黄鍾，乾初九也。康成曰：黄鍾，子之氣也，十一月建焉。兆乃滋長。播施柔暖，黎蒸得常。臨爐施條，九二。開路正光。光耀漸近，日以益長。丑之大吕，康成曰：大吕，丑之氣也，十二月建焉。結正低昂。仰以成泰，九三。剛柔並隆。陰陽交接，小往大來。仲翔曰：坤陰詘外爲小往，乾陽信内爲大來。輻輳于寅，運而趣時。漸歷大壯，九四。俠列卯門。春分爲卯，卯爲開門。榆莢墮落，還歸本根。二月榆落，魁臨於卯。翼奉風角曰：木落歸本。刑德相負，建緯卯卯，刑德並會，相見歡喜。晝夜始分。夬陰

[一]「眉」字，續編本無。

以退，陽升而前。洗濯羽翮，九五飛龍。振索宿塵。乾健盛明，廣被四隣。陽終於巳，上九。中而相干。姤始紀序，初六。履霜最先。井底寒泉，巽初六與乾初九爲飛龍，乾爲冰也。午爲蕤賓。康成曰：蕤賓，午之氣也，五月建焉。賓服于陰，陰爲主人。遯去世位，六二遯乾二世。收斂其精。懷德俟時，陸績曰：遯俟時也。栖遲昧冥。否塞不通，六三。萌者不生。陰伸陽屈，没陽姓名。觀其權量，六四。察仲秋情。任畜微稚，老枯復榮。薺麥芽蘖，因冒以生。八月麥生，天罡據酉。詩緯推度災曰：陽本爲雄，陰本爲雌，物本爲魂。雄生八月仲節，號曰太初，行三節。宋均注云：本即原也。變陰陽爲雌、雄、魂也。節猶氣也。太初者，氣之始也。必知生八月仲者，據此時麥薺生，以爲驗也。陽生物，行三節者，須雌俱行物缺也。剥爛肢體，六五。雜卦曰：剥爛也。初足、二辨、四膚。指間稱辨，辨上稱膚，皆屬肢體。消滅其形。消艮入坤。化氣既竭，秋冬爲化。亡失至神。乾爲神。道窮則返，歸乎坤元。」

月令：孟春曰：「是月也，天氣下降，地氣上騰。」正義曰：「天地之氣，謂之陰陽，一年之中，或升或降。故聖人作象，各分爲六爻以象十二月。陽氣之升，從十一月爲始；至四月六陽皆升，六陰皆伏；至五月一陰初升；至十月六陰盡升，六陽盡伏。今正月云『天氣下降，地氣上騰』者，陽氣五月之時爲陰，從下起上嚮排陽。至十月之時，六陽退盡，皆伏於下；至十一月，陽之一爻始動地中；至十二月，陽漸升，陽尚微，未能生物之極。正月三陽既上,成爲乾卦,乾體在下;三陰爲坤,坤體在上。是陽氣五月初降,至正月爲天體,而在坤下也。十一月一陽初生而上排陰,至四月陰爻伏盡,六陽在上;五月一陰生,六月二陰生,陰氣尚微,成物未具;七月三陰生,而成坤體,坤體在下,三陽爲乾,而體在上。所以十月云『地氣下降,天氣上騰』。劉洽、氾閣、皇侃之徒既不審知其理,又不定其指趣,諠諠嘵嘵,亦無取焉。」

辟卦雜卦

易緯乾鑿度曰:「歲三百六十五日四分日之一,以卦用事。一卦六爻,爻一日,凡六日:七分歸閏。初用事一日,天王諸侯也;二日,大夫也;三日,卿也;四日,三公也;五日,辟也;六日,宗廟。爻辭善則善,凶則凶。」康成注云:「辟,天子也。天王諸侯者,言諸侯受其吉凶者,惟天子而已。」

案,易緯此説與齊天保歷合。所謂「五卦初爻,相次用事」也。其云六日宗廟,未詳。豈一卦六爻備有此六者耶?卦氣五位以公、辟、侯、大夫、卿,周還用事,此始侯者,從月數也。

魏正光歷:卦曰:「四正爲方伯,中孚爲三公,復爲天子,屯爲諸侯,謙爲大夫,睽爲九卿,升還從三公，周而復始。」

京房上封事曰：「迺辛巳，蒙氣復乘卦，太陽侵色。」張晏曰：「晉卦、解卦也。太陽侵色，謂大壯也。」

案，大壯，辟卦也。乾九四用事，故云太陽。晉辟，解雜卦也，皆主二月。

又曰：「辛酉以來，少陰倍力，而乘消息。」孟康曰：「房以消息卦爲辟，辟，君也。消卦曰太陰，姤、遯、否、觀、剥、坤。息卦曰太陽，復、臨、泰、大壯、夬、乾。其餘卦曰少陰、少陽，爲臣下也。并力，雜卦氣干消息也。」

後漢書：朱穆奏記：梁冀曰：「今年九月，天氣鬱冒，五位四候，連失正氣。」

案，五位謂公、辟、侯、大夫、卿；四候，四正也〔一〕。

〔一〕此下續編本尚有易緯稽覽圖一條，但闕文較多，今不補。

易漢學卷二

孟長卿易下

推卦用事日

劉洪乾象歷推卦用事日曰：「因冬至大餘，倍其小餘，坎用事日也。加小餘千七十五滿乾法，千一百七十八〔一〕。從大餘，中孚用事日也。求坎卦，各加大餘六，小餘百三，其四正各因其中日，而倍其小餘。」

魏書律歷志：正光歷推四正術曰：「因冬至大小餘，即坎卦用事日。春分即震卦用事日，夏至即離卦用事日，秋分即兑卦用事日。求中孚卦，加冬至小餘五千五百三十小分九微分一，微分滿五從小分，小分滿氣法從小餘，小餘滿蔀法從大餘，命以紀算外，即中孚卦

〔一〕此注續編本無。

用事日。其解加震，咸加離，賁加兑，亦如中孚加坎。求次卦，加坎大餘六、小餘五百二十九，新歷云：一千四百七十三。小分十四微分四，微分滿五從小分，小分滿氣法新歷云：滿小分法二十四〔一〕。從小餘，小餘滿蔀法新歷：蔀法一萬六千八百六十〔二〕。從大餘，命以紀算外，即復卦用事日。大壯加震，姤加離，觀加兑，如中孚加坎。當云如復加坎。

六十卦用事之月

十一月未濟、蹇、頤、中孚、復　未濟内卦主小雪，十月中；外卦主大雪，十一月節。

易繫辭〔三〕曰：「言行，君子之所以動天地也。」仲翔曰：「巽四以風動天，震初以雷動地，二變成易，故云震初。中孚十一月，雷動地中。」

案，冬至之卦，復也，其實起于中孚，七日而後復應。故揚子雲太玄準以爲中，爲六十

〔一〕「二十四」三字續編本無。

〔二〕此注續編本無。

〔三〕此上續編本尚有一條，曰：頤卦初六曰：「舍爾靈龜。」半農先生易説曰：「頤有龜象。内陽外陰，陽象甲，陰象體；而初在下象伏龜。伏龜者，靈龜也。龜能食氣，食氣者神明而壽，故稱靈。頤十一月之卦，其位在北。龜爲玄武，蟄伏之時，初陽在下象之。」

四卦之首。易緯稽覽圖亦云：「甲子卦氣起中孚也。」

孟喜易章句曰：「自冬至初，中孚用事。一月之策，九六七八，是爲三十。而卦以地六，候以天五。五六相乘，消息一變。十有二變，而歲復初。」一行六卦議。

後漢書：魯恭上疏曰：「易十一月，君子以議獄緩死。」注云：易中孚象辭也。稽覽圖：「中孚，十一月卦也。」

王伯厚困學紀聞曰：「上繫七爻起於中孚鳴鶴在陰，下繫十一爻起於咸憧憧往來。卦氣圖自復至咸八十八陽，九十二陰；自姤至中孚八十八陰，九十二陽。咸至姤凡六日七分，中孚至復亦六日七分，陰陽自然之數也。」

馬季長易乾初九注曰：「初九，建子之月，陽氣始動於黄泉，故云潛龍。」王伯厚曰：歷元始於冬至，卦氣起於中孚。豳詩於十月曰爲改歲，周以十一月爲正，蓋本此。

復彖曰：「復，其見天地之心乎。」荀爽曰：「復者，冬至之卦，陽起初九，爲天地心，萬物所始，吉凶之先，故曰見天地之心。」

十二月屯、謙、睽、升、臨　屯内卦主冬至，十一月中；外卦主小寒，十二月節。

易屯彖曰：「屯，剛柔始交而難生。」崔憬注云：「十二月陽始，浸長而交於陰，故曰『剛柔始交』。萬物萌芽，生於地中，有寒冰之難，故『難生』。」說文曰：屯，難也。象草木之初生，屯然而難。從屮貫一。一，地也，尾曲。

屯象曰：「雲雷，屯。」九家易云：「雷雨者興養萬物，今言屯者，十二月雷伏藏地中，未得動出，雖有雲雨，非時長育，故言屯也。」

易緯稽覽圖曰：「屯，十一月，內卦。神人從中山出，趙地動北方三十日，千里馬數至。」隋王劭釋云：「屯，十一月。神人從中山出者，此外動而大亨作。趙地動者，中山爲趙地。千里馬者，屯卦震下坎上，震於馬爲作足，坎於馬爲美脊，馬行先作弄四足也。」北史。

易緯乾鑿度：「孔子曰：升者，十二月之卦也。陽氣升上，陰氣欲承，萬物始進。」〔一〕

唐一行七日度議曰：「國語曰：『農祥晨正，日月底於天廟，土乃脉發。先時九日，太史告稷曰，自今至於初吉，陽氣俱蒸，土膏其動。弗震不渝，脉其滿眚，穀乃不殖。』周初先立春九日，日至營室。古歷距中九十一度，是日晨初，大火正中，故曰：『農祥晨正，日月底

〔一〕此下續編本尚有一條，曰：「復象曰：七日來復。李旼注云：七日者，非坤之七日，坤爲十月卦，卦氣起中孚，太玄中首見之。中孚十一月六日七分之後，復卦用事；復七日六分之後，屯卦用事。它皆倣此。」案，七日六分未詳，似仍當作六日七分，抑或別有據也。

於天廟』也。於易象，升氣究而臨受之，自冬至後七日，乾精始復。七日，中孚一卦。及〔一〕大寒，地統之中，陽洽於萬物根柢，而與萌芽俱升，木在地中之象。升坤上巽下。升氣已達，則當推而大之，故受之以臨。臨者，大也。於消息龍德在田，九二，乾臨同物。得地道之和澤，而動於地中，升陽憤盈，土氣震發，故曰：『自今至初吉，陽氣初蒸，土膏其動。』又先春三日，而小過用事，小過内卦。陽好節止〔二〕於内，動作於外，矯而過正，然後返求中焉。是以及於艮維，小過内卦艮。則山澤通氣，陽精闢户，甲拆之萌見，而莩穀之際離，故曰：『不震不渝，脉其滿眚，穀乃不殖。』」新唐書志。

易臨卦經曰：「至於八月，有凶。」康成曰：「臨卦斗建丑而用事，殷之正月也。當文王之時，紂爲無道，故於是卦爲殷家著興衰之戒，以見周改殷正之數。云臨自周二月用事，訖其七月，至八月而遯卦受之，此終而復始，王命然矣。」

易緯乾鑿度曰：「易曰：『知臨，大君之宜，吉。』臨者，大也。陽氣在内，中和之盛，應於盛位，浸大之化，行於萬民，故言宜。」

〔一〕「及」原作「乃」，據日度議改。
〔二〕「止」原作「正」，據唐書卷二十七上日度議改。

正月小過、蒙、益、漸、泰 小過内卦主大寒，十二月中；外卦主立春，正月節。

易緯乾鑿度曰：「中孚爲陽，貞於十一月子；小過爲陰，貞於六月未，法于乾坤。」康成曰：「中孚貞於十一月子；小過，正月之卦也，宜貞於寅，而貞於六月，非其次，故言象法乾坤。」

項安世周易玩辭曰：「小過，寅之初氣也。斗方直艮，而震氣上出，疑於過矣。然去卯不遠，亦未爲大過也。」

易緯乾鑿度曰：「乾，陽也；坤，陰也。並如而交錯行。乾貞於十一月子，左行，陽時六；坤貞於六月未，右行，陰時六，以奉順成其歲。歲終，次從於屯、蒙。屯、蒙主歲，屯爲陽，貞於十二月丑，其爻左行，以間時而治六辰；蒙爲陰，貞於正月寅，其爻右行，亦間時而治六辰。歲終則從其次卦。」次卦爲需、訟。

此言主歲卦也。參同契曰：「屯以子申，蒙用寅戌，餘六十卦各自有日。」謂需、訟以下也。又曰：「朔旦屯直事，至暮蒙當受。晝夜各一卦，用之依次序。」晝夜各一卦，六十卦止得一百八十日，春夏據内體，秋冬當外用，一卦内外分之，周一歲之數也。當時本有各卦主歲之圖，而屯蒙不貞丑寅，故康成云「屯蒙之貞，違經失義」是也。乾坤以下，兩卦主一歲，後人不知，造爲反對，真郢書燕説。

干寶蒙卦注曰：「蒙於消息爲正月卦也。正月之時，陽氣上達，故屯爲物之始生，蒙爲物之穉也。」

易緯乾鑿度：「孔子曰：『益之六二，或益之十朋之龜，弗克違，永貞吉。王用亨于帝，吉。』益者，正月之卦也，天氣下施，萬物皆益。王用亨于帝者，言祭天也。三王之郊，一用夏正。天氣三微而成一著，三著而成一體，方知此之時天地交，萬物通。故泰、益之卦，皆夏之正也。此四時之正，不易之道也。」康成注曰：「五日爲一微，十五日爲一著。故五日有一候，十五日成一氣也。冬至陽始生，積十五日至小寒爲一著，至大寒爲二著，至立春爲三著，凡四十五日而成一節。故曰『三著而成體』也。正月則泰卦用事，故曰『成體而郊』也。」

蔡邕明堂月令論曰：「易正月之卦曰泰，其經曰：『王用亨於帝，吉。』孟春令曰：『乃擇元日，祈穀于上帝。』顓頊歷衡疑作術。曰：『天元正月己巳，朔日立春，日月俱起於泰，建宮室制度。』月令：孟春之月，日在營室。易蒙上九曰：『不利爲寇，利用禦寇。』令曰：『兵戎不起，不可從我始。』」

案，蔡氏此論證易與月令合也。詩匏有苦葉云：「士如歸妻，迨冰未泮。」箋云：「冰未散，正月中以前也。」易漸卦云：「女歸吉。」漸正月卦，正與詩合。

二月需、隨、晉、解、大壯 需内卦主雨水，正月中；外卦主驚蟄，二月節。

易緯乾鑿度：「孔子曰：『隨上六，拘繫之，乃從維之，王用亨於西山。』隨者，二月之卦。隨德施行，藩決難解，萬物隨陽而出，故上六欲待九五拘繫之、維持之，明被陽化而陰欲隨之也。」康成云：「大壯九三爻主正月，陰氣猶在，故羝羊觸藩而羸其角也。至於九四，主二月，故藩決不勝，羸也。言二月之時，陽氣已壯，施生萬物，而陰氣漸微，不能爲難以障閉陽氣，故曰藩決難解也。」

大壯九三主正月，未詳。案，齊天保歷以卦之貞悔分節氣，豈九三在貞爲正月中，九四在悔爲二月節歟？

易解象曰：「解，險以動，動而免乎險，解。」仲翔云：「險坎動震。解二月，雷以動之，雨以潤之，物咸孚甲，萬物生，震出險上，故免乎險也。」

漢書京房傳曰：「房以建昭三年二月朔拜，上封事曰：『迺辛巳，蒙氣復乘卦，太陽侵色。』」張晏曰：「晉卦、解卦也。太陽侵色，謂大壯也。」

案，晉，九卿也；解，三公也，皆雜卦。大壯，辟也。太陽侵色，雜卦干消息也。

郎顗七事曰：「孔子曰：『雷之始發，大壯始。』春秋傳曰：雷秉乾曰大壯。大衍歷經：春分辟大壯，雷乃發聲。郭璞注：穆天子傳引歸藏易曰：豐隆筮御雲得大壯卦，遂爲雲師也。君弱臣彊，從解起。」大壯辟，爲君；解三公，爲臣。今月九日至十四日，一爻。大壯用事，消息之卦也。消息即辟卦。於此六日之中，雷當發聲，發聲則歲和，王道興也。易曰：『雷出地奮，豫。』豫内卦主春分，二月。先王以作樂崇德，殷薦之上帝。』雷者，所以開發萌芽，辟陰除害，萬物須雷而解，資雨而潤，故經曰：『雷以動之，雨以潤之。』王者崇寬大，順春令，則雷應節；不則發動於冬，當震反濳。故易傳曰：『當雷不雷，太陽弱也。』太陽謂大壯。今蒙氣不除，則其效也。」蒙氣解見京易卷。

漢書五行志曰：「莊公七年：『四月辛卯夜，恒星不見，夜中星隕如雨。』易曰：『雷雨作，解。』是歲歲在玄枵，齊分野也。雨以解過施，復從上下，象齊桓行霸，復興周室也。周四月，夏二月也。」解二月卦，故以明之。

三月豫、訟、蠱、革、夬 豫内卦主春分，二月中；外卦主清明，三月節。

漢書五行志曰：「雷以二月出，其卦曰豫，言萬物隨雷出地，皆逸豫也。以八月入，其卦曰歸妹，言雷復歸。入地則孕毓根核，與荄同。歸妹内卦主秋分，八月。保藏蟄蟲，避盛陰之害；

出地則養長華實，發揚隱伏，宣盛陽之德。入能除害，出能興利，人君之象也。」

易緯乾鑿度曰：「陽消陰，言夬夬，爲言決也。當三月之時，陽盛息消夬陰之氣，萬物畢生，靡不蒙化。譬猶王者之崇至德，奉承天命，伐決小人，以安百姓。故謂之決。」

仲翔注夬卦曰：「夬，陽決陰，息卦也。」

朱震易叢説曰：「夬，三月清明氣也，故曰：『莧陸夬夬。』莧陸，三月、四月生也。」

四月旅、師、比、小畜、乾 旅内卦主穀雨，三月中；外卦主立夏，四月節。

比象曰：「先王以建萬國，親諸侯。」案，比四月卦。古者封諸侯以夏，故有是象。白虎通曰：「封諸侯以夏，何？陽氣盛養，故封諸侯，盛養賢也。」

干寶比卦注曰：「比，世，于七月而息來在巳，去陰居陽，承乾之命。義與師同。」

案，七月辰在申，四月辰在巳，故云去陰居陽。乾爲辟，故云承乾命。師亦世，于七月而息在巳。

漢書五行志曰：「昭十七年『六月甲戌朔，日有食之』。左氏傳平子曰：『唯正月朔，慝未作，日有食之，於是伐鼓用幣，其餘則否。』太史曰：『在此月也。當夏四月，是謂孟夏。』説曰：正月謂周六月、夏四月，正陽純乾之月也。慝謂陰爻也，冬至陽爻起初，故曰復。

至建巳之月爲純乾，亡陰爻，而陰侵陽，爲災重，故伐鼓用幣，責陰之禮。」月令：「孟春行夏令則雨水不時。」康成注云：「巳之氣乘之也，四月於消息爲乾。」

後漢書：張純奏曰：「禘祭以夏四月。夏者，陽氣在上，陰氣在下，故正尊卑之義也。」注云：「四月乾卦用事，故言陽氣在上也。」

攝生月令曰：「四月爲乾。」注云：「生氣卯，死氣酉。」

五月大有、家人、井、咸、姤 大有内卦主小滿，四月中；外卦主芒種，五月節。

易大有象曰：「火在天上，曰大有。」荀爽曰：「謂夏火王在天，萬物並生，故曰大有。」

井九二：「井谷射鮒。」子夏傳謂蝦蟇。朱震曰：「井，五月之卦，故有蝦蟇。」

案，二體巽，巽爲風，風主蟲，子夏以爲蝦蟇，得之。

周易參同契曰：「姤始紀序，履霜最先，井底寒泉。」井九五曰：「井洌寒泉，食。」仲翔曰：「泉自下出，稱井。周七月，夏之五月，陰氣在下，二已變坎，十一月爲寒泉，故洌寒泉矣。」

易坤初六曰：「履霜，堅冰至。」九家易云：「初六始姤，姤爲五月。盛夏而言堅冰，五中陰氣始生地中，言始於微霜，終至堅冰，以明漸順至也。」

東觀漢記：司徒魯恭上疏曰：「案，易五月，姤卦用事。姤卦巽下乾上，初六一陰生，五月之卦也。經曰：『后以施命誥四方。』言君以夏至之日施命令，止四方行者，所以助微陰也。」

仲翔姤卦注曰：「姤，五月，南方。」

朱震易叢説曰：「姤，五月，夏至氣也。故曰：『以杞包瓜。』瓜生於四月中氣故也。」

六月鼎、豐、渙、履、遯　鼎内卦主夏至，五月中；外卦主小暑，六月節。

京房易傳曰：「雷與〔一〕火震動曰豐，宜日中，夏至積陰生，豐當正應，吉凶見矣。」日中也。

又云：「上木下火，氣禀純陽，陰生於内。」

易臨卦曰：「至於八月，有凶。」仲翔注云：「臨與遯旁通，臨消於遯，六月卦也。於周爲八月。」康成注云：「臨自周二月用事，訖其七月。至八月而遯卦受之。」

京房上封事曰：「臣前以六月中，言遯卦不效法曰道，人始去寒，涌水爲災，至其七月涌水出。」

〔一〕「與」原作「火」，據續編本改。

七月恒、節、同人、損、否恒内卦主大暑，六月中；外卦主立秋，七月節。

損彖曰：「二簋應有時。」仲翔注云：「時謂春秋也。損二之五，二之五成益。震二月，互震體。益正月，春也。損七月，兑八月，秋也。震、兑初九主二分。謂春秋祭祀，以時思之。」京房易傳曰：「節建起甲申，至己丑。」陸績注云：「爲本身節氣。」案，七月在申，節七月卦，故云本身節氣。又云：「金上見水，本位相資。金，節本位也。二氣交争，失節則嗟。」

八月巽、萃、大畜、賁、觀巽内卦主處暑，七月中；外卦主白露，八月節。

巽初六曰：「進退利武人之貞。」案，四體兑，兑爲金，金主秋，立秋賞武人。巽又於消息爲七月、八月，故曰『利武人之貞』。虞仲翔巽卦注曰：「巽，八月，西方。」漢書五行志曰：「定公元年『十月，隕霜殺菽』。劉向以爲周十月，今八月也，於一作消。卦爲觀，陰氣未至君位而殺，剥則至君位矣。誅罰不由君出，在臣下之象也。」

九月歸妹、无妄、明夷、困、剥　歸妹内卦主秋分，八月中；外卦主寒露，九月節。

歸妹象曰：「澤上有雷，歸妹。」干寶曰：「雷薄于澤，八月、九月歸藏之時也。」

易緯乾鑿度曰：「孔子曰：『泰，正月之卦也，陽氣始通，陰道執順。故因此以見湯之嫁妹，能順天地之宜，立教戒之義也。湯嫁妹之詞，見京房易。至於歸妹，八月卦也，指内卦。陽氣歸下，陰氣方盛。故復以見湯之歸妹。』」

郎顗傳：「顗上七事曰：『漢興以來，今在戌仲十年，於易雌雄秘歷，今直困乏。凡九二困者，衆小人欲共困害君子也。經曰：困而不失其所，其唯君子乎？』」

案，困九月卦，九月建戌。順帝時在戌仲，當是困卦主歲。故以爲值困乏也。

朱子發周易叢説曰：「困九月，霜降氣也。故曰株木，曰蒺藜。蒺藜者，秋成也。」

乾鑿度曰：「陰消陽，言剥當九月之時，陽氣衰消，而陰終不能盡陽，小人不能决君子也。謂之剥，言不安而已。」

漢書五行志曰：「僖公三十三年『十二月，隕霜，不殺草』。劉向以爲今十月，周十二月。於易五爲天位、爲君位。九月陰氣至五通於天位，其卦爲剥，剥落萬物，始大殺矣。明陰從陽命，臣受君令，而後殺也。十二月隕霜，不殺草，此君誅不行，舒緩之應也。」

十月艮、既濟、噬嗑、大過、坤　艮内卦主霜降，九月中；外卦主立冬，十月節。

易緯乾鑿度：「孔子曰：『既濟九三，高宗伐鬼方，三年克之。』高宗者，武丁也，湯之後有德之君也。九月之時，陽失正位，既濟爲九月，未詳。盛德既衰，而九三得正，下陰能終其道，濟成萬物，猶殷道中衰，至于高宗扶救衰微，三年而惡消滅。」

應劭風俗通曰：「易噬嗑爲獄，十月之卦。獄從犬，言聲；二犬亦存以守也。廷者，陽也，陽上生長；獄者，陰也，陰生刑殺。故獄皆在廷，比順其位。」御覽六百四十三卷。

朱子發周易叢説曰：「大過十月，小雪氣也。故曰『枯陽生梯』，『枯楊生華』。」

坤文言曰：「夫玄黄者，天地之雜也。」荀爽云：「消息之卦，坤位在亥，下有伏乾，陰陽相和，故曰：『天地之雜也。』」

唐一行開元大衍歷經〔一〕

大衍步發斂術

〔一〕此下續編本有注，曰：「朱震易叢説曰：孟喜、京房之學，其書概見於一行所集，大要皆自子夏傳而出。」

天中之策五，餘二百二十三[一]，秒三十一；秒法七十二。

地中之策六，餘一百六十五，秒八十六；秒法一百二十。

貞悔之策三，餘一百三十二，秒一百三；秒法如前。

辰法七百六十。刻法三百四。

推七十二候，各因中節、大小餘命之，即初候日也。以天中之策及餘秒加之，數除如法，即次候日。又加，得末候日。凡發斂，皆以恒氣。

推六十卦，各因中氣、大小餘命之，公卦用事日也。以地中之策及餘秒累加之，數除如法，各次卦用事日。若以貞卦之策加諸候卦，得十有二節之初，外卦用事日。

推五行用事，各因四立、大小餘命之，即春木、夏火、秋金、冬水首用事日也。以貞悔之策及餘秒，減四季中氣、大小餘，即其月土始用事日。

恒氣月中節，四正卦。	初候	次候	末候
	始卦	中卦	終卦
冬至十一月中，坎初六。	蚯蚓結	麋角解	水泉動

〔一〕「三」，舊唐書作「二」。

小寒十二月節，坎九二。

公中孚　辟復　侯屯内卦。

鴈北鄉　鵲始巢　野雞始雊

大寒十二月中，坎六三。

侯屯外卦。　大夫謙　卿睽

雞始乳　鷙鳥厲疾　水澤腹堅

立春正月節，坎六四。

公升　辟臨　侯小過内卦。

東風解凍　蟄蟲始振　魚上冰

雨水正月中，坎九五。

侯小過外卦。　大夫蒙　卿益

獺祭魚　候鴈北　草木萌動

驚蟄二月節，坎上六。

公漸　辟泰　侯需内卦。

桃始華　倉庚鳴　鷹化爲鳩

春分二月中，震初九。

侯需外卦。　大夫隨　卿晉

玄鳥至　雷乃發聲　始電

清明三月節，震六二。

公解　辟大壯　侯豫内卦。

桐始華　鼠化爲鴽　虹始見

侯豫外卦。　大夫訟　卿蠱

穀雨三月中，震六三。

萍始生　鳴鳩拂羽　戴勝降桑

公革　辟夬　侯旅內卦。

立夏四月節，震九四。

螻蟈鳴　蚯蚓出　王瓜生

侯旅外卦。　大夫師　卿比

小滿四月中，震六五。

苦菜秀　靡草死　麥秋至

公小畜　辟乾　侯大有內卦。

芒種五月節，震上六。

螳螂生　鵙始鳴　反舌無聲

侯大有外卦。　大夫家人　卿井

夏至五月中，離初九。

鹿角解　蜩始鳴　半夏生

公咸　辟姤　侯鼎內卦。

小暑六月節，離六二。

溫風至　蟋蟀居壁　鷹乃學習

侯鼎外卦。　大夫豐　卿渙

大暑六月中，離九三。

腐草爲螢　土潤溽暑　大雨時行

公履　辟遯　侯恒內卦。

立秋七月節，離九四。

涼風至　白露降　寒蟬鳴

處暑七月中，離六五。　侯恒外卦。　大夫節　卿同人
鷹祭鳥　天地始肅　禾乃登

白露八月節，離上九。　公損　辟否　侯巽内卦。
鴻鴈來　玄鳥歸　羣鳥養羞

秋分八月中，兑初九。　侯巽外卦。　大夫萃　卿大畜
雷乃收聲　蟄蟲坏户　水始涸

寒露九月節，兑九二。　公賁　辟觀　侯歸妹内卦。
鴻鴈來賓　雀入大水爲蛤　菊有黄花

霜降九月中，兑六三。　侯歸妹外卦。　大夫无妄　卿明夷
豺乃祭獸　草木黄落　蟄蟲咸俯

立冬十月節，兑九四。　公困　辟剥　侯艮内卦。
水始冰　地始凍　雉入大水爲蜃

小雪十月中，兑九五。　侯艮外卦。　大夫既濟　卿噬嗑
虹藏不見　天氣上騰，地氣下降。　閉塞成冬
公大過　辟坤　侯未濟内卦。

大雪十一月節，兑上六。　鶡鳴不鳴　虎始交　荔挺出

侯未濟外卦。　大夫蹇　卿頤

七十二候 三微

易緯乾鑿度曰：「天氣三微而成一著，三著而成一體。」康成注云：「五日爲一微，十五日爲一著。故五日有一候，十五日成一氣也。」又曰：「八卦之生物也，畫六爻之移，氣周而從卦。」康成注云：「八卦生物，謂其歲之八節。每一卦生三氣，則各得十五日。今言畫六爻，是則中分之，言太史司刻漏者，每氣兩箭，四十八箭。猶是生焉。」猶、由通。

孔氏月令正義曰：「凡二十四氣，氣有十五日有餘；每氣中半分之，爲四十八氣；氣有七日半有餘。故鄭注周禮云：『有四十八箭，是一氣易一箭也。』凡二十四氣，每三分之，七十二氣之間五日有餘，故一年有七十二候也。故通卦驗：『冬至之前五日，商旅不行，兵甲伏匿，人主與羣臣左右從樂。』五日，以五日爲一候也。」

唐一行五卦候議曰：「七十二候原于周公時訓，月令雖頗有增益，然先後之次則同。」

朱子發卦氣圖説曰：「二十四氣、七十二候見於周公之時訓，呂不韋取以爲月令焉。

其上則見於夏小正。夏小正者，夏后氏之書，孔子得之於杞者。夏建寅，故其書始於正月；周建子而授民時，巡守祭享皆用夏正，說本周書。故其書始於立春。夏小正具十二月而無中氣，雖有候應而無日數；至于時訓，乃五日爲候，三候爲氣，六十日爲節。二書詳畧雖異，其大要則同。豈時訓因小正而加詳歟？左氏傳曰：『先王之正時也，履端於始，舉正於中，歸餘於終。』中謂中氣也。漢詔曰：『昔者黃帝合而不死名，察發斂〔一〕，定清濁，起五部，建氣物，分數氣。』謂二十四氣，則中氣其來尚矣。仲尼贊易時已有時訓，七月一篇則有取於時訓，可知易通卦驗易家傳先師之言，所記氣候比之時訓，晚者二十有四，早者三，當以時訓爲定。故子雲太玄二十四氣，關子論七十二候，皆以時訓。」

漢儒傳六日七分學

後漢方術傳曰：「其流又有風角、遁甲，遁，古文巡。太玄所謂「巡乘六甲，與斗相逢」也。七政、日月五星之政。元氣，開闢陰陽之書，漢書以太極爲元氣。六日七分逢占，逢人所問而占之。日者筳篿，

〔一〕「發斂」，續編本作「庶驗」。

折竹卜。須臾陰陽吉凶立成之法。孤虚之術。」

郎顗傳：「父宗，字仲綏，學京氏易，善風角、星算、六日七分。」

崔瑗傳：「瑗明天官、歷數、京房易傳、六日七分。」

何休傳：「休注孝經、論語，風角、七分，皆經緯典謨，不與守文同説。」

漢綏民校尉熊君碑曰：「治歐羊與陽同。尚書、六日七分。」

晉書：「臺産少專京氏易，善圖讖秘緯、天文、洛書、風角、星算、六日七分之學。」〔一〕

隋書經籍志：「梁有周易飛候六日七分八卷，亡〔二〕。」

〔一〕此條續編本無。

〔二〕「亡」字續編本無。「卷」字下注：「五行家。」

易漢學卷三

虞仲翔易

八卦納甲之圖

右圖：坎離，日月也；戊己中，土也。晦夕朔旦，坎象流戊；日中則離，離象就己。三十日會于壬，三日出于庚，孔子三朝記曰：日歸于西，起明于東；月歸于東，起明于西。故月三日成震，時在庚西。仲翔曰：戊己土位，象見于中。故坎離在中央。八日見于丁，十五日盈于甲，十六日退于辛，二十三日消于丙，二十九日窮于乙，滅于癸。乾息坤成。震三日之象，兑八日之象。震本屬東方，兑本屬西方，然月之生明必于庚，上弦必于丁，故震在西，兑在南。諸卦可以類推。十五日而乾體成，坤消乾成。巽十六日也，艮二十三日也。二十九日而乾體就。出庚見丁者，指月之盈虚而言，非八卦之定體也。乾盈于甲，行至辛而始退。震爲始生，巽爲始退，而皆在西；兑上弦，艮下弦，而皆在南；乾滿于甲，坤窮于乙，而皆在東。此以日所行之道言之，而納坤由是生焉。甲乾乙坤，相得合木，故甲乙在東；丙艮丁兑，相得合火，故丙丁在南；戊坎己離，相得合土，故戊己居中；庚震辛巽，相得合金，故庚辛在西；天壬地癸，相得合水，故壬癸在北。丙丁在南方，所謂「二八應一斤」也；甲乙在東方，壬癸在北方，所謂「乾坤括始終」也。御覽引京房易説曰：月初光見西方，以後生光見東方，皆日所照。法言曰：月未望則載魄于東，既望則終魄于東。其遡于日乎[一]？此天

[一] 此下續編本尚有注，曰：「繫辭所云在天成象，又云縣象著明莫大乎日月，是也。仲翔述道士之言，謂易道在天，三爻是矣。其言旨哉！」

地[一]自然之理。宋人作是圖者，依邵氏僞造伏羲先天圖之位，錯亂不可明，今正之，而附漢儒諸説于左方。

坤彖曰：「西南得朋，乃與類行，謂陽得其類。月朔至望，從震至乾，與時偕行，故乃與類行。東北喪朋，乃終有慶。」陽喪滅坤，坤終復生，謂月三日震象出庚，故乃終有慶。仲翔曰：「此指説易道陰陽消息之大要也。謂陽月三日，變而成震，出庚，至月八日成兑，見丁。庚西丁南，故西南得朋，謂二陽爲朋。二十九日消乙入坤，滅藏於癸。乙東癸北，故東北喪朋。謂之以坤滅乾，坤爲喪也。」

小畜上九曰：「月幾望。」易説曰：「月十五盈乾甲，十六見巽辛，内乾外巽，故月幾望。」中孚六四「月幾望」，晁氏説之。曰：「孟、荀、一行『幾』作『既』。孟喜云：『十六日也。』」案，此則孟長卿亦用納甲。説之案，古文讀『近』爲『既』，詩『往近王舅』是也。此字當作『既』。」棟案，六四體巽，故云既望。晁説是。

蹇彖曰：「蹇，利西南，往得中也。不利東北，其道窮也。」仲翔曰：「坤西南卦，坎爲月，月生西南，故『利西南，往得中』，謂西南得朋也。艮東北之卦，月消於艮，喪乙滅癸，故『不

[一] 自「此天地」至「于左方」一段，續編本無。

利東北，其道窮也』，則東北喪朋矣。說卦云：艮東北之卦也，萬物之所成終而所成始也。仲翔曰：萬物成始乾甲，成終藏癸，艮東北是甲癸之間，故萬物之所成終而成始者也。案，仲翔之意，艮本東北之卦，而消于丙，當在南方。乾十五日也，坤三十日也，艮在中，距乾坤皆八日，甲東癸北，故云：艮東北，甲癸之間。

蹇象又云：「蹇之時，用大矣哉！」仲翔曰：「謂坎月生西南，庚丁。而終東北。甲癸。震象出庚，兑象見丁，乾象盈甲，巽象退辛，艮象消丙，坤象窮乙，喪滅于癸。終則復始，以生萬物，故用大矣。」

歸妹彖曰：「歸妹，人之終始也。」仲翔曰：「人始生乾，而終于坤，故人之終始。雜卦曰：『歸妹，女之終。』謂陰終坤癸，則乾始震庚也。」

繫辭上曰：「在天成象。」仲翔曰：「謂日月在天成八卦。震象出庚，兑象見丁，乾象盈甲，巽象伏辛，艮象消丙，坤象喪乙，坎象流戊，離象就己，故在天成象也。」三畫謂之象，六畫謂之爻。日月在天成八卦，止以三才言之。仲翔曰：八卦乃四象所生，非庖犧之所造也。觀此可悟。又云：「縣象著明莫大乎日月。」仲翔曰：「謂日月縣天成八卦象。三日暮，震象出庚；八日兑象見丁；十五日乾象盈甲；十六日旦，巽象退辛；二十三日艮象消丙；三十日坤象滅乙；晦夕朔旦，坎象流戊；日中則離，離象就己；戊己土位，象見於中。宋人作納甲圖，以坎離列東西者，誤甚。日月相推而明生焉。」又曰：「四象生八卦。」仲翔曰：「乾二五之坤，則生震、坎、艮；坤二五之乾，則生巽、離、兑。故四象生八卦。乾坤生春，甲乙。艮兑生夏，丙丁。震巽生秋，庚辛。坎離生冬者也。戊己。

參同契曰：「子午數合三，坎子離午。戊己號稱五。三五既和諧，八石正綱紀。」又云：「水以土爲鬼，土鎮水不起。朱雀爲火精，執平調勝負。水盛火須滅，俱死歸厚土。三性古文姓皆作性，漢碑皆然。既合會，本性共宗祖。」仲翔注説卦云：「水火相通，坎戊離己，月三十一會。」予云：是坎離生冬之義。易乾鑿度曰：「離爲日，坎爲月。日月之道，陰陽之經，所以始終萬物，故以坎離爲終。」康成云：「易以日月終天地之道。」

繫辭下曰：「八卦成列，象在其中矣。」仲翔云：「象謂三才成八卦之象。乾、坤列東，甲乙。艮、兑列南，丙丁。震、巽列西，庚辛。坎、離在中。戊己。故八卦成列，則象在其中。」

説卦曰：「水火不相射。」仲翔曰：「謂坎離。射，厭也。水火相通，坎戊離己，月三十日一會於壬，故不相射也。」仲翔又注歸妹曰：乾主壬，坤主癸，日月會此。又云：「萬物出乎震，震，東方也。」仲翔曰：「出，生也。震初不見東，震初出庚在西。故不稱東方卦也。」「齊乎巽，巽，東南也。」註云：「巽陽隱，初爻不見東南，巽在西。亦不稱東南卦，與震同義。」「離也者，明也。萬物皆相見，南方之卦也。」注云：「離象三爻皆正日中，正南方之卦也。」日中則離。「兑，正秋也。」注云：「兑三失位不正，故言正秋；兑象不見西，兑在南。故不曰西方之卦。」「戰乎乾，乾，西北之卦也。」注云：「乾剛正，五月十五日辰[一]象西北，暮在東。故西北之卦。」「坎者，水也，正北方之卦也。」注云：「坎二失位不正，故言正北方之卦，與兑正秋同義。坎月夜中，故正北方。」「艮，東北之卦也，萬物之所成終而所成始也。故曰成言乎艮。」注云：「萬物成始乾甲，成終坤癸。艮東北，甲癸之間，說見前。故萬物之所成終而成始者也。」

魏伯陽參同契曰：「天符有進退，詘伸以應時。故易統天心，復卦建始萌。長子繼父體，因母立兆基。沈括曰：乾初爻交坤生震，故震初爻納子午，乾初子午故也。消息應鍾律，詳[二]後圖。升降據斗樞。漢書律歷注云：玉衡杓建，天之象也。如淳曰：杓，音猋，斗端星也。孟康曰：斗在天中，周制四方，猶宮聲處中爲四聲綱也。太玄曰：巡乘六甲，與斗相逢。三日出爲爽，爽，明也。震庚受西方。朱子曰：三日第一節之中，月生明之時也。蓋始受一陽之光，昏見于西方庚也。八日兑受丁，上弦平如繩。朱子曰：八日第二節之中，月上弦之時，受三陽之光，昏見乎南方丁地。十五乾體就，盛滿甲東方。朱子曰：十五日第三節之中，月既望之時，全受日光，昏見于東方甲地，是爲乾體。蟾蜍與兔魄，日月氣雙明。蟾蜍視卦[三]

〔一〕「辰」，續編本作「晨」。
〔二〕「詳」原作「解」，據續編本改。
〔三〕「卦」原作「見」，據續編本及參同契原文改。

節，兔魄吐生光。七八道已訖，七八十五。屈折低下降。十六轉受統，巽辛見平明。朱子曰：十六日第四節之始，始受下一陰，爲巽而成魄，以平旦而没于西方辛也。艮值于丙南，下弦二十三。朱子曰：二十三日第五節之中，復生中之陰爲艮，而下弦，以平旦而没于南方丙地。坤乙三十日，東北喪其明。節盡相禪與，繼體復生龍。朱子曰：三十日第六節之終，合變三陽而光盡，體伏于西北。一月六節既盡，而禪于後月，復生震卦云。壬癸配甲乙，乾坤括始終。沈括曰：乾納甲壬，坤納乙癸者，上下包之也。七八數十五，九六亦相應。四者合三十，七八、九六皆合于十五，所謂四象生八卦也。陽氣索滅藏。」滅藏于癸〔一〕。又云：「火記不虚作，演易以明之。偃月法鼎爐，白虎爲熬樞。郭洞林云：兑爲白虎。永日〔二〕爲流珠，青龍與之俱。御覽引古注云：日爲陽，陽精爲流珠。青龍，東方少陽也。舉東以合西，日東月西。魂魄自相拘。日魂月魄。上弦兑數八，下弦艮亦八。兩弦合其精，乾坤體乃成。兑息成乾，艮消成坤。二八應一斤，易道正不傾。」又云：「晦朔之間，合符行中。坎戊離己。始于東北，箕斗之鄉，甲癸之間上爲箕斗。旋而右轉，嘔輪吐萌，潛潭見象。春秋緯有〔三〕

〔一〕此下續編本尚有注，曰：「續漢書律歷志曰：故太史待詔張隆言，能用易九六七八爻，知月行多少，蓋用納甲之法以知晦朔弦望耳。」

〔二〕「永日」，參同契原作「汞白」。

〔三〕「有」原作「書」，據續編本改。

潛潭巴，義與此同。昴畢之上，震出爲徵。昴、畢在庚。陽氣造端，初九潛龍。注見上，下同。陽以三立，春秋緯元命包曰：陽立于三，故三日出爲震。陰以八通。陰立於八。三日震動，八日兑行。九二見龍，兑爲見。和平有明。三五德就，十五日。乾體乃成。九三夕惕，虧折神符。盛衰漸革，終還其初。巽繼其統，固濟保持。九四或躍，進退道危。巽爲進退。艮主進止，不得踰時。二十三日，典守弦期。九五飛龍，天位加喜。六五坤成，結括終始。韞養衆子，世爲類母。上九亢龍，戰德于野。用九翩翩，爲道規矩。陽數已訖，訖則復起。推情合性，轉而相與。循環璇璣，升降上下。周流六爻，難可察覩。故無常位，爲易宗祖。」又云：「坎戊月精，離己日光。日月爲易，繫辭下云：易者，象也。仲翔云：易謂日月，懸象著明莫大日月也。剛柔相當。土旺四季，羅絡始終。青赤黑白，各居一方。甲乙青，丙丁赤，壬癸黑，庚辛白。皆禀中宫，戊己之功。」戊己黄。

龍虎上經曰：「丹砂流汞父，汞，說文作澒，云丹沙所化爲水銀也。戊己黄金母。鍾律還二六，十二律。斗樞建三元。赤童戲朱雀，郭洞林云：離爲朱雀。變化爲青龍。坤初變成震，三日月出庚。東西分卯酉，龍虎自相尋。震龍兑虎，卯東酉西。坤再變成兑，八日月出丁。上弦金半斤，坤三變成乾。十五三陽備，圓照東方甲〔一〕。金水温太陽，赤髓流爲汞。姹女弄明璫，月盈自合虧。十六運將滅，乾初缺成巽。平明月出辛，乾再損成艮。二十三下弦，下弦水半斤。月出于丙南，乾三變成坤。坤乙三十日，東北喪其明。月没于乙地，坤乙月既晦。土缺金將化，繼坤生震龍。乾坤括始終，如上三十日。坤生震、兑、乾，乾生巽、艮、坤。八卦列布曜，推移不失中。」

案，龍虎經似宋初人僞撰。如「圓照東方甲」，「坤生震兑乾」，皆不知漢易者也〔二〕。

漢書：李尋曰：「月者，衆陰之長，消息見伏，百里爲品，千里立表，萬甲連紀，妃后大臣諸侯之象也。朔晦正終始，壬癸配甲乙。弦爲繩墨，兑艮。望成君德，乾爲君。春夏南，秋冬北。」

京房乾卦傳曰：「甲壬配外内二象。」陸績曰：「乾爲天地之首，分甲壬入乾位。」

案，乾納甲壬，故内三爻甲子寅辰，外三爻壬午申戌。

京房履卦傳曰：「六丙屬八卦，九五得位爲世身，九三大夫合應象。」陸績曰：「艮，六丙

〔一〕此下續編本有注，曰：「春秋保乾圖曰：日以圓照。」

〔二〕此下續編本有注，曰：「圓照東方甲，先天之説也。納甲異是。故謂乾生震、坎、艮，坤生巽、離、兑則可；謂乾生巽，坤生震則不可。至謂坤生乾，乾生坤，則尤謬也。」

也。」

案，艮五世履，故云六丙。

京氏易傳曰：「分天地乾坤之象，益之以甲乙壬癸。陸績曰：乾坤一卦爲天地陰陽之本，故分甲乙壬癸，陰陽之始終。震巽之象配庚辛，庚陽入震，辛陰入巽。坎離之象配戊己，戊陽入坎，己陰入離。艮兑之象配丙丁。丙陽入艮，丁陰入兑。八卦分陰陽，六位配五行，光明四通，效一作變。易立節。」

又曰：「鼎木能巽火，故鼎之象中虛見，納受辛于内也。」

案，巽納辛，謂離中虛而受巽辛，故有鼎象。古文尚書堯典曰：「女汝耐能𩫖庸𠓗命顨巽朕朕立位。」説文曰：「顨，巽也。从丌从頭。此易顨卦，爲長女，爲風者。」馬融注尚書曰：「顨，遜也。」顨，古文巽，巽納辛，許叔重謂受辛者宜解之。故辤字从受从辛，亦巽讓之義也。

唐律疏義曰：「按禮，日見于甲，月見于庚。」

案，仲翔注易訟上九曰：「乾爲甲，日出甲上，故稱朝。」説文曰：「早从日爲甲上。」古文早作𣅀。十五乾盈甲，日月相望，月上屬爲天使，故日見于甲地。三日月出庚，震屬庚，故日見于庚地。夫婦之義取諸此。

五位相得而各有合

繫辭曰：「天數五，地數五，五位相得而各有合。」仲翔曰：「五位謂五行之位。甲乾乙坤，相得合木，謂天地定位也。丙艮丁兑，相得合火，山澤通氣也。戊坎己離，相得合土，水火相逮也。水火相逮合土，參同契所謂「三物一家，都歸戊己」也。庚震辛巽，相得合金，雷風相薄也。天壬地癸，相得合水，荀爽言：建亥月，乾坤合居〔一〕。言陰陽相薄而戰于乾。故五位相得而各有合。」

乙　丁　己　辛　癸　　五位相得

三木二火五土四金一水

甲　丙　戊　庚　壬　　而各有合。

右圖〔二〕見宋本參同契，當是仲翔所作，與前説合。月令所謂「孟春之月，其日甲乙；孟夏之月，其日丙丁」是也。月令又云：「孟春其數八，孟夏其數七。」蓋以土數乘木火金水而

〔一〕此注續編本無，而另注云：「虞注説卦水火不相射云：謂坎離。射，厭也。水火相通，坎戊離己，月三十日一會於壬，故不相射。虞又注繫辭四生八卦云：乾坤生春，艮兑生夏，震巽生秋，坎離生冬。皆是義也。」

〔二〕此圖原僅列「三二五四一」，下「五位相得而各有合」爲小字，據續編本補正。

成，即劉歆大衍之數也。皇侃禮記義疏以爲金木水火得土而成，以水數一得土數五故六也，火數二得土數五而成數七，木數三得土數五爲成數八，又金數四得土數五爲成數九。參同契謂：「土旺四季，羅絡始終。青赤黑白，各居一方。皆稟中宮，戊己之功。」皆是物也。朱子發作易圖及叢說，據仲翔「甲乾乙坤，相得合木」之注，以爲甲一、乙二、丙三、丁四、戊五、己六、庚七、辛八、壬九、癸十；乾納甲、壬，配一、九；坤合乙、癸，配二、十。殊不知納甲之法，甲與乙合，生成之數一與六合。兩説判然。朱氏合而一之，漢學由是日晦矣。

周流六虚

繫辭曰：「變動不居，周流六虚。」仲翔曰：「六虚，六位也。乾坤十二辰分六位，陸績説也。乾三畫坤三畫分六位，仲翔説也。日月周流，終則復始，故周流六虚，謂甲子之旬辰巳爲虚。坎戊爲月，離己爲日，八在中宫，其處空虚，故稱六虚。五甲如次者也。」棟案，甲子之旬辰巳爲虚者，六甲孤虚法也。裴駰曰：「甲子旬中無戌亥，戌亥爲孤，辰巳爲虚。甲戌旬中無申酉，申酉爲孤，寅卯爲虚。甲申旬中無午未，午未爲孤，子丑爲虚。甲午旬中無辰巳，辰巳爲孤，戌亥爲虚。甲辰旬中無寅卯，寅卯爲孤，申酉爲虚。甲寅旬中無子丑，子丑爲孤，午未爲虚。」太史公曰：「日辰不全，故有孤虚。張存中曰：書通證云：陰陽家金匱曰：六甲有孤上坐者勝，虚上坐者負。伍子胥曰：凡遠行諸事不得往。甲乙爲日，合而爲五行；子丑爲辰，分而爲六位。」淮南子謂之六府。故京房易傳曰：「降五行，頒六位。」漢書律曆志曰：「天數五，地數六，六爲律，五爲聲，周流于六虚，虚者爻律。」乾坤十二爻，黄鍾十二律，陰陽各六。其説皆與仲翔合。天有五行、十二辰，參同契曰：日受五行精，月受六律紀。五六三十度，度竟復更始。易有四正、十二消息，樂有五聲、十二律，參同契曰：消息應鍾律。其義一也。仲翔又謂：「坎月離日，入在中宫，其處空虚者。」此謂坎離爲乾坤二用也。乾位六，坤位六，主一歲之消息。坎戊離巳，居中宫，旺四季，出乾入坤，流行于六位消息之中，而消息獨無二卦象，故云其處空虚也。參同契曰：「天地設位，而易行乎其中矣。天地者，乾坤之象也；設位者，列陰陽配合之位也。乾坤各六。易謂坎離，日月。坎離者，乾坤二用。二用無爻位，十二消息不見坎離象。朱子語類解參同契二用，即乾坤用九、用六，殊誤。周流行六虚。往來既不定，上下亦無常。幽潛淪匿，變化于中。包囊萬物，爲道紀綱。以無制有，器用者空。故推消息，坎離没亡。」坎離在四正。是則坎離者，于五行爲土，于五聲爲宫。律曆志云：「天之中數五，五爲聲，聲上宫，五聲莫大焉。地之中數六，六爲律，律者，著宫聲也。宫以九唱六，變動不居，周流六虚，始于子，終于亥，而乾坤六位畢矣。」十一月黄鍾乾初九，至十月應鍾坤六三，而一歲終矣。

乾爲積善

坤文言曰：「積善之家必有餘慶，積不善之家必有餘殃。」仲翔曰：「謂初乾爲積善，以坤壯陽滅，出復震爲餘慶；乾成于震，謂月三日。坤積不善，以乾通坤，極姤生巽爲餘殃。」坤生于巽，謂十六日。仲翔又注履上九曰：「乾爲積善，故考祥。」漢議郎元賓碑曰：「乾乾積善，蓋古人以陰爲惡，陽爲善。」朱穆奏記曰：善道屬陽，惡道屬陰。尚書大傳考績訓曰：「積不善至于幽，六極以類降，故黜之；積善至于明，五福以類升，故陟之。」乾爲善，又爲福，故仲翔注謙卦云：「坤爲鬼害，乾爲神福。乾乾積善，謂九三也。」五福攸好德，其積善之謂乎。

虞氏逸象

荀九家逸象五十有一，載見陸氏釋文，朱子采入本義。虞仲翔傳其家五世孟氏之學，八卦取象十倍于九家。如乾爲王，乾爲君，故爲王。九家震爲王，乾初九也。爲神，陽爲神。爲人，指九三。案，康成注乾鑿度曰：人象乾德而生。又云：太一常行乾宮，感降而生人。爲聖人，九五。爲賢人，爲君子，皆謂九三，三于五爻爲人道。**爲善人**，乾爲善、爲人，故爲善人。乾元，善之義也。**爲武人**，乾陽剛武，春秋外傳〔一〕曰：天事武。**爲物**，乾純粹精，故主爲物。**爲敬**，九三，夕惕若厲。厲，説文引作夤。夤，敬也。左傳：成季之生也，筮之，遇大有之乾，曰：同復于父，敬如君所。是乾爲敬也。**爲威，爲嚴**，君德威嚴〔二〕。**爲道**，乾道變化〔三〕。**爲德**，乾有四德。**爲信**，坎之孚也。**爲善**，善道屬陽。**爲良**，乾善故良。**爲愛**，長人爲愛。**爲忿**，乾剛武爲忿。**爲生，爲慶**，陽稱慶。**爲祥**，善也。**爲嘉**，四德，亨者嘉之會。**爲福，爲禄，爲積善，爲介福**，介，大。**爲先**，坤先迷後得主，故乾爲先。**爲始**，乾知大始。**爲知**，乾以易知。**爲大**，易稱大。九家易曰：六爻純陽，故曰大。義具泰、否二卦。**爲盈**，十五乾盈甲。**爲肥**，乾盈故肥。**爲好**，賈逵曰：好生于陽。**爲施**，陽主施。**爲利**，利，四德之一。**爲清**，乾爲天，天得一以清〔四〕。**爲治**，乾元用九，天下治。**爲高，爲宗**〔五〕，**爲甲**，乾納甲。素問曰：天氣始于甲。**爲老**，四月乾已老。**爲舊**〔六〕，**爲久**，不息則久。**爲畏**，與威通。**爲大明**，本卦。**爲晝，爲遠，爲郊**，位西北之郊。**爲野，爲門**，乾坤易之門。**爲大謀**，坎心爲謀，

〔一〕「傳」原作「禮」，據續編本改。

〔二〕此下續編本尚有注，曰：「太玄曰：地坎而天嚴。」

〔三〕此上續編本尚有注，曰：「道之大原出于天，故乾爲道。彖傳曰。」

〔四〕「天得一以清」，續編本作「輕清者爲天」。

〔五〕此下續編本有注，曰：「宗，尊也。乾爲天，天尊故爲宗。」

〔六〕此下續編本有「爲古」二字，并注曰：「周書周祝曰：天爲古。尚書曰：若稽古帝堯。鄭注云：稽，同也。古，天也。」

乾稱大，故爲大謀。爲大門，爲車，漢儒皆以乾爲車。王莽傳有乾文車，坤六馬。爲大車，爲百，乾三爻三十六，故百。略其奇八，與大衍之五十同義。左傳：陳敬仲生，周史筮之，遇乾之否，曰：庭實旅百，奉之以玉帛，天地之美具焉。蓋艮爲庭，爲實，坤爲旅，爲帛，乾爲百，爲玉也。爲歲，爲朱，乾爲大赤，故朱。爲頂，與首同義。爲圭，爲玉，故爲圭。爲蓍。蓍數百，與乾同。坤爲妣，坤爲喪，爲母，母喪故稱妣。爲民，一君二民。爲刑人〔一〕，坤爲刑。爲小人；陰稱小。爲鬼，乾爲神，故爲鬼。黄帝占以坤爲鬼門。爲尸，爲喪，故爲尸〔二〕。爲形，在地成形。爲自，爲我，爲身，爲拇；足大指。爲至，至哉坤元。爲安，坤道主静，故安。左傳：畢萬筮仕，遇屯之比。辛廖占之曰：安而能殺。杜預以爲坤安震殺也。月令晏陰，康成以爲陰稱安也。爲康，猶安也。爲富，吝嗇故富。爲財，爲積，爲重，爲厚，厚德載物。爲基，爲致，與至同。爲用〔三〕，爲寡，爲徐，爲營，坤爲田。古文旬、營通。詩江漢來旬來宣，箋云旬當爲營，此其證也。爲下，爲裕，坤弱故裕。爲虚，乾息爲盈，坤消爲虚。爲書，地事文，故爲書，坤爲文也。爲永，坤用六，利永貞。爲邇；爲思，爲默，爲惡，好惡之惡。賈逵曰：惡生於陰。爲禮，爲義，周書曰：地道曰義。乾鑿度曰：地静而理曰義。爲事，六三或從王事，京房：元陰爲事。爲類，爲閉，爲密，爲恥，爲欲，坤陰吝嗇，爲欲。爲過，爲醜，坤

〔一〕此上續編本有「爲姓」二字。
〔二〕此注續編本爲「坤爲身爲喪，喪身故爲尸」。
〔三〕此下續編本有「爲包」二字。

爲夜，夜以醜之。詩：中冓之言，言之醜也。薛君注：中冓，中夜也。爲惡，惡道屬陰。爲怨，爲害，爲終，代終。爲喪[一]，坤喪于乙。爲殺，爲亂，爲喪期，爲積惡；爲冥，爲晦，月晦于坤。爲夜，爲暑，冬至没，初九乾也。稽覽圖曰：冬至之後三十日極寒。故乾爲寒。夏至始，初六坤也。稽覽圖曰：夏至之後三十日極暑。故坤爲暑。爲乙，坤納乙。爲年，爲十年；坤數十。爲盍，與闔同。爲户，爲闔户，繫辭。爲庶政，爲大業，繫辭。爲土，爲田，爲國，爲邑，爲邦，爲大邦，爲鬼方；爲鬼、爲方，故爲鬼方。爲器，爲缶，坤土。爲輻；爲大輿，故爲輻。爲虎，京房易：坤爲虎刑。爲黄牛。震爲帝，帝出乎震。爲主，主器。爲諸侯，漢司徒丁恭曰：古者帝王封諸侯不過百里，故利以建侯，取法于雷。逸禮王度記曰：諸侯封不過百里，象雷震百里。爲人，爲行人，爲行、爲人，故爲行人。爲士，爲兄，爲夫，爲元夫；爲行，足能行。爲征，猶行也。爲出，三日出震。爲逐，震爲警走，故稱逐。爲作，東作之義。爲興，爲奔，爲奔走，爲警衛，爲百；論語讖曰：雷震百里，聲相附。宋均注：雷動百里，故因以制國也。酈炎對事曰：或曰雷震驚百里，何以知之？炎曰：以其數知之。夫陽動爲九，其數三十六；陰静爲八，其數三十二。一陽動二陰，故曰百里。爲言，爲講，爲議，爲問，爲語，爲告，震善鳴，故有諸象。爲響，爲音，震爲鼓，故爲音。爲應，爲交，爲懲；爲反，爲後，初位在下，故言後。爲後世，爲從，爲守，爲左；震爲卯，卯爲左。爲生，

〔一〕此上續編本有「爲死」二字。

月三日生明。爲緩，爲寬仁，震〔一〕爲春，春主仁。樂緯稽耀嘉曰：仁者有惻隱之心，本生于木。注云：仁生于木，故惻隱出于自然也。爲樂，春秋繁露曰：春，蠢也。蠢蠢然，喜樂之貌。爲笑，本卦。爲大笑，爲陵，震爲九陵，故爲陵。爲祭，主祭。爲鬯；長子主祭器。爲草莽〔二〕，爲百穀，爲百、爲稼，故爲百穀。爲麋鹿，麋鹿善驚，震驚之象。爲筐，服虔曰：震爲竹，竹爲筐。爲趾。足也。坎爲雲，上坎爲雲，下坎成雨。爲玄雲，爲大川；爲志，心志一也。爲謀〔三〕，爲惕，加憂爲惕。爲疑，爲恤，爲逖，恤、逖，皆憂也。爲悔，坎心爲悔。爲涕洟，爲疾，爲失〔四〕，爲破，爲罪，爲悖，爲欲，爲淫；坎水爲淫。爲獄，爲暴，坎盜爲暴。爲毒，爲虛，爲瀆，煩瀆之瀆。爲孚，爲平，水性平。爲則，法則。爲經，六經之經。爲法，見左傳。爲叢，坎爲叢棘。爲聚，爲習，本卦。爲美，坎爲美脊，故美。爲役，爲納；爲臀，爲腰，爲膏；爲陰夜，坎月夜。爲歲，爲三歲；爲酒，爲鬼，爲校，爲弧，爲弓彈〔五〕。艮爲弟，爲小子，爲賢人，九三。爲童，爲童僕，爲官，爲友；爲道。爲徑路，故爲道。爲時；爲小狐，爲

〔一〕此上續編本尚有注，曰：「太玄曰：三八爲木，性仁情喜。」
〔二〕此下續編本有注，曰：「太玄曰爲草。」
〔三〕此下續編本有注，曰：「洪範謀屬水，釋言曰：謀，心也。」
〔四〕「失」，續編本作「災」。
〔五〕此下續編本尚有「爲穿木」三字，并注曰：「桎梏爲穿木。」

猿〔一〕，爲碩，爲碩果：，剥卦。爲慎，爲順，古文慎、順通。爲待，爲執，齊手，故爲執。爲多，艮多節，故爲多。爲厚，爲節，節，止。爲求〔二〕，見蒙卦。爲篤實：，見大畜象。爲穴居，爲城宮官，門闕，宮象。爲庭，杜預注：在易曰艮，爲門庭。爲廬，爲牖，爲居，爲舍，與居同義。爲宗廟社稷：，爲星，艮主斗，斗建十二辰：，艮爲人，斗合于人統。朱子發引仲翔注曰：離艮爲屋。離爲日，非星也。朱誤讀虞注耳。爲斗，艮上位斗，九家易曰：艮數三，七九六十三，三主斗。爲沫：，小星。爲肱，爲背，艮爲多節，故稱背。艮卦云：艮其背。爲尾，爲皮。艮爲膚，故爲皮。巽爲命，本卦。爲誥，見姤卦。爲號：，爲隨〔三〕，爲利，近利市。爲同，爲交：，爲白茅，爲草莽，爲草木，剛爻爲木，柔爻爲草。爲薪，爲帛，爲牀，巽木爲牀。爲桑：，爲蛇，位在巳。爲魚。郭璞曰：魚者，震之廢氣也。朱子發曰：巽王則震廢。故仲翔以巽爲魚也。離爲黄，六二。爲見，相見乎離。爲飛，鳥體飛。爲明，嚮明而治。爲光：，爲甲，日出甲上。爲孕，爲大腹，故爲孕。爲戎，戈兵，戎器。爲刀，爲斧，爲資斧，爲矢，爲黄矢：，馬、王亦云離爲矢，見釋文。離爲黄，故又爲黄矢。爲罔，罔罟取諸離。爲鶴，爲鳥，見大傳。爲飛鳥：，爲甕，爲瓶。皆中虚之象。兑爲

〔一〕「猿」，續編本作「狼」。

〔二〕「求」，續編本誤作「節」，并注曰：「艮兑同氣相求，故爲求。」

〔三〕此上續編本有「爲商」二字，并注曰：「巽近利市三倍，故爲商。」此下有「爲處」二字，并注曰：「巽陽居故爲處。」以下尚有「爲歸」二字。

友，爲朋，爲刑人；爲小，爲折〔一〕，爲密，爲刑，爲見，見離卦。仲翔曰：兑陽息元故見。爲右，兑在西，西，右也，又手也。兑爲口，口助手，故爲右。仲翔云：口助稱右。説文曰：右，手口相助也。爲少知。以上取象，共三百二十七。乾六十一，坤七十七，震五十，坎四十五，艮三十九，巽十六，離十九，兑九。雖大略本于經，然其授受必有所自，非若後世嚮壁虚造，漫無根據者也。

孔文舉書

孔融答虞仲翔書曰：「示所著易傳，觀象雲物，應察寒温，原本禍福，與神合契，可謂探索窮通者也。自商瞿以來，舛錯多矣。去聖彌遠，衆説騁辭。曩聞延陵之禮樂，今觀虞君之治易，知東南之美，非但會稽之竹箭焉。」御覽六百九〔二〕。

〔一〕「爲折」二字，續編本無。

〔二〕此注續編本爲「藝文五十五」。又此下尚有「仲翔奏上易注曰」兩條，與「孔文舉書」不涉，今不補。

易漢學卷四

京君明易上　附干令升

八卦六位圖出火珠林

乾屬金 ⚊壬戌土 ⚊壬申金 ⚊壬午火 ⚊甲辰土 ⚊甲寅木 ⚊甲子水

李淳風曰：「乾主甲子、壬午。甲爲陽日之始，壬爲陽日之終，子爲陽辰之始，午爲陽辰之終。初爻在子，四爻在午。乾主陽，内子爲始，外午爲終也。」

坤屬土 ⚋癸酉金 ⚋癸亥水 ⚋癸丑土 ⚋乙卯木 ⚋乙巳火 ⚋乙未土

李淳風曰：「坤主乙未、癸丑。乙爲陰日之始，癸爲陰日之終，丑爲陰辰之始，未爲陰辰之終。坤初爻在未，四爻在丑。坤主陰，故内主未，而外主丑也。」

朱震〔一〕周易叢説曰：「甲壬得戌亥者均謂之乾，不一其甲子、壬子也。乙癸得申未者均謂之坤，不一其乙未、癸未也。故論乾則甲子與壬子同，甲寅與壬寅同，甲辰與壬辰同，壬午與甲午同，壬申與甲申同，壬戌與甲戌同；論坤則乙未與癸未同，乙巳與癸巳同，乙卯與癸卯同，乙丑與癸丑同，乙亥與癸亥同，乙酉與癸酉同。」

震屬木 ⚋ 庚戌土 ⚋ 庚申金 ⚊ 庚午火 ⚋ 庚辰土 ⚋ 庚寅木 ⚊ 庚子水

李淳風曰：「震主庚子、庚午。震爲長男，即乾之初九。甲對於庚，故震主庚。以父授子，故主子午，與父同也。」

巽屬木 ⚊ 辛卯木 ⚊ 辛巳火 ⚋ 辛未土 ⚊ 辛酉金 ⚊ 辛亥水 ⚋ 辛丑土

李淳風曰：「巽主辛丑、辛未。巽爲長女，即坤之初六。乙與辛對，故巽主辛。以母授女，故主丑未，同於母也。」

坎屬水 ⚋ 戊子水 ⚊ 戊戌土 ⚋ 戊申金 ⚋ 戊午火 ⚊ 戊辰土 ⚋ 戊寅木

李淳風曰：「坎主戊寅、戊申。坎爲中男，故主于中辰。」

離屬火 ⚊ 己巳火 ⚋ 己未土 ⚊ 己酉金 ⚊ 己亥水 ⚋ 己丑土 ⚊ 己卯木

〔一〕此下至「癸酉同」，據續編本補。

李淳風曰：「離主己卯、己酉。離爲中女，故亦主于中辰。」

李淳風曰：「艮主丙辰、丙戌。艮爲少男，乾上爻主壬對丙，用丙辰、丙戌，是第五配。」

艮屬土 ⚊ 丙寅木 ⚋ 丙子水 ⚋ 丙戌土 ⚊ 丙申金 ⚋ 丙午火 ⚋ 丙辰土

李淳風曰：「兑主丁巳、丁亥。兑爲少女，坤上爻主癸對丁，用丁巳、丁亥，乃第六配。」

兑屬金 ⚋ 丁未土 ⚊ 丁酉金 ⚊ 丁亥水 ⚋ 丁丑土 ⚊ 丁卯木 ⚊ 丁巳火

右圖，胡一桂曰：「京氏云降五行頒六位〔一〕，即納甲法也。」抱朴子曰：「案，玉策記及開名經皆以五音六屬知人年命之所在，子午屬庚，庚主震，初爻庚子、庚午。丑未屬辛，巽初爻辛丑、辛未。寅申屬戊，坎初爻戊寅、戊申。卯酉屬己，離初爻己卯、己酉。辰戌屬丙，艮初爻丙辰、丙戌。巳亥屬丁。」兑初爻丁巳、丁亥。禮記月令正義引易林云：今易林無之。「震主庚子、午，巽主辛丑、未，坎主戊寅、申，離主己卯、酉，艮主丙辰、戌，兑主丁巳、亥。」案，玉策記、開名經皆周秦時書，京氏之説本之焦氏，焦氏又得之周秦以來先師之所傳，不始于漢也。

朱子發曰：「乾交坤而生震、坎、艮。故自子順行，震自子至戌六位，長子代父也；乾初

〔一〕自「胡一桂」至「頒六位」句，續編本作「載見周易六十四卦，火珠林」。

子午。坎自寅至子六位，中男也；艮自辰至寅六位，少男也。坤交乾而生巽、離、兑。故自丑逆行，巽自丑至卯六位，配長男；離自卯至巳六位，配中男也；兑自巳至未六位，配少男也。女從人者也，故其位不起于未。易於乾卦言『大明終始，六位時成』，則七卦可以類推。」

沈存中曰：「震納子、午，順傳寅、申，陽道順。巽納丑、未，逆傳卯、酉，陰道逆。」案，沈氏又以震、巽納庚、辛，從下而上與胎育之理同。其説非也。易乾鑿度云「易氣從下生」，兼乾坤言之也。何獨六子耶？陽左行故順，陰右行故逆。爻辰亦然。朱、沈之説未盡。

項平庵曰：「陽卦納陽干、陽支，陰卦納陰干、陰支。陽六干皆進，陰六干皆退。惟乾納二陽，坤納二陰，包括首尾，則天地父母之道也。」

易乾九四：「或躍在淵。」干寶曰：「躍者，暫起之言，既不安于地，而未能飛於天也。四以初爲應，謂初九甲子，龍之所由升也。」

案，乾初九甲子水，干氏以喻武王孟津甲子之事，故云。

坤上六：「龍戰于野，其血玄黄。」干寶曰：「陰在上六，十月之時也。爻終於酉，坤上六癸酉金。而卦成於乾。卦本乾也，陽消成坤。乾體純剛，不堪陰盛，故曰龍戰。戌亥，乾之都也，故稱龍焉。

蒙初六：「發蒙，利用刑人。」干寶曰：「初六戊寅，坎初六戊寅木。平明之時，天光始照，故曰發蒙。坎爲法律，寅爲貞廉，以貞用刑，故利用刑人矣。」

案，廉貞，火也。寅中有生火，故云。

井初六：「井泥不食。」干寶曰：「在井之下體，本土爻，巽初六辛丑土。故曰泥也。井而爲泥，則不可食，故曰不食。」

震六二象曰：「震來厲，乘剛也。」干寶曰：「六二木爻，庚寅木。震之身也。得位無應，而以乘剛爲危。此記文王積德累功，以被囚爲禍也。」月令：「季夏行春令，則穀實鮮落，國多風欬。」康成注云：「辰之氣乘之也。未屬巽，辰又在巽位，二氣相亂爲害。」正義云：「案，易林云：『巽主辛丑、未，是未屬巽也。』」

朱子語類曰：「火珠林占一屯卦，則初九是庚子，六二是庚寅，六三是庚辰，六四是戊午，當是戊申。九五是戊申，當是戊戌。上六是戊戌。」當是戊子。

京氏易積算法曰：「夫子曰：八卦因伏羲，暨于神農，重乎八純，聖理玄微，易道難究。迄乎西伯父子，研理窮通，上下囊括，推爻考象，配卦應世，加乎星宿，局於六十四所。二十四氣，分天地之數，定人倫之理，驗日月之行，尋五行之端，災祥進退，莫不因兹而兆矣。

故考天地日月星辰、山川草木、蟲魚鳥獸之情狀，運氣生死休咎，不可執一隅，故曰易含萬象。」

如京說，則今占法所謂納甲、世應、游歸、六親、六神之説，皆始於西伯父子也。此條今京氏易傳無之，載見困學紀聞。案，胡一桂云：「京君明易傳有兩種，其一題云京氏易傳，其間論積算法，亦無起例可推。及卜筮新條例，占求官家宅之類。及列六十四卦，定三百八十四爻斷法，與今下卷同，而尤詳備者。」

八宮卦次圖〔一〕

乾上爲世爻不變	姤一世	遯二世	否三世	觀四世	剥五世	晉遊魂用離	大有歸魂
震	豫	解	恒	升	井	大過用兑	隨
坎	節	屯	既濟	革	豐	明夷用坤	師
艮	賁	大畜	損	睽	履	中孚用巽	漸
坤	復	臨	泰	大壯	夬	需用坎	比

〔一〕「圖」原作「序」，據續編本改。

巽　小畜　家人　益　无妄　噬嗑　頤用艮　蠱

離　旅　鼎　未濟　蒙　渙　訟用乾　同人

兑　困　萃　咸　蹇　謙　小過用震　歸妹

乾

⚊上爲世爻不變　⚊五世變剥　⚊四世變觀　⚊三世變否下體成坤　⚊二世變遯　⚊一世變姤

張行成曰：「若上九變遂成純坤，無復乾性矣。乾之世爻上九不變，九返於四而成離，則明出地上，陽道復行。故遊魂爲晉，歸魂於大有，則乾體復於下矣。」

震

⚋上世不變　⚋五世變井　⚊四世變升　⚋三世變恒下體成巽　⚋二世變解　⚊一世變豫

坎

⚋上世不變　⚊五世變豐　⚋四世變革　⚋三世變既濟下體成離　⚊二世變屯　⚋一世變節

艮

⚊上世不變 ⚋五世變履 ⚋四世變睽 ⚊三世變損下體成兑 ⚋二世變大畜 ⚋一世變賁

坤

⚋上世不變 ⚋五世變夬 ⚋四世變大壯 ⚋三世變泰下體成乾 ⚋二世變臨 ⚋一世變復

張行成曰：「若上六變遂成純乾，無復坤性矣。坤之世爻上六不變，六返於四而成坎，則雲上于天，陰道復行。故遊魂之卦爲需，歸魂于比，則坤體復于下矣。」

巽

⚊上世不變 ⚊五世變噬嗑 ⚋四世變无妄 ⚊三世變益下體成震 ⚊二世變家人 ⚋一世變小畜

離

⚊上世不變 ⚋五世變渙 ⚊四世變蒙 ⚊三世變未濟下體成坎 ⚋二世變鼎 ⚊一世變旅

兑

䷹ 上世不變 ䷎ 五世變謙 ䷦ 四世變蹇 ䷞ 三世變咸下體成艮 ䷬ 二世變萃 ䷮ 一世變困

張行成曰：「陰陽相爲用，用九以六，故乾之用在離；用六以九，故坤之用在坎。參同契曰：『易謂日月。』日月合爲古文易字。案，説文云：秘書：日月爲易是也。坎離者，乾坤之妙用。二用無爻位，周流行六虚。是故乾坤互變，坎離不動，當遊魂爲變之際，各能還其本體也。」經云：乾道變化，各正性命。性命者，坎離也。言乾坤互變，坎離不動，故云各正。坎爲性，離爲命。又云：「凡八卦遊魂之變，乾坤用坎離，坎離用乾坤，震艮用巽兑，巽兑用震艮，皆爲陰陽互用。以至六十四卦，若上爻不變則皆然。是故諸卦祖於乾坤，皆有乾坤之性也。其正以坎離爲用者，惟乾坤爲然。坎離肖乾坤，故用乾坤。」

案：乾用離爲晉，離用乾爲訟；坤用坎爲需，坎用坤爲明夷。故云：乾坤用坎離，坎離用乾坤也。震用兑爲大過，兑用震爲小過；艮用巽爲中孚，巽用艮爲頤。故云：震艮用巽兑，巽兑用震艮也。若以世變言之，則乾與坤、坎與離、震與巽、艮與兑，兩卦陰陽互相爲用也。

九四爲八純本爻，又在上卦，故曰遊魂。九三復歸本體，在内卦，故曰歸魂。

世應 附遊歸

京房易積算法曰：「孔子易云：有四易，一世、二世爲地易，三世、四世爲人易，五世、八純八純，俗本作六世，訛。爲天易，游魂、歸魂爲鬼易。」

易乾鑿度曰：「三畫成乾，六畫成卦。三畫以下爲地，四畫以上爲天。易氣從下生，動於地之下，則應於天之下；動於地之中，則應於天之中；動於地之上，則應於天之上。注云：天氣下降以感地，故地氣動升以應天也。初以四，二以五，三以上，此之謂應。」

又云：「天地之氣必有終始，六位之設皆由上下，故易始於一，易本無體，氣變而爲一，故氣從下生也。分於二，清濁分於二儀。通於三，陰陽二氣，人生其中，故爲三才。（缺）盛於五，二壯於地，五壯於天，故爲盛也。終於上。」

干寶[一]易蒙卦注曰：「蒙者，離宮陰也，世在四。」

謙彖曰：「謙，亨。」九家易曰：「艮山坤地。山至高，地至卑，以至高下至卑，故謙也。謙

〔一〕此上續編本尚有一條，曰：「左傳昭公五年正義曰：卦有六位，初、三、五奇數爲陽位也，二、四、六耦數爲陰位也。初與四、二與五、三與上位相值爲相應。陽之所求者陰，陰之所求者陽。陽陰相值爲有應，陰還陰、陽還值陽爲無應。」

者，兑世，五世。艮與兑合，故亨。」

噬嗑初九：「屨校滅趾。」干寶曰：「屨校，貫械也。初居剛躁之家，震爲躁卦。體貪狼之性，坎爲貪狼，震爲陰賊，二者相得而行，故云。以震掩巽，巽五世，故掩巽。强暴之男也，行侵陵之罪以陷屨校之刑也。」

恒彖曰：「恒，亨，无咎，利貞，久于其道也。」荀爽曰：「恒，震世也。巽來乘之，震三世下體成巽。陰陽會合，故通，无咎。長男在上，長女在下，夫婦道正，故利貞，久于其道也。」

解彖曰：「天地解而雷雨作，雷雨作而百果草木皆甲坼。」荀爽曰：「解者，震世也。二世。仲春之月，草木萌牙，雷以動之，雨以潤之，日以晅之，故甲坼也。」

益六二曰：「王用亨于帝，吉。」干寶曰：「聖王先成民而後致力于神，故王用亨于帝。在巽之宫，三世。處震之象，是則倉精之帝同始祖矣。」

井卦曰：「改邑不改井。」干寶曰：「水，殷德也；木，周德。夫井德之地也，所以養民性命而清潔之主者也。自震化行至于五世，震五世井。改殷紂比屋之亂俗，而不易成湯昭假之法度也。故曰改邑不改井。」

「豐，亨，王假之，勿憂，宜日中。」干寶曰：「豐，坎宫陰，世在五，以其宜中，而憂其昃也。坎爲夜，離爲晝，以離變坎至于天位，五爲天子。日中之象。殷，水德。坎象晝敗而離居之，周代殷居王位之象也。勿憂者，勸勉之言也。言周德當天人之心，宜居王位，故宜日中。」

下繫曰：「上古結繩而治，後世聖人易之以書契，百官以治，萬民以察。蓋取諸夬。」九家易曰：「夬本坤世，五世。下有伏坤，書之象也。坤爲文。上又見乾，契之象也。乾爲金。以乾照坤，察之象也。夬者，決也。取百官以書治職，萬民以契明其事。契，刻也。大壯進而成夬，大壯，坤四世，陽進成夬。金決竹木爲書契象，故法夬而作書契矣。」

劉禹錫辨易九六論曰：「董生述畢中和之語云：『國語晉公子親筮之，曰：尚有晉國。得貞屯悔豫者八。』按，坎二世而爲屯，屯六二爲世爻；震一世而爲豫，豫之初爲世爻。屯之二、豫之初皆少陰不變，故謂之八。」兩卦至歸魂始變爲九。

京房乾傳曰：「精粹氣純是爲游魂。」陸績曰：「爲陰極剝盡，陽道不可盡滅，故返陽道。道不復本位爲游魂例八卦。」

先曾大父樸庵先生易說諱有聲，字律和。曰：「碩果不食，故有游歸。」

又曰：「陰陽代謝，主于游魂。繫云：精氣爲物，游魂爲變，是故知鬼神之情狀。」樸庵先生曰：此易緯以游歸爲鬼易也。

乾象曰：「大明終始。」荀爽曰：「乾起坎而終於離，坤起離而終於坎，離坎者，乾坤之家，而陰陽之府。故曰大明終始。」

家君曰：「乾遊魂於火地，歸魂於火天，故曰終於離。坤游魂於水天，歸魂於水地，故曰終於坎。」

干寶序卦注曰：「需，坤之游魂也。雲升在天而雨未降，翱翔東西之象也。王事未至，飲宴之日也。夫坤者，地也，婦人之職也，百穀果蓏之所生，禽獸魚鼈之所託也。而在游魂變化之象，即烹爨腥實以爲和味者也。故曰需者，飲食之道也。」

又訟卦注曰：「訟，離之游魂也。離爲戈兵，此天氣將刑殺，訟主八月。聖人將用師之卦也。」

隨彖曰：「隨，剛來而下柔，動而說，隨。大亨，貞，无咎。」荀爽曰：「隨者，震之歸魂。震歸從巽，故大通。震三世下體成巽，至歸魂始復本體。動爻得正，故利貞。陽降陰升，嫌於有咎，動而得正，故无咎。」

蠱彖曰：「蠱，元亨，而天下治也。」荀爽曰：「蠱者，巽也。巽歸合震，巽三世至游魂皆震也。故元亨也。蠱者，事也。備物致用，故天下治也。」

姤彖曰：「天地相遇，品物咸章也。」荀爽曰：「謂乾成於巽，而舍於離，坤出於離，與乾相遇；南方夏位，萬物章明也。」九家易曰：「謂陽起子，運行至四月，六爻成乾，巽位在巳，故言乾成于巽。既成轉舍於離，坤萬物皆盛大，從離出，與乾相遇，故言天地遇也。」

家君曰：「乾一世外卦，四世内卦，皆巽也，故言乾成于巽。游魂於火地晉，故言舍於離。坤歸魂於火天大有，故言出於離，與乾相遇。」又按，巽，本宫四月卦也。一世外卦，四世内卦，皆乾也，知巽亦成於乾。

飛伏

朱子發曰：「凡卦見者爲飛，不見者爲伏。飛，方來也；伏，既往也。説卦『巽其究爲躁卦』，例飛伏也。太史公律書曰：『冬至一陰下藏，一陽上舒。』此論復卦初爻之伏巽也。」六十卦飛伏，詳京房易傳〔一〕。

京房易傳曰：「夏至起純陽，陽爻位伏藏；冬至陽爻動，陰氣凝地。」

乾初九：「潛龍勿用。」象曰：「潛龍勿用，陽在下也。」朱子發曰：「左傳蔡墨曰：『在乾之姤，曰潛龍勿用。』初九變坤，下有伏震，潛龍也。」〔二〕

坤上六：「龍戰于野。」荀爽曰：「消息之位，坤在於亥，下有伏乾，爲其兼王弼改作嫌。於陽，

〔一〕此下續編本尚有一條，云：「唐六典曰：凡易用四十九算分而揲之，凡十八變而成卦。又視卦之八氣王相囚夷胎没休廢，及飛伏、世應而使焉。」

〔二〕此下續編本有注，曰：「此與漢易異。」

故稱龍也。」〔二〕

坤文言曰：「易曰：『履霜，堅冰至。』蓋言順也。」荀爽曰：「霜者，乾之命令，坤下有伏乾。履霜堅冰至，蓋言順也。乾氣加之而（讀爲能，猶耐也。）堅，象臣順君命而成之。」〔三〕

困象曰：「君子以致命遂志。」虞仲翔曰：「君子謂三，伏陽也。」

按，六三戊午火，故云伏陽。

繫辭上曰：「樂天知命，故不憂。」荀爽曰：「坤建於亥，乾立於巳，陰陽孤絶，其法宜憂。紳下有伏乾爲樂天，乾下有伏巽爲知命，（巽爲命。）陰陽發居故不憂。」

繫辭下曰：「龍蛇之蟄，以全身也。」仲翔曰：「蟄，潛藏也。龍潛而蚍藏。陰息初巽爲蚍，陽息初震爲龍。十月坤成，十一月復生，姤巽在下，龍蛇俱蟄。初坤爲身，故以全身也。」

又云：「利用安身，以崇德也。」九家易曰：「利用，陰道用也。謂姤時也，陰升上，究則乾伏

〔二〕此下續編本尚有兩條，云：「睽象曰：說而麗乎明，柔進而上行，得中而應乎剛。仲翔曰：剛謂應乾五伏陽，非應二也。與鼎五同義。」「鼎象曰：柔進而上行，得中而應乎剛，是以元亨。仲翔曰：柔謂五，得上中，應乾五剛。（亦是伏陽。）巽爲進，震爲行，非謂應二剛。與睽五同義。」

〔三〕此下續編本尚有一條，云：「又曰：陰雖有美，含之以從王事，弗敢成也。荀爽曰：六三陽位，下有伏陽。坤陰卦也，雖有伏陽，含藏不顯，以從王事，要待乾命，不敢自成也。」

坤中，屈以求信，陽當復升，安身默處也。」

貴賤

乾鑿度曰：「初爲元士，在位卑下。二爲大夫，三爲三公，四爲諸侯，五爲天子，上爲宗廟。宗廟，人道之終也。凡此六者，陰陽所以進退，君臣所以升降，萬民所以爲象則也。」

坤六三：「或從王事。」干寶曰：「陽降在四，自否來。三公位也；陰升在三，三公事也。」

訟上九：「或錫之鞶帶。」荀爽曰：「鞶帶，宗廟之服。三應於上，上爲宗廟，故曰鞶帶也。」

師上六：「大君有命，開國承家。」干寶曰：「離上九曰：『王用出征，有嘉折首。』上六爲宗廟，武王以文王行，故正開國之辭於宗廟之爻，明己之受命文王之德也。」

解上六：「公用射隼。」仲翔曰：「上應在三，公謂三，伏陽也。」伏陽亦謂戊午火。

損彖曰：「曷之用二簋，可用享。」荀爽曰：「二簋謂上體二陰也。上爲宗廟，簋者，宗廟之器，故可享獻也。」

益六三：「有孚中行，告公用圭。」仲翔曰：「公謂三，伏陽也。三公位乾爲圭，圭，玉也。乾爲玉。乾之二，故告公用圭。」卦自否來，故稱乾。

巽上九：「巽在牀下。」九家易曰：「上爲宗廟，禮封賞出軍皆先告廟，然後受行三軍之命，將之所專。故曰巽在牀下也。」

繫辭下曰：「二與四同功而異位。」崔憬曰：「二主士、大夫位，佐於一國；四主三孤、三公、牧、伯之位，佐於天子，皆同有助理之功也。二士、大夫位卑，四孤、公、牧伯位尊，故有異也。」

又云：「三與五同功而異位。」崔憬曰：「三諸侯之位，五天子之位，同有理人之功，而君臣之位異者也。」

爻等

繫辭下曰：「爻有等，故曰物。」干寶曰：「等，羣也。爻中之義，羣物交集，五星四氣，六親九族，福德刑殺，衆形萬類，皆來發於爻，故總謂之物也。」

京房乾卦傳曰：「水配位爲福德，陸績曰：甲子水是乾之子孫。木入金鄉居寶貝，甲寅木乾之財。土臨內象爲父母，甲辰土乾父母。火來四上嫌相敵，壬午火乾官鬼。金入金鄉木漸微。」壬申金同位，傷木。

京房易積算法曰：「孔子曰：『八卦鬼爲擊爻，財爲制爻，天地爲義爻，陸績曰：天地即父母也。福德爲寶爻，福德即子孫也。同氣爲專爻。』」兄弟爻也。

抱朴子引靈寶經周秦時書。謂：「支干上生下曰寶日，原注：甲午、乙巳是也。下生上曰義日，壬申、癸酉是也。上克下曰制日，戊子、己亥是也。下克上曰伐日，甲申、乙酉是也。上下同曰專日。」又云：「入山當以寶日及義日，若專日者大吉，以制日、伐日必死。」淮南天文曰：「子生母曰義，母生子曰保，與寶通。子母相得曰專，母勝子曰制，子勝母曰困。困即擊也。以勝擊殺勝而無報，以專從事而有功，以義行理名立而不墮，以保畜養萬物繁昌，以困舉事破滅死亡。」淮南之説與京房及靈寶經合。蓋周秦以來相傳之法，九師言易，安知不用是爲占歟？

參同契曰：「水以土爲鬼。」

今占法：水以土爲官，以火爲妻。按，左傳曰：「火，水妃也。」蓋從所勝者名之。故鄭康成注尚書洪範曰：「木八爲金九妻也。」

比六三：「比之匪人。」象曰：「比之匪人，不亦傷乎？」干寶曰：「六三乙卯，坤之鬼吏，在比之家，有土之君也。周爲木德，卯爲木辰，同姓之國也。爻失其位，辰體陰賊，卯木以陰氣賊害土，故爲陰賊。管蔡之象也。比建國，唯去此人。故曰：比之匪人，不亦傷王政也。」

小畜九五象曰：「有孚攣如，不獨富也。」九家易曰：「有信，下三爻也。體巽，故攣如。如謂連接其隣，隣謂四也。五以四陰作財，卦體木，六四辛未土，乃卦爻也。故爲財。與下三陽共之，故曰不獨富也。」

隨初九：「官有渝，此易經官爻之明文。貞吉，出門交有功。」九家易曰：「渝，變也。謂陽來居初，德正爲震。震爲子，得土之位，故曰官也。陰陽出門，相與交通，陰往之上，亦不失正。故曰貞吉而交有功。」

先儒皆以隨爲否上之初，初柔升上，是乾之上九居坤初爲震，坤之初六升乾上爲兑也。震初庚子水，得坤初乙未土之位，故曰官有渝。水以土爲官鬼，官鬼變則吉也。上本陰位，故陰往之上，亦不失正。

漢書王莽傳曰：「太后聽公卿采莽女，有詔遣大司徒、大司空策告宗廟，雜加卜筮曰：兆遇金水王相，服虔曰：卜法横者爲土，立者爲木邪。向經者爲金，背經者爲火，因兆而細曲者爲水。孟康曰：金水相生也。卦遇父母得位。父母者，京房所謂天地爻也。皇后，母。天下父母得位，故吉。所謂康强之占，逢吉之符也。」

貞悔[一]

尚書鴻範曰：「曰貞曰悔。」又云：「卜五，占用二衍忒。」鄭氏曰：「二衍忒謂貞悔也。」

左傳僖九年曰：「秦伯伐晉，卜徒父筮之，其卦遇蠱之貞，風也，其悔山也。」

晉語曰：「公子親筮之，曰尚有晉國，得貞屯悔豫，皆八。」韋昭曰：「震在屯爲貞，在豫爲悔。」

京房易傳曰：「静爲悔，發爲貞。」

唐六典曰：「凡内卦爲貞，朝占用之，外卦爲悔，暮占用之。」

胡氏炳文曰：「乾上九，外卦之終，曰有悔。坤六三，内卦之終，曰可貞。貞悔二字，豈非發諸卦之凡例歟？」

〔一〕自「貞悔」至「凡例歟」共六條，據續編本補。

易漢學卷五

京君明易下

五行

京房易積算法曰：「寅中有生火，孟康曰：南方火，火生於寅，盛於午。亥中有生木，東方木，木生於亥，盛於卯。巳中有生金，西方金，金生于巳，盛于酉。申中有生水，北方水，水生于申，盛于子。詩緯含神霧曰：集微揆著，上統元皇，下序四始，羅列五際。推度災曰：建四始五極而八節通。汎歷樞曰：午亥之際爲革命，卯酉之際爲改正。辰在天門，出入候聽。亥，水始也。寅，木始也。巳，火始也。申，金始也。丑中有死金，孟康曰：丑窮金也。戌中有死火，戌窮火也。未中有死木，未窮木也。說文曰：五行木老於未。辰中有死水，辰窮水也。土兼於中。」

淮南天文曰：「凡日甲剛乙柔，丙剛丁柔，以至於癸。木生於亥，壯於卯，死於未，三辰皆木也。火生於寅，壯於午，死於戌，三辰皆火也。土生於午，壯於戌，死於寅，三辰皆土也。

金生於巳，壯於酉，死於丑，三辰皆金也。水生於申，壯於子，死於辰，三辰皆水也。故五勝生一、壯五、終九。」

案，乾鑿度言物有始、有壯、有究，即生一、壯五、終九之説。

翼奉〔一〕上封事曰：「北方之情好也，好行貪狼，申子主之。孟康曰：水性觸地而行，觸物而潤，多所好。故多好則貪而無厭，故爲貪狼也。東方之情怒也，怒生陰賊，亥卯主之。木性受水氣而生，貫地而出，故爲怒。以陰氣賊害上，故爲陰賊也。貪狼必待陰賊而後動，陰賊必待貪狼而後用。二陰並行，是以王者忌子卯也。禮經避之，春秋諱焉。李奇曰：北方，陰也。卯又陰賊，故爲二陰。王者忌之，不舉樂。張晏曰：子刑卯，卯刑子，相刑之日，故以爲忌。南方之情惡也，惡行廉貞，寅午主之。孟康曰：火性炎猛，無所容受，故爲惡。其氣精專嚴整，故爲廉貞。西方之情喜也，喜行寬大，巳酉主之。金之爲物，喜以利刃加于萬物，故爲喜。刑刃所加，無不寬大，故寬大也。二陽並行，是以王者吉，午酉也。詩曰：吉日庚午。上方之情樂也，樂行姦邪，辰未主之。上方謂北與東也。陽氣所萌生，故爲上。辰窮水也，未窮木也。翼氏風角曰：木落歸本，水流歸末，故木利在亥，水利在辰。盛衰各得其所，故樂也。水窮則無隙不入；木上出，窮則旁行，故爲姦邪。棟案，水利在辰，辰當作申。下方之情哀也，哀行公正，戌丑主

〔一〕此上續編本有「高堂隆議臘用日」一條，「秦静議易」一條。

之。下方謂南與西也。陰氣所萌，故爲下。戌窮火也，丑窮金也。翼氏風角曰：金剛火强，各歸其鄉，故火刑于午，金刑于酉。酉午，金火之盛也。盛時而受刑，至窮無所歸，故曰哀也。火性無所私，金性方剛，故曰公正。辰未屬陰，戌丑屬陽，萬物各以其類應。」

五行休王論御覽曰：「立春艮王，震相，巽胎，離没，坤死，兑囚，乾廢，坎休。立夏巽王，離相，坤胎，兑没，乾死，坎囚，艮廢，震休。立秋坤王，兑相，乾胎，坎没，艮死，震囚，巽廢，離休。立冬乾王，坎相，艮胎，震没，巽死，離囚，坤廢，兑休。」

王充論衡所載略同。又云：「王之衝死，相之衝囚，王相衝位，有死囚之氣也。」京房易占曰：「夏至離王，景風用事，人君當爵有德，封有功。立秋坤王，涼風用事。」

淮南墜形曰：「木旺，水老，火生，金囚，土死。火壯，木老，土生，水囚，金死。土壯，火老，金生，木囚，水死。金壯，土老，水生，火囚，木死。水壯，金老，木生，土囚，火死。」〔一〕

占驗

易緯辨終備曰：「魯人商瞿使向齊國，瞿年四十，今復使行遠路，畏慮恐絶無子。夫子正月

〔一〕此下續編本尚有一條，云：「太玄曰：五行用事者王，王所生相，故王廢，勝王囚，王所勝死。」

與瞿母筮，告曰：『後有五丈夫子。』子貢曰：『何以知之？』曰：『卦遇大畜，艮之二世。九二甲寅木爲世，立六五丙子水爲應世，生外象生象，來爻生互，内象艮，别子應有五子，一子短命。』顔回云：『何以知之？』『内象是本子，一艮變爲二醜三陽，爻五於是五，一子短命。』『何以知短命？』『他以故也。』」有缺誤。

繫辭下曰：「凡易之情近而不相得則凶，或害之。」朱子語類曰：「凶或害之，如火珠林占法：凶神動，與世不相關不能爲害，惟是克世則爲害。」

漢書西域傳：武帝詔曰：「古者卿大夫與謀，參以蓍龜，不吉不行。迺者匈奴縛馬前後足，不詳祥甚哉！易之卦，得大過，爻在九五，匈奴困敗。公車方士太史治星望氣，及太卜蓍龜，皆以爲吉，匈奴必破。今計謀卦兆皆反謬。」程舜俞集筮法：師春曰：「大過，木兆卦也。外克内，應克世之兆，所以敗也。」

按，大過，震游魂，故云木兆卦。五動又成震，初六辛丑土，乃震之財，故云外克内。然大過九四，丁亥水也，而受制於辛丑之土。九四立世，初六爲應，故云應克世。當時諸臣以漢爲内卦，匈奴爲外卦，故皆云吉，而實反謬也。

干寶晉紀曰：「陸抗之克步闡，皓意張大，乃使尚廣筮并天下，遇同人之頤。對曰：吉。庚子歲，青蓋當入洛陽。」

案，頤，巽游魂也。六四丙戌主世，初九庚子爲應，震爲木，故云青蓋。朱子發曰：「庚子，震初爻也。」震少陽，數七。鳳皇元年至天紀四年春三月，吴入晉，實七年。

南史曰：梁大同中，同泰寺災，帝召太史令虞履筮之，遇坤之履。曰：「無害。其繫曰：『西南得朋，東北喪朋，安貞吉。』文言曰：『東北喪朋，乃終有慶。』」帝曰：「斯魔也。西應見卯，金來克木卯。」〔一〕

案，坤上六癸酉立世，六三乙卯爲應，故曰酉應見卯。

丘悦三國典略曰：「北齊趙輔和明易，善筮。有人父疾，輔和筮之，遇乾之晉，告之以吉。退而謂人曰：『乾爲父，父變魂而昇於天，能無死也。』果如其言。」

梁元帝金樓子自叙曰：「初至荆州，遇雨，聊附見首末。孟春之月陽日久，月旦雖雨，俄爾便晴。吾乃端筴拂蓍，遇動不動，既而言曰：庚子爻爲世，於金七月建申，甲子辰。又三五合必在此月。翌〔二〕日庚子，果值甘雨。余又以十七日筮何時雲卷金翹，日輝合璧，紅

〔一〕此下續編本尚有「爲陰賊，鬼而帶賊，非魔何也」一段。
〔二〕「翌」，續編本作「五」。

塵暗陌，丹霞映峙[一]，謂此字誤[二]。亢陽之勢，未霑膏澤。筮遇坎之比，於是輟著而歎曰：坎者，水也。子爻爲世，坎土六，戊子水。其在今夜三更，平地上有水。坎之爲比，其方有甘雨乎？欣然有自得之志。」此條有脱譌字[三]。

後漢司徒魯恭引易曰：「有孚盈缶，終來有它，吉。言甘雨滿我之缶，誠來有它而吉已。」元帝以比有甘雨，本此。

京氏占風雨寒温

漢書天文志曰：「月爲風雨，日爲寒温。」

王充論衡曰：「易京氏布六十四卦於一歲中，六日七分，一卦用事。卦有陰陽，氣有升降，陽升則温，陰升則寒。寒温隨卦而至。」

〔一〕「峙」字，據續編本增。

〔二〕此注續編本無。

〔三〕此注續編本作「宋本御覽七百二十八」。

易乾鑿度〔一〕曰：「太初者，氣之始。」鄭康成注云：「太初之氣，寒温始生也。」

鄭康成注易通卦驗曰：「春三月候卦氣者，泰也，大壯也，夬也，皆九三、上六。朱子發曰：坎六四、九五泰，坎上六、震初九大壯，震六二、六三夬。夏三月候卦氣者，乾也，姤也，遯也，皆九三、上九。震九四、六五乾，震上六、離初九姤，離六二、九三遯。秋三月候卦氣者，否也，觀也，剥也，皆六三、上九。離九四、六五否，離上九、兌初九觀，兌九二、六三剥。冬三月候卦氣者，坤也，復也，臨也，皆六三、上六。兌九四、九五坤，兌上六、坎初六復，坎九二、六三臨。

魏正光歷曰：「九三應上九，清浄微温，陽風；九三應上六，絳赤絳一作絳。决温，陰雨；六三應上六，白濁微寒，陰雨；六三應上九，麴塵决寒，陽風。諸卦上有陽爻者陽風，上有陰爻者陰雨。」

易緯稽覽圖曰：「有實無貌，屈道人也。有貌無實，佞人也。」康成注曰：「有寒温無貌濁清静，與浄通。此賢者屈仕於不肖君也。有貌濁清静無寒温，此佞人以便巧任於世也。」

孟長卿説易本于氣，而後以人事明之。風雨寒温，氣也。道人、佞人，以人事明之也。

〔一〕此上續編本尚有一條，云：「漢書京房傳曰：「房治易事梁人焦延壽。延壽字贛。其説長於災變，分六十四卦更值用事，以風雨温寒爲候，各有占驗。房用之尤精。」

京房上封事曰：「臣前以六月言遯卦不效，效，見也。法曰：道人始去，寒，涌水爲災，至其七月涌水出。臣弟子姚平謂臣曰：『房可謂知道，未可謂信道也。』房言災異未嘗不中，今涌水已出，道人當逐死，尚復何言。」

案，遯，六月辟卦也。道人有寒溫無貌濁清靜，道人去，佞人來，有貌濁清靜而無寒溫，是以辟卦不效，當溫反寒，而有涌水之災。

郎顗上便宜七事曰：「去年已來，兑卦用事，類多不效。易傳曰：『有貌無實，佞人也；有實無貌，道人也。寒溫爲貴，清濁爲貌。』今三公皆令色足恭，外厲内荏，以虛事上，無佐國之實，故清濁效而寒溫不效也。是以陰寒侵犯消息。占曰：『日乘則有妖風，日蒙則有地裂。如是三年則致日食。』陰侵其陽，漸積所致。立春前後溫氣應節者，詔令寬也。其後復寒者，無寬之實也。」

史記言絳侯、東陽侯兩人言曾不能出口，此有實無貌者也。嗇夫喋喋，利口捷給，此有貌無實者也。

京房上封事曰：「乃丙戌小雨，丁亥蒙氣去。然少陰并力而乘消息，戊子益甚，到五十分蒙氣復起，此陛下欲正消息，雜卦之黨并力而争，消息之氣不勝，强弱安危之機不可不察。己丑夜有還風盡，辛卯太陽復侵色，至癸巳日月相薄，此邪陰同力而太陽爲之疑也。」孟

康注曰：「諸卦氣以寒温不效，後九十一日爲還風。還風，暴風也。風爲教令，言正令還也。」〔一〕

郎顗詣闕拜章曰：「今立春之後，火卦用事，當温而寒，違反時節。」

易緯稽覽圖曰：「侵消息者或陰專政，或陰侵陽。」康成注云：「温卦以温侵，寒卦以寒侵。陽者，君也；陰者，臣也。專君政事，亦陰侵陽也。」

參同契曰：「君子居室，順陰陽節。藏器俟時，勿違卦月。謹候日辰，審察消息。纖介不正，悔吝爲賊。憂悔吝者存乎介。介，纖介也。二至改度，乖錯委曲。隆冬大暑，盛夏霜雪。二分縱横，不應漏刻。水旱相伐，風雨不節。蝗蟲湧沸，羣異旁出。」皆卦氣悖亂之徵。

郎顗七事曰：「今春當旱，夏必有水。以六百七分候之可知。」

〔一〕此下續編本尚有一條，云：「京房易傳曰：潛龍勿用，衆逆同志，至德乃潛，厥異風。（初九坤之復，坤亂于上，故衆逆同志。乾陽隱初，故至德乃潛。坤爲土，風屬土，故厥異風。）其風也，行不解，物不長，雨小而傷，（陽息至二體兑，兑爲澤，故雨小。爲毁折，故傷。）政悖德隱，茲爲亂。（坤反君道，故爲亂。）厥風先風不雨，（消息無坎，故先風不雨。）大風暴起，發屋折木，守義不進，兹爲眊。厥風與雲俱起，折五穀莖，臣易上政，茲謂不順。厥風大焱發屋，賦斂不理，茲謂禍。厥風絶經緯，（坎离爲經，震兑爲緯，絶經緯，四時不正也。）止即温，温即蟲，侯專封，（侯卦也。）茲謂不統。厥風疾而樹不摇，穀不成，辟不思道利，（辟卦也。）茲謂無澤。厥風不摇木，旱無雲傷禾，公常於利，（公爲三公。）茲謂亂。厥風微而温，生蝗蟲，害五穀，弃正作淫，茲謂惑。厥風温，螟蟲起害，有益人之物，侯不朝，（侯卦也。）茲謂叛。厥風無恒，地變赤而殺人。」

攀毅修華嶽碑曰：「風雨應卦，瀸潤萬物。」

東觀漢記曰：「沛獻王輔善京氏易。永平五年京師少雨，上御雲臺自卦，以周易林占之，其繇曰：『蟻封穴户，大雨將一作時。至。』上以問輔，輔上書曰：『蹇，艮下坎上，艮爲山，坎爲水。山出雲爲雨，蟻穴居知雨將至，故以蟻爲興。』」御覽十卷，又七百二十七卷。

周易集林雜一作象占曰：「占天雨否。外卦得陰爲雨，得陽不雨。其爻發變得坎爲雨，得離不雨。巽化爲坎，先風後雨；坎化爲巽，先雨後風。」御覽、初學記。

易通卦驗曰：「乾得坎之蹇，則當夏雨雪。」御覽十二卷。

蒙　氣

易蒙彖曰：「初筮告，以剛中也。再三瀆，瀆則不告，瀆蒙也。」荀爽曰：「再三謂三與四也。乘陽不敬，故曰瀆。瀆不能尊陽，蒙氣不除，故瀆蒙也。」

易緯稽覽圖曰：「日食之比，陰得陽，蒙之比也，比音庇。陰冒陽也。」康成注云：「蒙，氣也。比，非一也。邪臣謀覆，冒其君先。霧從夜昏起，或從夜半，或平旦，君不覺悟，日中不解，遂成蒙；君復不覺悟，下爲霧也。」

郎顗曰：「易内傳曰：『久陰不雨，亂氣也，蒙之比也。』蒙者，君臣上下相冒亂。」後漢書本傳。

京房上封事建昭三年二月朔。曰：「辛酉以來，蒙氣衰去，己卯臣拜太守，迺辛巳蒙氣又乘卦，太陽侵色。此上大夫覆陽而上意疑也。」

房至陝復上封事曰：「乃丙戌小雨，丁亥蒙氣去。然少陰并力而乘消息，戊子益甚，到五十分蒙氣復起。」孟康曰：「分一日爲八十分，分起夜半，是爲戊子之日，日在巳西而蒙也。」蒙常以晨夜，今向中而蒙起，是臣黨盛，君不勝也。」

後漢書：黄瓊上疏順帝曰：「間者以來，卦位錯繆，寒燠相干，蒙氣數興，日闇月蔽，原之天意，殆不虛然。」

京房易傳曰：「有蜺蒙霧，霧上下合也。蒙如塵，臣私禄及親，兹謂罔辟。辟卦，君也。厥異蒙，其蒙先大温。巳蒙起日，不見行善，不請于上，兹謂作福。蒙一日五起五解，辟不下謀，臣辟異道，臣指雜卦。兹謂不見。蒙下霧風，三變而俱解，立嗣子疑，兹謂動欲。繼嗣不定。蒙赤日不明，德不序，兹謂不聰。蒙日不明，温而民病，德不試，兹謂主窳臣夭。君惰窳，用人不以次第爲夭。蒙起而白，君樂逸人，兹謂放。蒙日青黑雲夾日，左右前後過日，公不任職，公卦。兹謂怙禄。蒙三日又大風，五日蒙不解，利邪以食，兹謂閉上。蒙大起，白雲如山，行蔽日，公懼不道，兹謂蔽一作閉，下同。下。蒙大起，日不見，若雨不雨，至十二日解，雨卦。而有大雲蔽日，禄生於下，兹謂誣君。蒙微而小雨，已乃大雨，下相攘善，兹謂盜明。蒙黃濁下，陳功求於上，茲謂不知。蒙微而赤，風鳴條解復，蒙下專刑，茲謂分威。蒙而日不得明，大臣厭小臣，茲謂蔽。蒙微日不明，若解不解，大風發，赤雲起而蔽日，衆不惡惡，茲謂蔽。蒙尊卦用事，孟康曰：尊卦，就卦也。臣瓚曰：京房謂之方伯卦，震、兑、坎、離也。師古曰：孟說是也。三日而起，日不見，漏言亡喜，茲謂下厝。千各反。蒙微日無光，有雨雲而不降，廢忠惑佞，茲謂亡。蒙天先清而暴，蒙微而日不明，有逸民，茲謂不明。蒙濁奪日光，公不任職，茲謂不絀。蒙白三辰上則日青，青而寒，寒必雨，忠臣盡善，君不試，茲謂遏。蒙先小雨，雨已，蒙氣微而日不明，惑衆在位，茲謂覆國。蒙微而日不明，一溫一寒，風揚塵，知佞厚之，茲謂庳。蒙甚而溫，君臣故弼，弼，相戾也。茲謂悖。厥災風雨霧，風拔木，亂五穀，已而大霧，庶正蔽惡，茲謂生孽災。厥異霧，此皆陰雲之類云。」

世卦起月例

胡一桂京易起月例曰：「一世卦陰主五月，一陰在午也；陽主十一月，一陽在子也。二世卦陰主六月，二陰在未也；陽主十二月，二陽在丑也。三世卦陰主七月，三陰在申也；陽主正月，三陽在寅也。四世卦陰主八月，四陰在酉也；陽主二月，四陽在卯也。五世卦陰主九月，五陰在戌也；陽主三月，五陽在辰也。八純上世陰主十月，六陰在亥也；

陽主四月，六陽在巳也。遊魂四世所主與四世卦同，歸魂三世與三世同。」〔一〕

卦身考

震六二：「震來厲。」干寶曰：「六二木爻，震之身也。得位無應，而以乘剛，爲危。」

案，震爲木，六二庚寅，亦木也，故曰震之身。然則乾之九五，壬申金；坎、巽、離之上九，戊子水，辛卯木，己巳火；兑之九五，丁酉金，皆身也。坤艮有二身。坤初六乙未，六五癸亥；艮初六丙辰，六四丙戌，皆土也。

郭璞洞林〔二〕以世爲身。詳本書。

洞林曰：「揚州從事愼曜伯婦病，其兄問産武，令吾作卦，得蹇身在戌土，與坎鬼并，卦中當有從東北田家市黑狗，畜之以代人任患。」御覽。

案，戌土謂九五，戊戌土也。蹇不利東北，内艮爲狗，故云東北有黑狗。

〔一〕此下續編本尚有干寶注蒙象、比象兩條。

〔二〕此上續編本尚有引洞林一條。

以錢代蓍

士冠禮曰：「筮與席所卦者。」鄭注云：「所卦者，所以畫地記爻。」易曰：「六畫而成卦。」賈疏曰：「筮法依七、八、九、六之爻而記之。但古用木畫地，今則用錢：古謂三代，今謂漢以後。以三少爲重錢，重錢則九也；三多爲交錢，交錢則六也；兩多一少爲單錢，單錢則七也；兩少一多爲拆錢，拆錢則八也。案，少牢云：『卦者在左坐，卦以木。』故知古者畫卦以木也。」

胡一桂筮法變卦說：平庵項氏曰：「以京易考之，世所傳火珠林者，即其法也。以三錢擲之，兩背一面爲拆，即兩少一多，少陰爻也；兩面一背爲單，即兩多一少，少陽爻也；俱面爲交，交者拆之聚，即三多，老陰爻也；俱背爲重，重者單之積，即三少，老陽爻也。蓋以錢代蓍，一錢當一揲。此後人務徑截，以趨卜肆之便，而本意尚可考。」

唐于鵠江南曲：「衆中不敢分明語，暗擲金錢卜遠人。」

朱子語類六十六卷曰：「今人以三錢當揲蓍，此是以納甲附六爻。納甲乃漢焦贛、京房之學。」

又云：「南軒家有真蓍，云破宿州時得之。又曰：南軒語。卜易卦以錢。以甲子起卦，始于京房。」

火珠林

張行成元包數總義曰：「揚子雲太玄，其法本于易緯卦氣圖；衛先生元包，其法合于火珠林。卦氣圖之用，出于孟喜章句；火珠林之用，祖于京房。」

又云：「火珠林以八卦爲主，四陰對四陽，所謂『天地定位，山澤通氣，雷風相薄，水火不相射』。其於繫辭，則説卦之義也。」

朱子語類曰：「魯可幾曰：『古之卜筮恐不如今日所謂火珠林之類否？』曰：『以某觀之，恐亦自有這法。如左氏所載，則支干納音配合之意，似亦不廢。如云得屯之比，既不用屯之辭，亦不用比之辭，却自别推一法，恐亦不廢道理也。』」

又曰：「火珠林猶是漢人遺法。」

又曰：七十七卷。「伊川説未濟男之窮爲三陽失位，以爲斯義得之成都隱者。見張敬夫説。伊川之在涪也，方讀易，有箍桶人以此問伊川，伊川不能答。其人云：『三陽失位。』火珠林上已有。伊川不曾看雜書，所以被他説動了。」

又曰：六十六卷。「易中言帝乙歸妹、箕子明夷、高宗伐鬼方之類，疑皆當時帝乙、高宗、箕子曾占得此爻，故後人因得而記之，而聖人以入爻也。如漢書大横庚庚，余爲天王，夏啓以光，亦是啓曾占得此爻也。火珠林亦如此。」〔一〕

〔一〕此下續編本尚有三條：「陳振孫書録解題曰：今賣卦者擲錢占卦，盡用此書。」「季本曰：火珠林者出于京房，而爲此書者不知何人。」「困學紀聞曰：納甲之法，朱文公謂今所傳京房占法，見於火珠林，是其遺説。」

易漢學卷六

鄭康成易〔一〕

十二月爻辰圖〔二〕

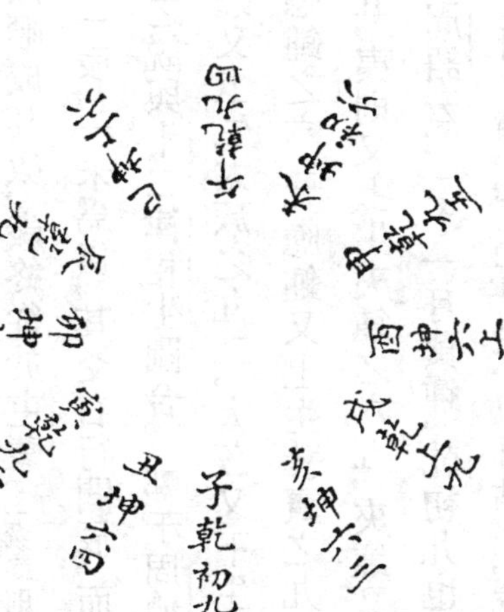

〔一〕續編本作「鄭氏周易爻辰圖」。

〔二〕圖中最内一圈，續編本配十二律。其次序爲：子配黄鍾，丑配大吕，寅配太蔟，卯配夾鍾，依次類推，如下文韋昭注周語所云。

易緯乾鑿度曰："乾，陽也；坤，陰也。並如而交錯行。乾貞於十一月子，左行陽時六；康成注曰：貞，正也。初爻以此爲正位爻。左右者各從次數之。坤貞於六月未，乾、坤陰陽之主，陰退一辰，故貞於未。右行陰時六，以順成其歲，歲終從於屯蒙。"歲終則從其次，屯、蒙、需、訟也。又云："陰卦與陽卦同位者，退一辰，一未爲貞，其爻右行間辰，而始六辰。陰陽同位，陰退一辰，謂左右交錯相避。棟案，易緯之説與十二律相生圖合。鄭于周禮太師注云："黄鍾，初九也。下生林鍾之初六，林鍾又上生太蔟之九二，太蔟又下生南吕之六二，南吕又上生姑洗之九三，姑洗又下生應鍾之六三，應鍾又上生蕤賓之九四，蕤賓又上生大吕之六四，大吕又下生夷則之九五，夷則又上生夾鍾之六五，夾鍾又下生無射之上九，無射又上生中吕之上六。"韋昭注周語云："十一月黄鍾，乾初九也；十二月大吕，坤六四也；正月太蔟，乾九二也；二月夾鍾，坤六五也；三月姑洗，乾九三也；四月中吕，坤上六也；五月蕤賓，乾九四也；六月林鍾，坤初六也；七月夷則，乾九五也；八月南吕，坤六二也；九月無射，乾上九也；十月應鍾，坤六三也。"鄭氏注易，陸績注太玄，皆同前説。是以何妥文言注以初九當十一月，九二當正月，九三當三月，九四當五月，九五當七月，上九當九月也。宋儒朱子發作十二律圖，六二在巳，六三在卯，六五在亥，上六在酉。是坤貞于未而左行，其誤甚矣。今作圖以正之，並附鄭氏易説於後。

爻辰所值二十八宿圖

右圖朱子發云：「子、寅、辰、午、申、戌，陽也，乾之六位。未、巳、卯、丑、亥、酉，此亦誤，當云未、酉、亥、丑、卯、巳，所謂右行陰時六也。陰也，坤之六位。位之升降不違其時，故曰：大明終始，六位時成。」康成注月令云：「正月宿直尾、箕，八月宿直昴、畢，六月宿直鬼，又云：六月宿直東井。九月宿直奎，十月宿直營室。」又云：「卯宿直房、心，二月。申宿直參、伐。」七月。又注季冬云：「此月之中，日歷虛、危。」參同契曰：「青龍處房六兮，春分震東卯。白虎在昴七兮，秋分兑西酉。朱雀在張二兮，離南午。」又云：「含元虚危，播精於子。」皆與圖合。若以日所歷言之，則右行，西周二十八舍。明堂月令所謂「孟春之月，日在營室」是也。與此不同。

鄭氏易

康成以爻辰説易，其書已亡，間見于唐人正義者，採以備攷。

坤文言曰：「陰疑於陽，必戰，爲其慊於陽王弼俗本陽上有无字。也。」注云：「慊讀如羣公溓之溓。古書篆作立心與水相近，讀者失之，故作慊。詩正義所引有譌字，今改正。溓，雜也。字書無訓溓爲雜者，古訓之亡，其來久矣。陰謂此上六也，陽謂今消息用事乾也。上六爲蛇，上六在巳。得乾氣雜似龍。詩正義。繫辭曰：觀鳥獸之文。陸績曰：朱鳥、白虎、蒼龍、玄武四方二十八宿，經緯之文。

比初六：「有孚盈缶。」注云：「爻辰在未上，值東井。井之水，人所汲用。缶，汲器。」詩正義引春秋元命包曰：東井八星主水衡。

泰六五：「帝乙歸妹以祉，元吉。」注云：「五爻辰在卯，春爲陽中，萬物以生。生育者嫁娶之貴，仲春之月，嫁娶男女之禮，福禄大吉。」周禮疏。

蠱上九：「不事王侯，高尚其事。」注云：「上九艮爻，艮爲山，辰在戌，得乾氣，父老之象，是臣之致事，故不事王侯。是不得事君，君猶高尚，六所爲之事。」禮記正義。

賁六四：「白馬翰如。」注云：「謂九三位在辰，得巽氣爲白馬。六四，巽爻也。翰猶幹也。見六四適初未定，欲幹而有之。」禮記正義。

大過注云：「大過者，巽下兑上之卦。初六在巽體，巽爲木；上六位在巳，巳當巽位，巽又爲木。二木在外，以夾四陽，四陽互體爲二乾，乾爲君、爲父，二木夾君父，是棺槨之象。」禮記正義。

坎六四：「尊酒，簋貳用缶，納約自牖。」注云：「六四上承九五，又互體在震上，爻辰在丑，丑上值斗，可以斟之象，斗上有建星，建星六星在南斗北。賈逵曰：古黄帝、夏、殷、周、魯曆冬至日在建星，建星即今斗星也。康成注：月令云：建星在斗上。建星之形似簋。貳，副也。建星上有弁星，石氏星經謂之天弁，在建近河。弁星之形又如缶。天子大臣以王命出會諸侯，主國尊于簋副，設玄酒而用缶也。」詩正義。

坎上六：「繫用徽纆。」注云：「繫，拘也。爻辰在巳，巳爲虵，虵蟠屈似徽纆也。」公羊疏。

離九三：「不鼓缶而歌。」注云：「艮爻也。位近丑，丑上值弁星，弁星似缶。詩云『坎其擊缶』，則樂器亦有缶。」詩正義。

案，離九四，午也。艮六四，丑也。故云位近丑〔一〕。

明夷六二：「明睇于左股。」注云：「旁視爲睇。六二辰在酉，酉在西方。又下體離，離爲目。九三體在震，震東方；九三又在辰，辰得巽氣爲股〔二〕。此謂六二有明德，欲承九三，故云睇于左股。」禮記正義。

困九二：「困于酒食，朱韍方來，利用享祀。」注云：「二據初，辰在未，未爲土，此二爲大夫，有地之象；未上值天厨，酒食象。案，未上值柳，柳爲朱鳥喙，天之厨宰主尚食和滋味。困于酒食者，采地薄不足已用也。二與日爲體離爲鎮霍，爻四爲諸侯，有明德受命當王者。離爲大火色赤，四爻九四。辰在午時，離氣赤又朱也。文王將王，天子制朱韍。」儀禮疏。

案，鄭此注本乾鑿度。

中孚云：「中孚，豚魚吉。」注云：「三辰爲亥爲豕，爻失正，故變而從小名言豚耳。四辰在丑，丑爲鼈蟹。鄭注月令云：丑爲鼈蟹。正義云：案，陰陽式注：丑爲鼈蟹。鼈蟹，魚之微者。爻得正，故變而從大名言魚耳。互體兑，兑爲澤，四上值天淵。丑上值斗，天淵十星在天鼈東。一曰大

〔一〕此案語續編本作「案，位近丑，據周天玉衡圖也。丑爲大寒，艮爲立春，故云近也」。
〔二〕此下續編本有注，曰：「亦據周天玉衡圖，巽近辰也。」

海。主灌溉清渠之事。天黿在斗東。二五皆坎爻，坎爲水，水浸澤，則豚利。五亦以水灌淵，則魚利。豚魚以喻小民也。而爲明君賢臣恩意所供養，故吉。」詩正義。

說卦：「震爲大塗。」注云：「國中三道曰塗。震上值房、心，塗而大者，取房有三塗焉。」朱漢上易。

案，震在卯，卯上值房、心。

乾鑿度鄭氏注

孔子曰：「復表日角。」注云：「表者，人體之章識也。名復者，初震爻也。震之體在卯，日初出陽爻[一]，初應在六四，於辰在丑爲牛，牛有角，復人表象。」

王充論衡曰：「寅，木也，其禽虎也。戌，土也，其禽犬也。丑未亦土也，丑禽牛，未禽羊也。木勝土，故犬與牛羊爲虎所伏也。亥，水也，其禽豕也。巳，火也，其禽蛇也。子亦水也，其禽鼠也。午亦火也，其禽馬也。水勝火，故豕食蛇。火爲水所害，故食馬鼠屎而腹脹。」又云：「酉，雞也。卯，兔也。申，猴也。東方木也，其星倉龍也。西方

〔一〕 續編本「初」作「於」，「爻」作「又」。

金，其星白虎也。南方火也，其星朱鳥也。北方水也，其星玄武也。天有四星之精，降生四獸之體，以四獸驗之，以十二辰之禽效之。」

九家易注說卦曰：「犬近奎星，蓋戌宿直奎也。」

王伯厚曰：「吉日庚午，既差我馬。午爲馬之證也。季冬出土牛，丑爲牛之證也。說文亦謂巳爲蛇象形。」

「夬表升骨履文。」注云：「名夬者，五立於辰，據消息也。爻辰在申。在斗魁所指者。三月斗建辰。又五於人體當艮卦，艮爲人。於夬亦手體成，艮爲手。其四則震爻也爲足，其三猶艮爻〔一〕屬文。北斗在骨足履文，夬人之表象明也。」

「剥表重童，古瞳字。明歷元。」注云：「名剥者，五爻也。五離爻，離爲日，童子缺。六五於辰又在卯，卯，酉屬也。剥離爻表童焉。」

易正義

乾九二：「見龍在田。」正義曰：「先儒以爲九二當太蔟之月，陽氣見地；一作發見。則九三

〔一〕此下續編本有「□□□□□□七曜之行起焉，七者」十五字。

爲建辰之月；九四爲建午之月；九五爲建申之月，爲陰氣始殺，不宜稱飛龍在天；上九爲建戌之月，羣陰既盛，上九不得吉，與時偕極。於此時陽氣僅存，何極之有？先儒此説於理稍乖。此乾之陽氣漸生，似聖人漸出，宜據十一月之至，建巳之月以來。此九二當據建丑、建寅之間，於時地之萌芽初有出者，即是陽氣發見之義。乾卦之象其應然也。」所云先儒者，謂康成、何妥諸人也。王輔嗣解易不用爻辰，孔氏正義黜鄭存王，故有是説。

文言曰：「終日乾乾，與時偕行。」正義曰：「先儒以爲建辰之月，萬物生長，不有止息，與天時而俱行。若以消息言之，是建寅之月，三陽用事，三當生物之初，生物不息，同於天時，故言與時偕行。」

（附圖見六二〇頁）

乾鑿度曰：「泰否之卦，獨各貞其辰，其共北辰，左行相隨也。」康成云：「言不用卦次。泰當貞於戌，否當貞於亥。戌乾體所在，乾上九。亥又乾消息之月。荀爽曰：消息之位坤在於亥，下有伏乾。干寶曰：戌亥，乾之都也。京房曰：戌亥，乾本位。詩緯亦以乾爲天門，在亥也。泰否，乾坤體氣相亂，故避而各貞其辰。謂泰貞於正月，否貞於七月。六爻者，泰得否之乾，否得泰之坤。」之乾、之坤，謂泰變乾、否變坤也。又云：「北辰共者，否貞申右行，則三陰在西，三陽在北；泰貞寅左行，則三陽在東，三陰在南。此坤卦西南得朋，東北喪朋之一說。是則陰陽相比，共復乾坤之體也。否九四在亥，至泰九三而乾體備；泰六四在巳，至否六三而坤體全。乾位在亥，坤位在未，今云巳者，陰實始于巳，不敢敵陽，故立於正形之位。案，鄭于主歲卦注云：「北辰左行，謂泰從正月至六月，此月陽爻；否從七月至十二月，此月陰爻，否泰各自相隨。」此說與圖不合，故鄭于卷末言：「否泰不比及月，先師不改。故亦不改也。」朱子發卦圖合鄭前後注而一之，學者幾不能辨。余特爲改正，一目了然矣。

附否泰所貞之辰異於他卦圖

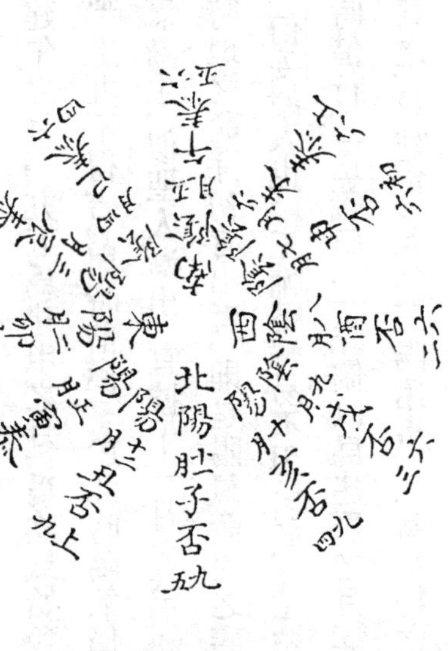

易漢學卷七

荀慈明易

乾升坤降

荀慈明論易，以陽在二者當上升坤五爲君，陰在五者當降居乾二爲臣。蓋乾升〔一〕爲坎，坤降〔二〕爲離，成既濟定，則六爻得位〔三〕。乾彖所謂「各正性命，保合太和，利貞」之道也。坎爲性，離爲命，二者乾坤之遊魂也。乾坤變化，坎離不動，各能還其本體，是各正之義也。此說得之京房。左傳史墨論魯昭公之失民，季氏之得民云：在易卦雷乘乾曰大壯，天之道。言九二之大夫當升五爲君也。慈明之說有合于古之占法，故仲翔注易亦與之同。王弼泰六四注云：乾樂上復，

〔一〕「升」下續編本有「坤」字。

〔二〕「降」下續編本有「乾」字。

〔三〕此下續編本尚有「繫詞所謂上下无常，剛柔相易」句。

坤樂下復。此亦升降之義，而弼不言升降。

文言〔一〕曰：「水流濕，火就燥。」慈明曰：「陽動之坤而爲坎，坤者純陰，故曰濕。陰動之乾而成離，乾者純陽，故曰燥。」

又曰：「本乎天者親上，本乎地者親下。」慈明曰：「謂乾九二本出于乾，故曰本乎天；而居坤五，故曰親上。坤六五本出于坤，故曰本乎地；降居乾二，故曰親下也。」

又曰：「雲行雨施，天下平也。」慈明曰：「乾升於坤曰雲行，坤降於乾曰雨施。乾坤二卦成雨，既濟陰陽和均而得其正，故曰天下平。」慈明注「時乘六龍以御天」云：御者，行也。陽升陰降，天道行也。

又曰：「與天地合其德。」慈明曰：「與天合德，謂居五也；與地合德，謂居二也。」

「與日月合其明。」慈明曰：「謂坤五之乾二成離，離爲日；乾二之坤五爲坎，坎爲月。」

坤彖曰：「含弘光大，品物咸亨。」慈明曰：「乾二居坤五爲含，坤五居乾二爲弘，坤初居乾四爲光，乾四居坤初爲大。乾上居坤三亦爲含，故六三含章可貞。坤三居乾上亦成雨，既濟也。天地交萬物生，故咸亨。」

〔一〕此上續編本有引文言及仲翔注一條。

師象曰：「能以衆正，可以王矣。」慈明曰：「謂二有中和之德，而據羣陰，上居五位，可以王也。」

六四：「師左次，无咎。」慈明曰：「左謂二也。陽稱左。次，舍也。二與四同功，四承五，五无陽，故呼二舍於五，四得承之，故无咎。」

上六：「大君有命，開國承家。」承讀如墨子引書承以大夫師長之承。慈明曰：「大君謂二。師旅已息，既上居五，當封賞有功，立國命家也。」宋衷曰：「陽當之五，處坤之中，故曰開國；陰下之二，在二承五，故曰承家。」

泰九二：「朋亡，得尚于中行。」慈明曰：「朋謂坤。朋亡而下，則二得上居五，而行中和矣。」

臨九三象曰：「咸臨，吉，无不利，未順命也。」慈明曰：「陽咸至二當升居五，羣陰相承，故无不利也。陽當居五，陰當順從，今尚在二，故曰未順命也。」

升象曰：「巽而順，剛中而應，是以大亨。用見大人，勿恤，有慶也。」慈明曰：「謂二以剛居中而來應五，故能大亨，正居尊位也。大人，天子，謂升居五，見爲大人。羣陰有主，无所復憂而有慶也。」

九二象曰：「九二之孚，有喜也。」慈明曰：「升五得位，故有喜。」

六五象曰：「貞吉，升階，大得志也。」慈明曰：「陰正居中，爲陽作階，使居立，已下降二，與陽相應，故吉而得志。」

繫辭上曰：「天下之理得，而成位乎其中矣。」慈明曰：「陽位成於五，陰位成於二。五爲上中，二爲下中，故曰成位乎其中也。」

易尚時中說

易道深矣，一言以蔽之曰：時中。孔子作彖傳，言時者二十[一]卦，乾、蒙、大有、豫、隨、觀、賁、頤、大過、坎、恒、遯、睽、蹇、解、損、益、姤、革、艮、旅。言中者三十三[二]卦，蒙、需、訟、師、比、履、同人、臨、觀、噬嗑、无妄、大過、坎、離、睽、蹇、解、益、姤、萃、升、困、井、鼎、旅、巽、兑、涣、節、中孚、小過、既濟、未濟。象傳[三]言中者三十[四]卦，坤、需、訟、師、比、小畜、履、同人、大有、謙、豫二五、隨、蠱、臨、復六五、大畜、坎二五、離、恒、遯、晉、蹇、解、

[一]「二十」，續編本作「二十四」，下注中尚有「豐、節、小過」。

[二]「三十三」，續編本作「三十五」，下注中尚有「小畜、大有」。

[三] 此下續編本尚有「言時者六卦」句，並注曰：「坤、蹇初六、井、革大象、節、既濟。」

[四]「三十」，續編本作「三十八」，下注中無「遯」，而尚有「泰、大壯、鼎、震、艮、歸妹、巽、節、中孚、既濟、未濟」，共三十九卦。

損、夬二五、姤、萃、困二五、井。其言時也，有所謂時者，時行者，時成者，時變者，時用者，時義者；其言中也，有所謂中者，正中者，中正者，大中者，中道者，中行者，行中者，中者，剛中、柔中者。而蒙之象，則又合時中而命之。蓋時者，舉一卦所取之義而言之也；中者，舉一爻所適之位而言之也。時無定而位有定，故象言中不言時〔一〕。然六位又謂之六虚，唯爻適變，則爻之中亦無定也。位之中者，惟二與五，漢儒謂之中和。揚子法言曰：「立政鼓衆，莫尚于中和。」又云：「甄陶天下，其在和乎。龍之潛亢，不獲其中矣。是以過則惕，不及中則躍，其近於中乎。」注云：「二五得中，故有利見之占。」太玄曰：「中和莫尚于五。」故象傳凡言中者，皆指二五。二尚柔中，五尚剛中，五柔二剛，亦得无咎。二與四同功，而二多譽；三與五同功，而五多功，以其中也。周公〔二〕爻辭于泰之六二，夬之九五，皆以中行言之，而益之三、四，復之六四，亦稱中行，先儒謂一卦之中，先儒謂宋儒也。漢儒無此説。非也。乾之三、四，文言謂之不中，獨非一卦之中乎？竊謂益之中行，皆指九五，所謂「告公用圭」，告公，從者五告之也。古者君命臣，上命下，皆謂之告。三者，五所

〔一〕此句續編本作「故象多言中少言時」。
〔二〕「周公」二字，續編本無。

信也，故曰「有孚」。四者，五所比也，故曰「利用爲依遷國」。三爲三公，四爲諸侯，故或稱國，或稱公。復六四：「中行獨復。」象曰：「中行獨復，以從道也。」四得位應初，獨得所復。四非中而稱中行者，以從道也。其時中之義歟！愚謂孔子晚而好易，讀之韋編三絶，而爲之傳，蓋深有味于六十四卦三百八十四爻時中之義，故于彖象二傳言之，重詞之複。子思作中庸述孔子之意，而曰：「君子而時中。」孟子亦曰：「孔子聖之時。」夫執中之訓肇于中天，時中之義明于孔子，乃堯、舜以來相傳之心法也。據論語堯曰章。其在豐彖曰：「天地盈虛，與時消息。」在剥曰：「君子尚消息盈虛，天行也。」文言曰：「知進退存亡而不失其正者，其惟聖人乎。」皆時中之義也。知時中之義，其于易也思過半矣。

九家逸象

陸氏釋文曰：「説卦荀爽九家集解本乾後更有四：爲龍，項安世曰：震之建也。爲直，項曰：巽之躁也。爲衣，項曰：乾爲衣，上服也。坤爲裳，下服也。爲言。項曰：兑之決也。震之龍，巽之繩，兑之口，皆以乾爻故也。巛後有八：爲牝，爲迷，爲方，皆據坤象及文言。爲囊，爲裳，爲黄，皆據爻辭。爲帛，杜預注左傳曰：坤爲布帛。朱震曰：帛當在布之上。項曰：乾爲蠶精而出於震，至巽離而有絲，至坤而成帛也。案，八音離爲絲。爲漿。項曰：酒主陽，漿主陰，故坤爲漿。坎震爲酒，皆乾之陽也。震後有三：爲王，項曰：爲王者，帝出乎震。爲鵠，吴澄本作鴻。爲鼓，項曰：鵠，古鶴字。爲鵠、爲鼓，皆聲之遠聞者也，與雷同。大過枯楊生梯，仲翔曰：巽爲楊。不從手也。鵠色正白，與畢的同。巽後有二：爲楊，朱震、項安世皆作楊，讀爲稱揚之揚，非也。巽爲木，故爲楊。大過枯楊生梯，仲翔曰：巽爲楊。不從手也。爲鸛。項曰：鸛，水鳥能知風雨者。朱曰：震爲鶴，鶴陽禽也。巽爲鸛，鸛陰禽也。坎後有八：爲宫，朱以爲宫商之宫。項曰：宫與六同象，皆外圍土而内居人，陷也，隱伏也，陽在中也。爲律，釋言曰：坎，律銓也。樊光曰：坎卦水，水性平，律亦平，銓亦平也。坎爲水，故古刑法議讞之字皆從水。又爲律，師初六曰：師出以律。爲可，可當爲河。坎爲大川，故爲河。逸象出老屋，河字磨滅之餘，故爲可也。或云當爲坷。説文曰：坷，坎坷也。古文省作可，亦通。朱子發解可字多曲説，不可從。爲棟，項本作棟，云當作棟。棟在屋中，有陽之象焉。大過次坎，故爲棟。爲叢棘，仲翔引作叢棘。朱云：叢棘，獄也。爲狐，子夏傳曰：坎爲小狐。干寶亦云。爲蒺蔾，困坎爲蒺蔾。爲桎梏。項曰：皆物之險而能陷者也。離後有一：爲牝牛。見本卦。春秋傳曰：純離爲牛。艮後有三：爲鼻，管寧曰：鼻者天中之山。裴松之案，道書曰：鼻爲天中有山象，故曰天中之山。爲虎，吴澄曰：履彖六三、九四，頤六四，革九五，履革皆無艮，艮不象虎也。項曰：艮主寅，虎寅獸。案，艮之上九丙寅，故項依以爲説。京房以坤爲虎刑，陸績以兑之陽爻爲虎。先儒解易皆取二象，不聞艮爲虎也。虎當爲膚，字之誤也。仲翔注易云艮爲膚是也。爲狐。吴澄本作豹，非也。左傳秦伐晉，卜徒父筮之，其卦遇蠱，曰：獲其雄狐。蠱艮爲狐。項曰：坎爲狐，其心之險也；艮爲狐，取其喙之黔也。兑後有二：爲常，九家注曰：常，西方之神也。朱以爲當屬坤，項以爲當作商，皆臆説。爲輔頰。」朱子發曰：

「秦漢之際，易亡說卦，孝宣帝時河内女子發老屋，得說卦、古文老子。至後漢荀爽集解，又得八卦逸象三十有一。九家易，魏晉後人所撰，其說以荀爽爲宗，朱氏遂謂爽所集，失之。今考之六十四卦，其說若印圈鑰，非後儒所增也。」

荀氏學

荀悦漢紀曰：「臣〔一〕悦叔父故司空爽著易傳，據爻象承應、陰陽變化之義，以十篇之文解說經意。由是兖豫之言易者咸傳荀氏學。」

〔一〕此上續編本尚有「孝桓帝時，故南郡太守馬融著易解，頗生異説，及」一段。

易漢學卷八

辨河圖洛書

宋姚小彭氏曰：「今所傳戴九履一之圖，乃易乾鑿度九宮之法。其說詳鄭注。自有易以來，諸易師未有以此爲河圖者，後漢劉瑜上書曰：河圖授嗣，正在九房。九房疑即太一所行之九宮。蓋讖緯家以爲河圖，桓譚、張衡所痛斥爲非者也。至本朝劉牧以此爲河圖，而又以生數就成數，依五方圖之以爲洛書。又世所傳關子明洞極經，亦言河圖、洛書如劉氏說而兩易之，以五方者爲圖，九宮者爲書。案，唐李鼎祚易解盡備前世諸儒之說，獨無所謂關氏者，至本朝阮逸始僞作洞極經，見后山陳氏談叢之書，則關氏亦不足爲證矣。」朱子語類亦云：關子明易，阮逸作，陳无己集中說得分明。雷思齊又謂：楊次公撰洞極經，託名于關子明。要皆後人假託也。棟案，九宮之法一、二、三、四、五、六、七、八、九，一北、九南、三東、七西、四東南、六西北、二西南、八東北、五居中，方位與說卦同，乾鑿度所謂「四正四維皆合于十五」是也。以五乘十即大衍之數，故劉牧謂之河圖。阮逸撰洞極經以此爲洛書，而取揚子雲「一六相守，二七爲朋」之說，以爲河圖。鄭康成注「大衍之數」云：「天一生水于北，地二生火于南，天三生木于東，地四生金于西，天五生土于中。陽無偶，陰無妃，未得相成。地六成水于北，與天一并；天七成火于南，與地二并；地八成木于東，與天三并；天九成金于西，與地四并；地十成土于中，與天五并。」虞仲翔注亦云：「一、六合水，二、七合火，三、八合木，四、九合金，五、十合土。」其説皆與河圖合。然康成、仲翔未嘗指此爲河圖，則造此圖以爲伏羲時所出者，妄也。仲翔謂八卦乃四象所生，非庖犧所造也。桓君山[一]曰：「河圖、洛書俱有兆然[二]而不可知。」緑圖曰：亡秦者胡也。其説始于秦漢時，洛河八十一篇皆託之孔子，故君山辨之。見桓子新論。乃知漢以來並未有圖書之象。夫子曰：「河不出圖。」餘姚黃宗羲以河圖爲九邱之類，圖出于河，爲聖人有天下之徵[三]。「東序河圖」，後人安得見之？雖先儒皆信其説，吾不敢附和也。

〔一〕「桓君山」，續編本作「桓譚新論」，下注無「見桓子新論」句。

〔二〕「然」，續編本作「朕」。

〔三〕此下續編本尚有注：「棟案，水經注載春秋命歷序曰：河圖帝王之階，圖載江河山川之分野。黎洲據此以爲九邱之類也。詳象數考。」

辨先天後天

半農先生易說曰：「道家創爲先天、後天圖，朱子語類曰：先天圖次第是方士輩所相傳授者。棟案，伏羲四圖皆出于邵氏，邵氏之學本之廬山老浮圖。見謝上蔡傳易堂記序。以先天爲伏羲卦，後天爲文王卦，妄也。即以乾坤卦言之，乾爲寒、爲冰，南非寒冰之地，曷爲而移在南？坤爲土，王四季，在中央。西南者，中央土也，曷爲而移之北乎？且天地定位，定位者，天尊地卑而乾坤定，卑高以陳而貴賤位也。如道家言先天乾在南，後天在西北，先天坤在北，後天在西南，是天地無定位矣。又北極在上，南極在下，乾南坤北是天在下、地在上也。謂之定位可乎？以此知道家之說妄也。莊子曰：『至陰肅肅，至陽赫赫。肅肅出乎天，赫赫發乎地。兩者交通成和，而物生焉。』乾位西北，故至陰出乎天；坤位西南，故至陽發乎地。禮家〔一〕亦云『天産作陰德，地産作陽德』者，以此。道家之老莊，猶儒家之孔孟。乾南坤北，其說不合乎老莊，必出于後世道家之說。故未聞乎古，至宋而後盛行焉。以後世道家之說託爲伏羲，而加之文王、周公、孔子之上，學者不鳴鼓而攻，必非聖人之徒也。」

〔一〕「禮家」，續編本作「周禮」。

棟案，宋人所造納甲圖，與先天相似，蔡季通遂謂先天圖與參同契合。殊不知納甲之法，乾坤列東，艮兑列南，震巽列西，坎離在中，詳虞仲翔易註。別無所謂乾南坤北、離東坎西者。道家所載乾坤方位，亦與先天同，而以合之參同契，是不知易，并不知有參同者也。蓋後世道家，亦非漢時之舊。漢學之亡，不獨經術矣。

又曰：「聖人作八卦，所以奉天時。道家創爲先天之學，而作先天八卦位，託之伏羲，誕之甚，妄之甚。所爲先天者，兩儀未判，四象未形，分卦何從生？天地定位，乾坤始作，六子乃索，八卦相錯，陰陽交感，山澤氣通，水火雷風各建其功，明明後天，安得指是爲先天哉？然則，卦無先天乎？曰：有一卦各有一太極，聖人以此先古文作先，俗作洗。心，退藏于密，所謂先天而天弗違也。學者不知來觀諸往，不知先觀諸後，知後天則知先天矣。捨後天而別造先天之位，以周孔爲不足學，而更問庖犧。甚矣！異端之爲害也，不可以不闢。」

干寶注周禮曰：「伏羲之易小成爲先天，神農之易中成爲中天，黄帝之易大成爲後天。小成謂八卦也，中成謂重卦，大成謂備物制用也。」

辨兩儀四象

半農先生易説曰：「『易有太極，是生兩儀。兩儀生四象，四象生八卦。』兩儀，天地也。四象，四時也。四時有四正有四維：震春、離夏、兑秋、坎冬爲四正，巽東南、坤西南、乾西北、艮東北爲四維。此四正四維，以時言之爲四時，以象言之爲四象，而八卦出于其中。不曰時而曰象者，八卦以象告也。陰、陽、太、少可謂之儀，不可謂之象。宋儒遂以四象當之，誤矣。太少在陰陽之中，有陰陽即有太少，非先有陰陽後有太少也。若云始爲一畫以分陰陽，次爲二畫以分太少，是陰陽生太少，有是理乎？謂陰陽分太少可，謂陰陽生太少不可。易言生不言分。父生子、子生孫可謂之生，不可謂之分。邵子割裂太極，穿鑿陰陽，一分爲二，二分爲四，四分爲八，所謂『加一倍法』，朱子篤信之，吾无取焉。」

「邵子曰：『太極生陰陽，兩儀⚊爲陽⚋〔一〕爲陰。』吾不知所謂陽儀者，太陽耶？少陽耶？所謂陰儀者，太陰耶？少陰耶？抑陰陽初生未分太、少耶？如其然，則是先有陰陽，後有太少也。由是推之，將使陽儀加⚊畫爲陽生太陽，陽儀加⚋畫爲陰〔二〕生少陰，陰儀加⚊畫爲陽〔三〕生少陽，陰儀加⚋畫爲陰生太陰，是陰陽生太、少矣。然則，所謂陰儀、陽儀者，非太非少，是何物耶？曰加曰分，乃邵易，非周易也。由是太陽⚌畫又加⚊畫爲乾，

〔一〕「⚊」、「⚋」兩字，原爲兩「一」字，據續編本改。
〔二〕「陰」，續編本作「陽」。
〔三〕「陽」，續編本作「陰」。

是太陽生乾；又加⚋畫爲兑，是太陽生兑。少陰⚍畫又加⚊畫爲離，是少陰生離；又加⚋畫爲震，是少陰生震。餘四卦皆然。是太、少生八卦矣。陰陽生太、少，太、少生八卦，誰能知其説哉！」王伯厚曰：上蔡謝子爲晁以道傳易堂記後序言：安樂邵先生皇極經世之學，師承頗異，安樂之父昔于廬山邂逅文恭胡公，從隱者老浮圖遊。隱者曰：胡子世福甚厚，當秉國政；邵子仕雖不偶，學業必傳。因同授易書。上蔡之文今不傳，僅載于張稘書文恭集後。康節之父，伊川文人，名古字天叟。

棟案，朱子語類言：「程子説易，只云三畫上疊成六畫，八卦上疊成六十四卦，與邵子説異。蓋康節不曾説與程子，程子亦不曾問之，故一向隨他所見去。」又云：「伊川易傳有未盡處，當時康節傳得數甚佳，却輕之不問。」又云：「邵子所謂易，程子多理會他底不得。」愚謂邵子一分爲二，二分爲四，四分爲八之説，漢唐言易者不聞有此，程子非不能理會邵易，但以之解周易，恐其説之未必然也。且上蔡，程子之高弟也。邵子又程子之妻兄弟也。老浮圖之授受，上蔡猶知之，曾程子也而肯爲異説所惑哉！

辨太極圖

秀水朱錫鬯先生曰：「自漢以來，諸儒言易莫有及太極圖者，惟道家者流有上方太洞真元妙經，著太極三五之説，唐開元中明皇爲製序。而東蜀衛琪注玉清無極洞仙經，衍有無極、太極諸圖。陳摶居華山，曾以無極圖刊諸石，爲圜者四，位五行其中。自下而上，初一曰『玄牝之門』；次二曰『煉精化氣，煉氣化神』；次三五行定位，曰『五氣朝元』；次四陰陽配合，曰『取坎填離』；最上曰『煉神還虛，復歸無極』。故謂之無極圖，乃方士修煉之術爾。相傳受之呂喦，喦受之鍾離權，權得其說于伯陽，伯陽聞其旨于河上公，在道家未嘗詡爲千聖不傳之秘也。周元公取而轉易之，亦爲圜者四，位五行其中。自上而下，最上曰『無極而太極』；次二曰陰陽配合，曰『陽動陰静』；次三五行定位，曰『五行各一其性』；次四曰『乾道成男，坤道成女』；最下曰『化生萬物』。更名之太極圖，仍不没無極之旨。由是諸儒推演其說。南軒張氏謂：『元公自得之妙，蓋以手授二程先生者，自孟氏以來未之有也。』」曝書亭集。

錫鬯先生又言：「程子未曾受業于元公，元公亦無手授太極圖之事。」其說備載集中。愚謂道教莫盛于宋，故希夷之圖、康節之易、元公之太極，皆出自道家。世之言易者率以是三者爲先河，而不自知其陷於虛無，而流於他道也〔一〕。王伯厚言：「程子教人大學、中庸，而無極、太極一語未嘗及。夫程子言易初不知有先天，言道初不知有無極，

〔一〕此下續編本有「惜哉」二字。

此所以不爲異端所惑，卓然在邵、周之上也。」伯厚謂：程子不言無極、太極，是性道不可得聞之義。此説却涉禪學矣。顧寧人先生曰：夫子之教人文行忠信，而性與天道在其中，故曰不可得而聞。忠恕之與一貫，豈有二耶？黄氏日鈔曰：夫子述六經，後來者溺於訓詁，未害也；濂洛言道學，後來者借以談禪，則其害深矣。

重卦説〔一〕

重卦之始，其説紛紜，虞翻、王弼以爲伏羲，鄭康成以爲神農。愚以繫辭考之，鄭氏之説是也。繫詞曰：「八卦成列，象在其中矣。納甲始于此。因而重之，爻在其中矣。」消息爻辰始於此。又曰：「古者庖犧氏之王天下，仰則觀象于天，俯則觀法于地，于是始作八卦。」繼之曰：「作結繩以爲網罟，以佃以漁，蓋取諸離。」離，八純卦，則知庖犧未嘗重卦也。庖犧氏没，神農氏作，始云蓋取諸益，蓋取諸噬嗑，二卦皆有貞悔，則神農重卦明矣。八卦成列，謂伏羲也；因而重之，謂神農也。凡作者曰造，始作八卦。述者曰因。因而重之。禮器曰：「夏造殷因。」論語曰：「殷因於夏禮，周因于殷禮。」古有因國，王制：「天子諸侯，祭

〔一〕此下至卷末，續編本無。

因國之在其地而無主〔一〕者。」春秋傳曰：「遷閼伯於商丘，商人是因；遷實沈于大夏，唐人是因。」又齊晏子對景公曰：「昔爽鳩氏始居于此地，季萴因之，有逢伯陵因之，蒲姑氏因之，而後太公因之。」蓋古有是國，而後人居之者爲因，猶古有是卦而後人仍之者亦爲因。因而重之，非因伏羲所作之八卦而重之者乎？若云自作之而自重之，則不得言因矣。

京房易積算法引夫子曰：「八卦因伏羲，暨乎神農，重乎八純。」此説與繫辭合。魏博士淳于俊亦云：「庖犧制八卦，神農演之爲六十四。」演猶衍也。蓋自重卦之後，于是有揲蓍之法，洪範謂之衍忒，繫辭謂之大衍，皆是物矣。

卦變説

卦變之説本於彖傳，荀慈明、虞仲翔、姚元直及蜀才、范長生。盧氏、侯果等之註詳矣，而仲翔之説尤備。乾坤者，諸卦之祖也。坎離者，乾坤之用也。乾二五之坤成坎，坤二五之乾成離，不從卦例。復、臨、泰、大壯、夬，陽息之卦，皆自坤來。姤、遯、否、觀、剥，陰消之卦，皆自乾

〔一〕此下王制原文有一「後」字。

來。故以例諸卦，自臨來者四卦：明夷、震、解、升也。自遯來者五卦：訟、巽、革、家人、无妄也。自泰來者八卦：歸妹、節、損、賁、既濟、蠱、井、恒也。自否來者八卦：漸、咸、困、未濟、渙、隨、噬嗑、益也。自大壯來者五卦：需、大畜、睽、兑、鼎也。自觀來者四卦：晉、萃、蹇、艮也。豫自復來，謙自剥來。蜀才謂：「師與同人皆自剥來。大有不言所自，當自夬來。」此外不從卦例者十：豐從噬嗑來也；仲翔曰：此卦三陰三陽之例，當從泰二之四。而豐三從噬嗑上來之三，折四於坎獄中而成豐。旅從賁來也；仲翔曰：與噬嗑之豐同義。非乾坤往來也。頤，晉四之初也；仲翔曰：與乾、坤、坎、離、大過、小過、中孚同義。故不從臨觀四陰二陽之義。小過，晉上之三也；仲翔曰：當從四陰二陽臨觀之例。臨陽未至三，而觀四已消也。又有飛鳥之象，故知從晉來。大過，訟上之三也；仲翔曰：訟上之三。或說大壯五之初。中孚，訟四之初也；仲翔曰：此當從四陽二陰之例。遯陰未及三，而大壯陽已至四，故知從訟來。比，師二之五也；蜀才亦云。屯，坎二之初也；蒙，艮三之二也。慈明同。一爻變者二卦：小畜，需上變也；履，訟初變也。其後李挺之作六十四卦相生圖，對一生二，二生三，至于三而極。朱子又推廣爲卦變圖，復出大壯觀、夬剥兩條，視李圖而加倍。然其作本義，則又拘于二爻相比者而相易，並不與卦例相符。故論者猶欲折中于漢儒焉。

附

易漢學提要

易漢學八卷，國朝惠棟撰。是編乃追考漢儒易學，掇拾緒論以見大凡。孟長卿易二卷；虞仲翔易一卷；京君明易二卷，干寶易附見；鄭康成易一卷；荀慈明易一卷；其末一卷則棟發明漢易之理，以辨正河圖、洛書、先天、太極之學。其以虞翻次孟喜者，以翻別傳自稱五世傳孟氏易；以鄭玄次京房者，以後漢書稱玄通京氏易也；荀爽別爲一卷，則費氏易之流派矣。考漢易自田王孫後，始歧爲施、孟、梁邱三派，然漢書儒林傳稱：「孟喜得易家候陰陽災變書，詐言田生且死時，枕喜膝獨傳。」而梁邱賀疏通證明，謂：「田生絶于施讐手中。時喜歸東海，安得此事。」又稱：「焦延壽嘗從孟喜問易，京房以爲延壽即孟氏學，而翟牧、白生不肯，皆曰非也。」劉向亦稱：「諸易家説皆祖田何，楊叔、丁將軍大義畧同，惟京氏爲異黨。」則漢學之有孟、京，亦猶宋學之有陳、邵，均所謂易外別傳也。費氏學自陳元，鄭衆、馬融、鄭玄以下，遞傳以至王弼，是爲今本。然漢書稱：「直長於卦筮，無章句，徒以彖、象、繫辭十篇、文言解説上下經。」又隋志五行家有直易林二卷，易内神筮二卷，周易筮占林五卷。則直易亦兼言卜筮，特其爻象承應、陰陽變化之説，與孟、京兩家體例較異。合是三派，漢學之占法，亦約畧盡此矣。夫易本爲卜筮作，而漢儒多參以占候，未必盡合周、孔之法，然其時去古未遠，要必有所受之。棟採輯遺聞，鉤稽考證，使學者得畧見漢儒之門徑，於易亦不爲無功矣。孟、京兩家之學，當歸術數，然費氏爲象數之正傳，鄭氏之學亦兼用京、費之説，有未可盡目爲讖緯者，故仍列之經部焉。乾隆四十六年十月恭校上。

（録自文淵閣四庫全書總目）

易例

易例卷上

太極生次

繫上曰："易有太極，是生兩儀，兩儀生四象，四象生八卦，八卦定吉凶，吉凶生大業。"

乾鑿度曰："孔子曰：易始於太極。鄭註云：氣象未分之時，天地之所始也。太極分而爲二，七九、八六。故生天地。輕清者上爲天，重濁者下爲地。天地有春秋冬夏之節，故生四時。四時各有陰陽剛柔之分，故生八卦。八卦成列，天地之道立，雷風水火山澤之象定矣。其布散用事也，震生物於東方，位在二月；巽散之於東南，位在四月；離長之於南方，位在五月；坤養之於西南方，位在六月；兑收之於西方，位在八月；乾制之於西北方，位在十月；坎藏之於北方，位在十一月；艮終始之於東北方，位在十二月。八卦之氣終，則四正四維之分明，生長收藏之道備，陰陽之體定，神明之德通，而萬物各以其類成矣。萬物是八卦之象，定其位則不遷其性，不淫其德矣。故各得自成者也。皆易之所包也。至矣哉！易之德也。"

三統歷曰："經元一以統始，易太極之首也。春秋二以目歲，春陽中，秋陰中。易兩儀之中也。

即天地之中。於春每月書王，易三極之統也。於四時雖亡事必書時月，易四象之節也。時月以建分至啓閉之分，即四正四維。易八卦之位也。象事成敗，易吉凶之效也。朝聘會盟，易大業之本也。故易與春秋，天人之道也。傳曰：『龜，象也。筮，數也。物生而後有象，象而後有滋，滋而後有數。』是故元始有象，一也；春秋，二也；三統，三也；四時，四也。合而爲十，成五體。以五乘十，大衍之數也。而道據其一，其餘四十九，所當用也。」

虞氏註曰：「太極，太一也。分爲天地，故生兩儀也。四象，四時也。兩儀謂乾、坤也。乾二五之坤成坎、離、震、兑。震春、兑秋、坎冬、離夏，故兩儀生四象。乾、坤生於春，艮、兑生於夏，震、巽生於秋，坎、離生於冬。故四象生八卦。」

禮記禮運曰：「夫禮必本於太一，分而爲天地，轉而爲陰陽，變而爲四時，列而爲鬼神。其降曰命，其官於天也。」正義曰：必本於太一者，謂天地未分，混沌之元氣也。極大曰太，未分曰一。其氣既極大而未分，故云太一也。未分曰一，故謂之太一。未發爲中，故謂之太極。其理一也。

呂覽大樂曰：「音樂之所由來者遠矣，生於度量，本於太一。太一出兩儀，高註：兩儀，天地也。出，生也。兩儀出陰陽。」棟謂：春夏爲陽，秋冬爲陰，則陰陽即四時也。

太易

乾鑿度曰：「有太易，有太初，有太始，有太素也。太易者，未見氣也；以其寂然無物，故名之爲太易。太初者，氣之始也；元氣之所本始，太易既自寂然無物矣，焉能生此太初哉！則太初者，亦忽然而自生。太始者，形之始也；形，見也。天象形見之所本始也。太素者，質之始也。地質之所本始也。氣形質具而未離，故曰渾淪。雖含此三始，而猶未有分判。老子曰：有物渾成，先天地生。渾淪者，言萬物相渾成，而未相離。言萬物莫不資此三者也。視之不見，聽之不聞，循之不得，故曰易也。」老子道經曰：「道常無名。」禮記曲禮正義引河上公註云：「能生天地人，則當大易之氣也。」

易

八卦由納甲而生，故繫辭曰：「在天成象。易者，象也。象也者，象也。」古只名象，皐陶謨帝曰「予欲觀古人之象」是也。至周始有三易之名，然春秋傳曰「見易象」，則象之名猶未亡也。夏建寅，象首艮，故謂之連山。商建丑，象首坤，故謂之坤乾；坤以藏之，又謂之歸藏。夏、商占七八，文王演易始用九六，以變者爲占，故謂之易。說文據祕書曰：「日月爲易。」參同契曰：「日月爲易，剛柔相當。」虞仲翔註曰：「字从日下月。」坎爲月，離爲日，故仲翔註繫辭曰：「易謂坎離，蓋坎上離下，成既濟定。六爻得位，利貞之義。」既濟彖曰：「利貞，剛柔正而位當也。」彖之名易，其取諸此乎。荀慈明註易，以乾在二者當居坤五，在四者當居坤初，在上者當居坤三；坤在初者當居乾四，在三者當居乾上，在五者當居乾二。如此則六爻得位，所謂「日月爲易，剛柔相當」，合于坎離之義。此説最爲名通，當本諸漢經師。故當時兖豫言易者皆宗荀氏，而九家易以荀爲主，謂之荀九家。惜其書已亡，李氏集傳所載者，僅三之一耳。

祭義曰：「昔者聖人建陰陽天地之情，立以爲易。易抱龜南面，天子卷冕北面，雖有明知之心，必進斷其志焉。元不敢專以尊天也。」鄭註：立以爲易，謂作易。易抱龜，易官名，周禮曰太卜。

論語：「子曰：加我數年，五十以學易，可以無大過矣。」五十而知天命，正指學易時。易者，贊化育之書也。其次爲寡過。夫子以易贊化育其義詳於中庸。而言無大過者，謙辭。

史記孔子世家曰：「孔子晚而喜易，序、易序卦。彖、繫、象、説卦、文言。不書雜卦。讀易韋編三絶，曰：假我數年，若是我於易則彬彬矣。」

漢書儒林傳曰：「孔子蓋晚而好易，讀之韋編三絶，而爲之傳。」

淮南泰族曰：「易之失鬼。」註云：「易以氣定吉凶，故鬼。」

莊子曰：「易以道陰陽。」

漢書儒林傳曰：「蜀人趙賓以爲『箕子明夷』，陰陽氣無箕子，箕子者，萬物方荄茲也。」蜀才本作「其子」，讀爲「荄茲」。荀爽亦主此説。劉向曰：「今易『箕子』作『荄茲』」，古音其亥、子茲同物。明夷體坤，坤終亥出子，故云其子之明夷。」班固不通易，反以賓言爲非，非實録也。

參同契曰：「日月爲易。」虞翻註云：「字从日下月。」説文曰：「祕書説：日月爲易，象陰陽也。」祕書在參同契之先，魏伯陽蓋有所受之也。

漢書儒林傳曰：「自魯商瞿子木受易孔子，商瞿，姓也。以授魯橋庇子庸。姓橋名庇，字子庸。子庸授江東馯韓臂子弓。子弓授燕周醜子家。子家授東武孫虞子乘。子乘授齊田何子裝。及秦禁學，易爲卜筮之書，獨不禁，故傳受者不絶也。漢興，田何以齊田徙杜陵，號杜田生，授東武王同子中、雒陽周王孫、丁寬、齊服生，皆著易傳數篇。同授淄川楊何字叔元，元光中徵爲大中大夫。齊即墨成，至城陽相。姓即墨，名成。廣川孟但，爲太子門大夫。魯周霸、莒衡胡、臨淄主父偃，皆以易至大官。要言易者本之田何。」

班固曰：「詩、書、禮、樂、春秋五者，五常之道，易爲之原。」

阮籍曰：「文王係其辭，於是歸藏逝而周與興。上下無常，剛柔相易，不可爲典要，惟變所適，故謂之易。」

紀瞻曰：「昔庖犧畫八卦，陰陽之理盡矣。文王、仲尼係其遺業。三聖相承，共同一致，稱易準天，無復其餘也。」

褚澄曰：「易彌天地之道，通萬物之情，雖有象數爲宗，蓋無體不可以一體求，屢遷不可以一遷執也。」

顏延之曰：「淳象始于三畫，兼卦終于六爻。」

伏羲作易大義

伏羲用蓍而作八卦，而筮法亦由之而始；後人專謂筮法者，非也。作八卦者，所以贊化育；聖人幽贊於神明而生蓍，贊化育之本也。天地之數五十有五，而五爲虛，土生數五，成數五，二五爲十，故有地十。太玄經：五五爲土。月令：中央土，其數五，亦是成數。故大衍之數五十。三才、五行畢舉于此矣，故以作八卦。三才者，京房章句曰：「日十也，月十二也，星二十八也，合之爲五十。」三統歷曰：「日合于天統，月合于地統，斗合于人統。」乾，天也。坤，地也。艮，人也。艮爲星，星主斗，故斗合于人統。後世三統之說本此。其德圓而神，故四十九，七七故圓而神。其一天之主氣也。即昊天上帝，道之本也。馬融以爲北辰。分而爲二以象兩，乾、坤也。「乾道成男，坤道成女」，「掛一以象三」，六子也。天地人並生于太初。傳曰：「易有太極，是生兩儀。」舉兩儀而三才在其中矣。「揲之以四，以象四時」，明堂之本也。「歸奇于扐，以象閏」，定朔之始也。象兩，象三，象四時，象閏，是爲四象。四象由分二而生，故云「兩儀生四象」。「四營而成易」，太初之氣寒温始生，故云易也。三氣相承。「十有八變」，乾坤各三畫，故「成卦」。六子三索而成，故「八卦而小成」，所謂「四象生八卦」也。引信三才，觸類而長之，以成六十四卦，聖人成能，故「天下之能事畢矣」。大衍之數有三才，故「分二以象兩，掛一以象三」。卦亦有三，才有兼才。大衍之數有五行，播五行于四時，故「揲之以四，以象四時」。四時爲明堂之位，故說卦「帝出乎震」三節，皆陳明堂之法。明堂以聽朔爲先，以閏月定四時成歲，而合朔之法正，故「歸奇于扐，以象閏」。王者坐明堂，聽朔行政，明堂月令由是出焉，所以贊化育也。伏羲用蓍作八卦以贊化育，其道如此。始于幽贊，終于嚮明。聖人南面而聽天下，嚮明而治，蓋取諸此。言明堂之法取諸離。蔡邕引說卦謂：雖有總章以下五名，而總謂之明堂。孔子所謂「吾道一以貫之」也。明則有禮樂，幽則有鬼神。繫辭所謂「知幽明之故，原始反終，故知死生之說」是也。

伏羲作八卦之法

「聖人之作易也」，以至誠能盡其性，立天下之大本，故「幽贊于神明而生蓍」。「大衍之數五十，其用四十有九」，所謂「蓍之德圓而神」也。分二則有陰陽，所謂「觀變于陰陽而立卦」也。掛一則有三才，所謂「參天」也。揲四歸奇，則發揮于剛柔而生爻，所謂「兩地」也。「和順于道德而理于義」，則人道立而三才具，「兼三才而兩之」，立六畫之數，所謂「參天兩地而倚數」也。六畫而有六十四，八八之數，所謂「卦之德方以知」也。繫下曰：「陽卦多陰，陰卦多陽。陽一君而二民，陰二君而一民。」揲卦之時尚未有畫，故仲翔曰：「不道乾坤者也。」

乾六爻二、四、上爲陰，則坤之位也；坤六爻初、三、五爲陽，則乾之位也。故用九、用六之法，乾二居坤五，坤五降乾二；乾四居坤初，坤初居乾四；乾上居坤三，坤三居乾上。坤稱用，發揮于剛柔而生爻，立地之道，故稱用也。

大衍　太極

天地之數五十有五，虚五而可衍；大衍之數五十，虚一而可用。一與五皆道之本也。

一者，大也；五者，極也。故謂之太極。洪範：「五皇極。」鄭注云：「極，中也。」楊子曰：「中和莫尚于五。」

元亨利貞大義

易道晦蝕且二千年矣。「元亨利貞」乃二篇之綱領，魏晉已後，註易者皆不得其解。案，革彖辭曰：「巳日乃孚，元亨利貞，悔亡。」虞翻註云：「悔亡謂四也。四失正，動得位，故悔亡。離爲日，孚謂坎，四動體離，五在坎中，故『巳日乃孚』。已成既濟，『乾道變化，各正性命，保合太和，乃利貞』，故『元亨利貞，悔亡』。與乾彖同義。」又乾文言曰：「『時乘六龍，以御天也。雲行雨施，天下平也。』荀爽注云：「乾升于坤爲雲行，坤降于乾爲雨施。乾坤二卦成兩既濟，陰陽和均而得其正，故曰天下平也。」是漢已前解四德者，皆以既濟爲言。莊三年穀梁傳曰：「獨陰不生，獨陽不生，獨天不生，三合然後生。」乾鑿度曰：「天地不變，不能通氣。」鄭玄注云：「否卦是也。」又曰：「陰陽失位，皆爲不正。」注云：「初六陰不正，九二陽不正。」故虞翻注下繫云：「乾六爻二、四、上非正，坤六爻初、三、五非正，蓋乾必交坤而後亨，爻必得位而後正。」若四德專謂純乾，獨陽不生，不可言亨；二、四、上爻不可言貞，既非化育之常，又失用九之義。原其所以，因漢末術士魏伯陽參同契用坎離爲金丹之訣，後之學者儌創異説，諱言坎離，于是造皮膚之語以釋聖經，微言既絶，大義尤乖。殊不知聖人贊化育，以天地萬物爲坎離，何嫌何疑，而諱言之乎？今幸東漢之易猶存，荀、虞之説具在，用申師法，以明大義，以遡微言。二千年絶學庶幾未墜，其在兹乎！其在兹乎！

利　貞

虞仲翔注易，以易之「利貞」，皆謂變之正及剛柔相易，乾升坤降之類。案，荀子臣道篇曰：「上下易位然後貞。」此説與易合。但荀子專指湯、武，則有不盡合耳。

天地之始

序卦曰：「有天地然後萬物生焉。」干寶注云：「物有先天地而生者矣。今正取始于天地，天地之先，聖人弗之論也。」余謂聖人言太極、太一，禮運。言元、言一，即天地之先也。但不言元與言先天圖耳。

象五帝時書名

象者，五帝時書名也。堯典：「歷象日月星辰。」此歷書也。象以典刑，臯陶謨俗稱益稷。曰：「方施象刑惟明。」此刑書也。「予欲觀古人之象」，此易書也。易曰：「在天在象。」「法象莫大乎天地。」聖人因天，故治天下之書皆名象。周禮六官稱「六象懸于象魏」，故春秋傳命藏象魏，曰：「舊章不可忘也。」韓宣子聘魯，見易象，猶沿五帝之名，則象爲書名無疑也。

八卦

伏羲時止有八卦；參天兩地而有六畫，故有六十四，其六十四卦之名則後人所加也。

兼三才

兼才之説，乾稱天行；坤稱地勢；坎稱習，習，襲也；離稱兩，兩地之義；震稱薦，薦，再也；巽稱重；艮稱兼，兼三才之義；兑稱麗，麗澤兑，君子以朋友講習，習亦習也。皆有重義。繫下所謂「因而重之」也。

易初爻

乾初爻曰：「潛龍勿用。」坤初爻曰：「履霜，堅冰至。」虞仲翔以乾初爲積善，坤初爲積惡，故曰：「善不積不足以成名，惡不積不足以滅身。」史記太史公自叙曰：「故易曰：失之毫釐，差以千里。故曰：臣弑君，子弑父，非一旦一夕之故，其漸久矣。」仲翔注易云：「坤消至遯艮，子弑父；至否坤，臣弑君。」是其義也。易甲子卦氣起中孚，甲子即初九也。繫辭論中孚九二曰：「君子居其室，出其言善，則千里之外應之，況其邇者乎？居其室，出其言不善，則千里之外違之，況其邇者乎？」即所謂「失之毫釐，差以千里」也。故曰：「正其始，萬物理。」始即初爻。此當是易傳之闕文，而易緯引之，非易緯之本文也。正其始，一作正其本。本與始皆爲初也。初最微，故曰毫釐，即詩之「德輶如毛」也。初九積善成名，初六積惡滅身，故曰：失之毫釐，差以千里。繫辭：「憂悔吝者存乎介。」介謂纖介，初之類也。參同契曰：「纖介不正，悔吝爲賊。」

虞氏之卦大義

之卦之説本諸彖傳，而雜見于荀慈明、姚元直、范長生、侯果、盧氏諸人之註，惟虞仲翔之説尤備而當，今從攷之。乾坤者，諸卦之祖。乾二五之坤成震、坎、艮，坤二五之乾成巽、離、兑，所謂「兩儀生四象，四象生八卦」也。復、臨、泰、大壯、夬，陽息之卦，皆自坤來；遘、遯、否、觀、剥，陰消之卦，皆自乾來。而臨、觀二陽四陰，大壯、遯四陽二陰，泰、否三陽三陰。又以例諸卦，自臨來者四卦：明夷、解、升、震也。自遯來者五卦：訟、无妄、家人、革、巽也。自泰來者九卦：蠱、賁、恒、損、井、歸妹、豐、節、既濟也。自否來者九卦：隨、噬嗑、咸、益、困、漸、旅、涣、未濟也。自大壯來者五卦：需、大畜、睽、鼎、兑也。自觀來者四卦：晉、蹇、萃、艮也。自乾坤來而再見者，從爻例也。卦无剥、復、夬、遘之例，故師、同人、大有、謙從六子例，亦自乾坤來。小畜，需上變也。履，訟初變也。豫自復來，乃兩象易，非乾坤往來之謂也。頤、小過，晉四之初、上之二也。大過、中孚，訟上之三、四之初也。此四卦與乾、坤、坎、離反復不衰，故不從臨觀之例。師二升五成比；噬嗑上之三，「折獄」成豐；賁初之四，「進退无恒」，而成旅。皆據傳爲説，故亦從兩象易之例。屯、蒙從坎、艮來，屯「剛柔始交」，蒙「以亨行時中」，亦據傳爲説，不從臨觀之例。因繫辭、彖傳而復出者二：睽自无妄來，蹇自升來，皆二之五。其後李挺之作六十四卦相生圖，用老子「一生二，二生三」之説，至于三而極。朱子又推廣之，而用王弼之説，名曰卦變，且以己意增益，視李圖而加倍。至作本義，又以二爻相比者而相易，不與卦例相符。論者謂不如漢儒之有家法也。

占　卦

易林補遺京房占法：「一爻動則變，亂動則不變。」若然，一爻變爲九六，二爻以上變爲七八也。愚謂左傳所占卦，如云其卦遇蠱、其卦遇復，穆天子傳其卦遇訟，皆六爻不動也。其云遇艮之八，及晉語遇泰之八，皆二爻以上變，仍爲七八而不變也。

左氏所占皆一爻動者居多

左氏所占云云。案，易林補遺論京房變法：「第六爻爲宗廟，縱動不變，其餘一爻動則變，亂動則不變也。」此言甚有理。穆姜筮往東宮，遇艮之隨，則云艮之八，是亂動不變。

陰爻居中稱黄

文言曰：「天玄而地黄。」故爻辭稱黄中者，皆謂陰爻居中：坤六五黄裳。離六二黄離。遯六二黄牛。革初九黄牛。指二。鼎六五黄耳。

扶陽抑陰

公羊：「日食伐鼓，義曰：求乎陰之道也。」注云：「求，責也。此抑陰之義。」又曰：「充陽也。充，崇也。此扶陽之義。」

董子繁露曰：「大旱雩祭而請雨，大水鳴鼓而攻社，天地之所爲、陰陽之所起也，或請焉、或怒焉者何？曰：大旱者，陽滅陰也。陽滅陰者，尊壓卑也。固其義也雖大甚，拜請之而已，無敢有加也。大水者，陰滅陽也。陰滅陽者，卑勝尊也。日食亦然。皆下犯上，以賤傷貴，逆節也。故鳴鼓而攻之，朱絲脅之，爲其不義也。此亦春秋之爲强禦也。故變天地之位，正陰陽之序，直行其道而不忘其難，義之至也。」

陽道不絶陰道絶義

剥上九曰：「碩果不食。」

乾鑿度曰：「陰消陽，言剥當九日之時，陽氣衰消，而陰終不能盡陽，小人不能决君子也。謂之剥，言不安而已。」

復彖曰：「朋來无咎。」

坤彖曰：「東北喪朋。」

泰九二曰：「朋亡。」

白虎通曰：「諸侯世位，大夫不世。安法所以諸侯南面之君，體陽而行，陽道不絶。大夫人臣北面，體陰而行，陰道絶。以男生内嚮，有留家之義；女生外嚮，有從夫之義。此陽不絶、陰有絶之效也。」

陽无死義

乾文言曰：「知進退存亡而不失其正者，其惟聖人乎。」荀註云：「存謂五，爲陽位。」

豫六五曰：「貞疾，恒不死。」象曰：「恒不死，中未亡也。」案，荀註文言曰：「存謂五，爲陽位；亡謂上，爲陰位。五中陽位，故中未亡。」是陽无死義。

論語：「子曰：天生德於予，恒魋其如予何？」包咸註云：「天生德者，謂授我以聖。惟德合天地，吉无不利，故曰其如予何？」是時夫子研極易理知命之學，故有是語。

韓非子解老曰：「天地之道，理也。體天地之道，故曰無死地焉。」荀子儒效篇曰：「通則一天下，窮則獨立貴名，天不能死，地不能埋，桀跖之世不能汙，非大儒莫之能立，仲尼、子弓是也。」

中和

易二五爲中和，坎上離下爲既濟，天地位，萬物育，中和之效也。三統歷曰：「陽陰雖交，不得中不生，故易尚中和。二五爲中，相應爲和。」說文曰：「咊，相譍也。」咊即和也，譍即應也。

師九二曰：「在師中吉，无咎。王三錫命。」乾鑿度曰：「師者，衆也。言有盛德，行中和，順民心，天下歸往之，莫不美命爲王也。行師以除民害，錫命以長世，德之盛。」象曰：「能以衆正，可以王矣。」荀註云：「謂二有中和之德，而據羣陰，上居五位，可以王也。」

泰九二曰：「朋亡，得尚于中行。」荀註云：「中謂五，朋謂坤，朋亡而下，則二得上居五，而行中和矣。」

臨六五曰：「知臨大君之宜，吉。」乾鑿度曰：「臨者，大也。陽氣在內，中和之盛，應於盛位，浸大之化，行于萬民，故言宜處王位，施大化，爲大君矣。臣民欲被化之詞也。」

文言曰：「利貞者，性情也。」述曰：易尚中和，故曰和。貞者，情性，情和而性中也。聖人體中和，贊化育，以天地萬物爲坎離也。

周禮大司徒：「以鄉三物教萬民，而賓興之。一曰六德：知、仁、聖、義、忠、和。」鄭註云：「忠言以中心，和不剛不柔。」

中庸曰：「喜怒哀樂之未發謂之中，朱子曰：喜怒哀樂，情也。其未發則性也。發而皆中節謂之和。不誠則不能獨，獨者，中也。故未發爲中，已發爲和。張湛列子註云：禀性之質謂之性，得性之極謂之和。中也者，天下之大本也。和也者，天下之達道也。朱子曰：大本者，天命之性；達道者，循性之謂。致中和，天地位焉，萬物育焉。此至誠之事，所謂贊化育，與天地參者也。中和於易爲二五。繫上曰：易簡而天下之理得矣。天下之理得而易成位乎其中。故言天地位。

又曰：「仲尼曰：君子中庸。」又曰：「仲尼祖述堯、舜。」仲尼，孔子字。漢安昌侯張禹曰：仲者，中也。尼者，和也。此篇論中和之義，故篇中兩舉仲尼，以至誠屬之，以致中和之事歸之。中和者，既濟也。孔子論定六經，以立中和之本，而贊化育。下篇所云「經綸天下之大經，立天下之大本，知天地之化育」是也。孔子無位而當既濟，故子思兩舉表德之字以明之。

又論强曰：「故君子和而不流，强哉矯！中立而不倚，强哉矯！」

周禮師氏：「以三德教國子。一曰至德以爲道本。」馬融傳云：「德行内外之稱，在心爲德，施之爲行。至德者，中德也。中庸曰：『天命之謂性，率性之謂道。』失中庸則無以至道，故曰以爲道本。」鄭註云：「至德，中和之德，覆幬持載含容者也。」

孟子曰：「中也養不中。」趙岐註云：「中者，履中和之氣所生謂之賢。」

禮器曰：「君在阼，夫人在房；大明生於東，月生於西。此陰陽之分，夫婦之位也。鄭註：大明，日也。君西酌犧象，夫人東酌罍尊；鄭註：象日出東方而西行，月出西方而東行也。禮交動乎上，樂交應乎下，和之至也。」鄭註云：交乃和。案，禮，中也。樂，和也。禮交動乎上，樂交應乎下，上下相應，故云和之至也。

揚子太玄曰：「五爲中和。」又曰：「中和莫尚於五。」

法言曰：「立政鼓衆，莫尚於中和。」又曰：「甄陶天下，其在和乎？龍之潛亢，不獲其中矣。是以過中則惕，不及中則躍。其近於中乎！」惕躍近中，猶忠恕近道。

莊子消摇游曰：「若夫乘天地之正，而御六氣之辯。」棟補注云：「天地之正，猶天地之中。易之九五、六二，即天地之正也。六氣，陰陽風雨晦明也。」

詩尚中和

荀子勸學篇曰：「詩者，中聲之所止也。」

禮樂尚中和

周禮大司徒曰：「以五禮防萬民之僞，而教之中；以六樂防萬民之情，而教之和。」案，中、和爲六德之二。

周禮大宗伯曰：「以天産作陰德，以中禮防之；以地産作陽德，以和樂防之。以禮樂合天地之化、百物之産。」案，天交乎地，故以天産作陰德；地交乎天，故以地産作陽德。禮天地之中，故以中禮防之；樂天地之中，故以和樂防之。在易二五爲中，相應爲和。

樂記曰：「樂者，天地之命，中和之紀，人情之所不能免也。」荀子勸學篇曰：樂之中和也。

淮南精神曰：「萬物背陰而抱陽，沖氣以爲和。」高誘曰：「萬物以背爲陰，以腹爲陽，身中空虚，和氣所行。爲陰故脊雙，爲陽故心特。陰陽與和，共生物形；君臣以和，致太平也。」

荀悦申鑒曰：「以天道作中，以地道作和。」

禮器曰：「因名山升中于天。」盧植註云：「封泰山告太平，升中和之氣於天。」後漢祭祀志註。

項威註漢書曰：「封泰山告太平，升中和之氣于天。祭土爲封，謂負土於泰山，爲壇而祭也。」

君道尚中和

洪範五行傳曰：「王之不極，是謂不建。」鄭註云：「王，君也。不名體而言王者，五事象五行，則王極象天也。天變化爲陰陽，覆成五行。極，中也。建，立也。王象天，以情性覆成五事，爲中和之政也。王政不中和，則是不能立其事也。」

建國尚中和

周禮大司徒曰：「以土圭之法測土深，正日景，以求地中。日南則景短，多暑日；北則景長，多寒日；東則景夕，多風日；西則景朝，多陰日。至之景尺有五寸，謂之地中，天地之所合也，四時之所交也，風雨之所會也，陰陽之所和也。然則百物阜安，乃建王國焉。制其畿方千里而封樹之。」王融三月三日曲水詩序：狹豐邑之未宏，陋譙居之猶偏，求中和而經處，揆景緯以裁基。註：周禮曰：日至之景尺有五寸，謂之地中，陰陽之所和，故曰中和也。

春秋尚中和

三統歷曰：「夫歷春秋者，天時也，列人事而目以天時。傳曰：『民受天地之中以生，所謂命也。師古曰：中謂中和之氣也。是故有禮誼動作威儀之則以定命也，能者養以之福，師古曰：之，往也。往就福也。不能者敗以取禍。』故列十二公二百四十二年之事，以陰陽之中制其禮。故春爲陽中，萬物以生；秋爲陰中，萬物以成。所謂天地之中。是以事舉其中，禮取其和，歷數以閏正天地之中，以作事厚生，皆所以定命也。易金火相革之卦曰『湯武革命，順乎天而應乎人』，又曰『治歷明時』，所以和人道也。」公羊疏云：案，三統歷云春爲陽中云云，賈、服依此以解春秋之義。

賈逵春秋左傳註云：「取法陰陽之中，春爲陽中，萬物以生；秋爲陰中，萬物以成。欲使人君動作不失中也。」說文禾字云：嘉穀也。二月始生，八月而熟，得時之中，故謂之禾。和从禾。

淮南氾論曰：「天地之氣莫大於和，和者，陰陽調。日夜分而生物，春分而生，秋分而成。生之與成，必得和之精。」

中　和

白虎通曰：「木者少陽，金者少陰，有中和之性，故可曲可直從革。」董子繁露曰：「天有兩和，春秋爲和。以成二中；冬夏爲中，在易二五爲中，相應爲和，即天地之中。歲立其中，用之無窮。是北方之中，坎。用合陰，而物始動於下；南方之中，離。用合陽，而養始美於其上。動於下者，不得東方之和不能生，中春是也；其養於上者，不得西方之和不能成，中秋是也。然則天地之美惡，在兩和之處，二中之所來歸而遂其爲也。是故東方生而西方成，東方和自北方之所起，而西方和成南方之所養長。起之不至於和之所不能生，養長之不至於和之所不能成。成於和，生必和也；始於中，止必中也。中者，天下之所終也；而和者，天地之所生成也。夫德莫大於和，而道莫止於中。中者，天地之美達理也，聖人之所保守也。詩云：『不剛不柔，布政優優。』此非中和之謂歟？是故能以中和理天下者，其德大盛；此至誠之贊化育。能以中和養其身者，其壽極命。此至誠之盡性。與術士之養身異。男女之法，男女即坎離也。下云：天地之陰陽當男女，人之男女當陰陽。法陰與陽。陽氣起於北方，至南方而盛，盛極而合乎陰；堪輿以四月癸亥、十月丁巳爲陰陽交會。陰氣起於中夏，至中冬而盛，盛極而合乎陽。繫下曰：陰陽合德。虞註云：合德謂天地雜，保太和，日月戰。三統歷曰：陰陽合德，氣鍾於子。不盛不合，是故十月而俱盛，終歲而乃再合。」

又曰：「天地之陰陽當男女，人之男女當陰陽。陰陽亦可以謂男女，男女亦可以謂陰陽。天地之經，生至東方之中而所生大養，至西方之中而所養大成。一歲四起業，而必於中。中之所爲，而必就於和，故曰和其要也。和者，天之正也，陰陽之半也，其氣爲最良，物之所生也。誠擇其和者，以爲大得天地之奉也。天地之道，雖有不和者，必歸之於和，而所爲有功；雖有不中者，必止之於中，而所爲不失。是故陽之行，始於北方之中，而止於南方之中；陰之行，始於南方之中，而止於北方之中。陰陽之道不同，至於盛而皆止於中，其所始起皆必於中。始，復天地之中。中者，天地之太極也，太極即太中。日月之所至而却也。長短之隆，不得過中，天地之制也。」又云：「男女體其盛，臭味取其勝，居處就其和，勞佚居其中，寒暖無失適，飢飽無過平，欲惡度理，動静順性命，喜怒止於中，憂懼反之正。此中和常在乎其身，謂之得天地泰。地天泰，而天地泰者，二五易位成既濟，故云天地。得天地泰者，其壽引而長；不得天地泰者，其壽傷而短。」

君道中和

越紐録曰：「范子曰：『湯執其中和，舉伊尹，收天下雄儁之士，練卒兵，率諸侯代桀，爲天下除殘去賊，萬民皆悦而歸之。是所謂執其中和者。』」

范子曰：「臣聞古之賢主聖君，執中和而原其終始，即位安而萬物定矣。不執其中和，不原其終始，即尊位傾萬物散。文武之業，桀紂之跡，可知矣。」

白虎通曰：「易曰：黄帝堯舜氏作。黄帝中和之色，自然之性，萬世不易。黄帝始作制度，得其中和，萬世常存，故稱黄帝也。」

又曰：「夏、殷、周者，有天下之大號。夏者，大也。明當守持大道。殷者，中也。明當爲中和之道也。」

周書度訓曰：「和非中不立，中非禮不慎，禮非樂不履。」

法言先知篇曰：「立政鼓衆，動化天下，莫尚於中和。」

又曰：「甄陶天下者，其在和乎？剛則甈，柔則坯。註云：甈，燥也。坯，慢也。言失和也。龍之潛亢，不獲其中矣。是以過中則惕，不及中則躍。上躍居五。其近於中乎！進德修業，故近於中。聖人之道辟猶日之中矣，不及則未，過則昃。」

易氣從下生 缺

卦无先天

荀子成相曰：「文、武之道同伏羲。」

序卦曰：「有天地然後萬物生焉。」干寶註云：「物有先天地而生者矣。今正取始於天地，天地之先，聖人弗之論也。故其所法象，必自天地而還。老子曰：『有物混成，先天地生。吾不知其名，彊字之曰道。』上繫曰：『法象莫大乎天地。』莊子曰：『六合之外，聖人存而不論。』春秋穀梁傳曰：『不求知所不可知者，智也。』而令後世浮華之學，彊支離道義之門，求入虛誕之域，以傷政害民，豈非讒說殄行，大舜之所疾者乎？」

干令升此註，若豫知後世有陳摶、种放、穆修、李之才、邵雍諸人，造先天圖以亂聖經者，而諄諄言之如此，其衛道也深矣。即此一節註，便當從祀文廟。

古有聖人之德然後居天子之位 即二升坤五義。

乾九二曰：「見龍在田，利見大人。」述曰：臨坤爲田，大人謂天子。陽始觸陰，當升坤五爲天子，故曰：「見龍在田，利見大人。」文言曰：「君子學以聚之，問以辯之，寬以居之，仁以行之。易曰：『見龍在田，利見大人。』君德也。」述曰：德成而上，故曰君德。疏云：二德成而升坤五，故云德成而上。謂德已成而居坤位，故云君德也。

漢書蓋寬饒傳：寬饒奏封事引韓氏易傳言：「五帝官天下，三王家天下，家以傳子，官以傳賢，若四時之運，功成者去，不得其人不居其位。」

漢書藝文志易家：「韓氏二篇。名嬰。」伏羲作易，分布六爻，以五爲君位，陰爲虛，陽爲實，故用九之義，乾之九二當升坤五，以坤虛無君，九二有君德，故升坤五。坤爲田，五爲大人。經云：「見龍在田，利見大人。」二中而不正，升中正之位，故文言曰：「龍德而正中者也。」「不得其人，不居其位」，謂六居五，失位當降也。此論易爻升降之理。如是非三代之法，故自夏禹受舜禪而傳子啓，大人世及以爲禮矣。寛饒不揆時義，動以五帝之法相繩，故太子庶子王生以寛饒欲以太古久遠之事匡拂天子，宜其爲文吏所詆挫也。

禮運：孔子曰：「大道之行也，天下爲公。選賢與能，講信修睦。鄭註：公猶共也。禪位授聖，不家之睦親也。故人不獨親其親，不獨子其子。是故謀閉而不興，盜竊亂賊而不作，故外户而不閉，是謂大同。今大道既隱，天下爲家。鄭註：傳位於子。案，大道既隱謂伏羲作易之大道不行也。各親其親，各子其子，貨力爲己，大人世及以爲禮，城郭溝池以爲固。故謀用是作，而兵由此起，禹、湯、文、武、成王、周公由此其選也。」

孟子曰：「天下有道，小德役大德，小賢役大賢。」趙岐註云：「有道之世，小德、小賢樂爲大德、大賢役，服於賢德也。」陽大陰小，陽升陰降，故陰爲陽役。

墨子：公孟子曰：「昔者聖王之列也，上聖立爲天子，其次立爲公卿、大夫。」公孟子即公明子，孔子之徒。

文選四十七引墨子曰：「古者同天之義，是故選擇賢者立爲天子，天子以其知力爲未足獨治天下，是以選擇其次立爲三公。」

周書殷祝曰：「湯放桀而歸於亳，三千諸侯大會。湯退再拜，從諸侯之位。湯曰：『此天子位，有道者可以處之。孔晁註：讓諸侯之有道者。天子非一家之有也，有道者之有也。』故天下者，唯有道者理之，唯有道者紀之，唯有道者宜久處之。久居天子之位。湯以此讓三千諸侯，莫敢即位。然後湯即天子之位，三千諸侯勸之也。與諸侯誓曰：『陰勝陽即謂之變，而天弗施；逆天道，故不施。雌勝雄即謂之亂，而人弗行。』雌勝雄，女凌男之異，逆人道，故不行焉。故諸侯之治政在，諸侯之大夫治於從。」言下必順上。

湯即位，君臣之道立，故舉陰陽雌雄之理以明之，即易之大道也。

中庸：子曰：「雖有其位，苟無其德，不敢作禮樂焉。雖有其德，苟無其位，亦不敢作禮樂焉。」鄭註云：「言作禮樂者，必聖人在天子之位。」

以易言之，六居五是有位而無德，猶當時之周王也。九居二是有德而無位，猶孔子也。乾二居坤五，是聖人在天子之位也，猶文、武也。故孔子曰：「吾學周禮，今用之，吾從周。」

緯書所論多周秦舊法，不可盡廢　缺

中正

荀子宥坐篇曰：「孔子觀於魯桓公之廟，有欹器焉。孔子問於守廟者曰：『此何爲器？』守廟者曰：『此蓋爲宥坐之器。』孔子曰：『吾聞宥坐之器者，虛則欹，中則正，滿則覆。』孔子顧謂弟子曰：『注水焉。』弟子挹水而注之，中而正，滿而覆，虛而欹。孔子喟然而歎曰：『吁！惡有滿而不覆者哉！』」

時

戰國策曰：「秦客卿造曰：『聖人不能爲時，時至弗失。』」

中 缺

升降 升降即上下也。

呂覽五月紀曰：「太一出兩儀，兩儀出陰陽。兩儀，天地也。出，生也。陰陽變化，一上一下，合而成章。章猶形。渾渾沌沌，離則復合，合則復離，渾讀如袞冕之袞。沌讀近屯。離，散。合，會。是謂天常。」天之常道。

尚書大傳曰：「書曰：『三歲考績，三考，黜陟幽明。』其訓曰：『積不善至於幽，六極以類降，故黜之。積善至于明，五福以類升，故陟之。』」

揚子太玄曰：「陽推，五福以類升；陰幽，六極以類降。升降相關，大貞乃通。」案，陽升陰降，陰陽得位相應，大亨以正天之道也。故云大貞乃通，猶經言「元亨利貞」也。

大衍之數五十一章，即伏羲作八卦之事，後人用之作卜筮，即依此法 缺

左傳之卦說 缺

承乘 缺

應 缺

當位不當位 附應

易重當位，其次重應，而例見于既、未濟彖辭。既濟彖曰：「利貞，剛柔正而位當也。」此言當位也。未濟彖曰：「雖不當位，剛柔應也。」此言應也。未濟六爻皆不當位而皆應，易猶稱之，則易于當位之外，其次重應明矣。六十四卦言當位者十三卦，履九五。否九五。臨六四。噬嗑六五。賁六四。遯二、五。蹇彖及六四。巽九五位正中。兑九五。渙九五正位。節九五居位中也。中孚九五。既濟。言不當位者二十二卦，需上六降三。師六三見五象。履六三。否六三。豫六三。臨六三。噬嗑彖及六三。大壯六五。晉九四。睽六三。解九四。夬九四。萃九四。困九四、六三見上象。震六三。歸妹彖六三。豐九四。旅九四未得位。兑六三。中孚六三。小過彖剛失位及九四。未濟彖及六三。言應者十七卦，蒙二、五。師二、五。比。小畜。履。同人二、五。大有。豫。臨二、五。无妄二、五。咸。恒。遯二、五。睽二、五。革二、五。鼎二、五。中孚。而皆于彖辭發之。

世應 附遊歸

京房易積算法曰：「孔子易云有四易：一世、二世爲地易，三世、四世爲人易，五世、八純八純，俗本作六世，訛。爲天易，遊魂、歸魂爲鬼易。」

易乾鑿度曰：「三畫成乾，六畫成卦。三畫已下爲地，四畫已上爲天。易氣從下生，動於地之下則應於天之下，動於地之中則應於天之中，動於地之上則應於天之上。註云：天氣下降以感地，故地氣動升以應天也。初以四，二以五，三以上，此之謂應。」

又云：「天地之氣必有終始，六位之設皆由上下。故易始於一，易本無體，氣變而爲一，故氣從下生也。分於二，清濁分於二儀。通於三，陰陽氣交，人生其中。（缺）故爲三才。於四，缺。盛於五，二壯於地，五壯於天，故爲盛也。終於上。」

左傳昭五年正義曰：「卦有六位，初、三、五奇數，爲陽位也；二、四、上耦數，爲陰位也。初與四、二與五、三與上位相值，爲相應。陽之所求者陰，陰之所求者陽。陽陰相值爲有應，陰還值陰、陽還值陽爲無應。」

干寶易蒙卦注曰：「蒙者，離宮陰也，世在四。」

謙彖曰：「謙，亨。」九家易曰：「艮山坤地，山至高，地至卑，以至高下至卑，故謙也。謙者，兑世。五世。艮與兑合，故亨。」

噬嗑初九：「屨校滅趾。」干寶曰：「屨校，貫械也。初居剛躁之家，震爲躁卦。體貪狠之性，坎爲貪狠，震爲陰賊，二者相得而行，故云。以震掩巽，巽五世，故掩巽。强暴之男也，行侵陵之罪，以陷履校之刑也。」

恒彖曰：「恒亨，无咎。利貞，久於其道也。」荀爽曰：「恒，震世也。巽來乘之，震三世下體成巽。陰陽會合，故通无咎。長男在上，長女在下，夫婦道正，故利貞，久于其道也。」

解彖曰：「天地解而雷雨作，雷雨作而百果草木皆甲拆。」荀爽曰：「解者，震世也。二世。仲春之月，草木萌牙，雷以動之，雨以潤之，日以烜之，故甲拆也。」

益六二曰：「王用享〔一〕於帝，吉。」干寶曰：「聖王先成民，而後致力於神，故王用享〔二〕於帝。在巽之宮，三世。處震之象，是則倉精之帝同始祖矣。」

井卦曰：「改邑不改井」。干寶曰：「水，殷德也。木，周德。夫井，德之地也，所以養民性命，而清潔之主者也。自震北行，至於五世，震五世井。改殷紂比屋之亂俗，而不易成湯昭假之法度也。故曰改邑不改井。」

「豐，亨。王假之，勿憂，宜日中。」干寶曰：「豐，坎宮陰世，在五，以其宜中而憂其側也。坎爲夜，離爲晝，以離變坎，至于天位，五爲天子。日中之象。殷水德，坎象晝敗而離居之，周伐殷居王位之象也。勿憂者，勸勉之言也。言周德當天人之心，宜居王位，故宜日中。」

〔一〕〔二〕「享」，續編本皆作「亨」。

下繫曰：「上古結繩而治，後世聖人易之以書契，百官以治，萬民以察。蓋取諸夬。」九家易曰：「夬本坤世，五世。下有伏坤，書之象也。坤爲文。上又見乾，契之象也。乾爲金。以乾照坤，察之象也。夬者，決也。取百官以書治職，萬民以契明其事。契，刻也。大壯進而成夬，大壯，坤四世，陽進成夬。金決竹木爲書契象，故法夬而作書契矣。」

劉禹錫辯易九六論曰：「董生述畢中和之語云：『國語晉公子親筮之，曰尚有晉國，得貞屯悔豫，皆八。按，坎二世而爲屯，屯六二爲世爻；震一世而爲豫，豫之初爲世爻。屯之二，豫之初，皆少陰不變，故謂之八。』」兩卦至歸魂始變爲九。

京房乾傳曰：「精粹氣純，是爲遊魂。」陸績曰：「爲陰極剥盡，陽道不可盡滅，故返陽道。道不復本位，爲遊魂例八卦。」

先曾王父樸菴先生易說諱有聲，字律和。曰：「碩果不食，故有遊歸。」又曰：「陰陽代謝，至於遊魂。」繫云：「精氣爲物，遊魂爲變，是故知鬼神之情狀。」樸菴先生曰：此易緯以遊魂爲鬼易也。

乾象曰：「大明終始。」荀爽曰：「乾起坎而終於離，坤起離而終於坎。離坎者，乾坤之家，而陰陽之府。故曰大明終始。」

家君曰：「乾遊魂於火地，歸魂於火天，故曰終於離；坤遊魂於水天，歸魂於水地，故曰終於坎。」

干寶序卦注曰：「需，坤之游魂也。雲升在天，而雨未降，翱翔東西之象也。王事未至，飲宴之日也。夫坤者，地也，婦人之職也，百穀果蓏之所生，禽獸魚鱉之所託也。而在遊魂變化之象，即烹爨腥實以爲和味者也。故曰：需者，飲食之道也。」又訟卦注曰：「訟，離之游魂也。離爲戈兵，北天氣將刑殺，訟主八月。聖人將用師之卦也。」

隨彖曰：「隨，剛來而下柔，動而説，隨。大亨貞无咎。」荀爽曰：「隨者，震之歸魂。震歸從巽，故大通。震三世下體成巽，至歸魂始後本體。動爻得正，故利貞。陽降陰升，嫌於有咎，動而得正，故无咎。」

蠱彖曰：「蠱，元亨，而天下治也。」荀爽曰：「蠱者，巽也。巽歸合震，巽三世至游魂，皆震也。故元亨也。蠱者，事也。備物致用，故天下治也。」

姤彖曰：「天地相遇，品物咸章也。」荀爽曰：「謂乾成於巽而舍於離，坤出於離，與乾相遇，南方夏位，萬物章明也。」九家易曰：「謂陽起子，運行至四月，六爻成乾，巽位在巳[一]，故言乾成於巽，既成，轉舍於離。坤萬物皆盛大，從離出，與乾相遇，故言天地遇也。」

〔一〕「巳」，續編本作「己」。

家君曰:「乾一世外卦,四世内卦,皆巽也。故言乾成于巽,遊魂於火地晉,故言舍于離;坤歸魂于火天大有,故言出於離,與乾相遇。」又案,巽本宫,四月卦也。一世外卦,四世内卦,皆乾也。知巽亦成于乾。

易例卷下

飛伏

朱子發曰：「凡卦見者爲飛，不見者爲伏。飛，方來也。伏，既往也。說卦『巽其究爲躁卦』，例飛伏也。大史公律書曰：『冬至一陰下藏，一陽上舒。』此論復卦初爻之伏巽也。」六十卦飛伏，詳京房易傳。

唐六典曰：「凡易用四十九算，分而揲之，凡十八變而成卦。又視卦之八氣，王、相、囚、死、衰、没、休、廢及飛伏、世應而使焉。」

京房易傳曰：「夏至起純陽，陽爻位伏藏；冬至陽爻動，陰氣凝地。」

乾初九：「潛龍勿用。」象曰：「潛龍勿用，陽在下也。」朱子發曰：「左傳蔡墨曰：在乾之姤曰潛龍勿用。初九卦坤下有伏震，潛龍也。」此與漢易異。

坤上六：「龍戰于野。」荀爽曰：「消息之位，坤在於亥，下有伏乾，爲其兼王弼改作嫌。于陽，故稱龍也。」

睽彖曰：「説而麗乎明，柔進而上行，得中而應乎剛。」仲翔曰：「剛謂應。乾五伏陽，非應二也，與鼎五同義也。」

鼎彖曰：「柔進而上行，得中而應乎剛，是以元亨。」仲翔曰：「柔謂五，得上中，應乾五剛。亦是伏陽。巽爲進，震爲行，非謂應二剛，與睽五同義也。」

坤文言曰：「易曰：履霜堅冰至。蓋言順也。」荀爽曰：「霜者，乾之命令。坤下有伏乾，履霜堅冰，蓋言順也。乾氣加之，性而讀爲能，猶耐也。堅，象臣順君命而成之。」

又曰：「陰雖有美，含之以從王事，弗敢成也。」荀爽曰：「六三陽位，不有伏陽。坤，陰卦也。雖有伏陽，含藏不顯，以從王事。要待乾命，不敢自成也。」

困象曰：「君子以致命遂志。」虞仲翔曰：君子謂三，伏陽也。案，六三戊午火，故云伏陽。」

繫辭上曰：「樂天知命，故不憂。」荀爽曰：「坤建于亥，乾立于巳，陰陽孤絶，其法宜憂。坤下有伏乾爲樂天，乾下有伏巽爲知命。巽爲命。陰陽合居，故不憂。」

繫辭下曰：「龍蛇之蟄，以全身也。」仲翔曰：「蟄，潛藏也。龍潛而蛇藏，陰息初巽爲蛇，陽息初震爲龍。十月坤成，十一月復生，始巽在下，龍蛇俱蟄。初坤爲身，故以全身也。」

又云：「利用安身，以崇德也。」九家易曰：「利用，陰道用也，謂姤時也。陰升上究則乾伏坤中，屈以求信，陽當復升，安身默處也。」

貴賤

乾鑿度曰：「初爲元士，在位卑下。二爲大夫，三爲三公，四爲諸侯，五爲天子，上爲宗廟。宗廟，人道之終。凡此六者，陰陽所以進退，君臣所以升降，萬民所以爲象則也。」

坤六三：「或從王事。」干寶曰：「陽降在四，自否來。三公位也。陰升在三，三公事也。」

訟上九：「或錫之鞶帶。」荀爽曰：「鞶帶，宗廟之服。三應于上，上爲宗廟，故曰鞶帶也。」

師上六：「大君有命，開國承家。」干寶曰：「離上九曰：『王用出征，有嘉折首。』上六爲宗廟，武王以文王行，故正開國之辭於宗廟之爻，明己之受命，文王之德也。」

解上六：「公用射隼。」仲翔曰：「上應在三。公謂三，伏陽也。」

損彖曰：「曷之用二簋，可用享。」荀爽曰：「二簋謂上體二陰也。上爲宗廟，簋者宗廟之器，故可享獻也。」

益六三：「有孚中行，告公用圭。」仲翔曰：「公謂三，伏陽也。三公位，乾爲圭，圭，玉也。乾爲玉。乾之二，故告公用圭。」卦自否來，故稱乾。

巽上九：「巽在牀下。」九家易曰：「上爲宗廟。禮封賞出軍皆先告廟，然後受行三軍之命，將之所專，故曰巽在牀下也。」

繫辭下曰：「二與四同功而異位。」崔憬曰：「二主士、大夫位，佐於一國；四主三孤、三公、牧伯之位，佐於天子，皆同有助理之功也。二士、大夫位卑，四孤、公、牧伯位尊，故有異也。」

又云：「三與五同功而異位。」崔憬曰：「三諸侯之位，五天子之位，同有理人之功，而君臣之位異者也。」

爻等

繫辭下曰：「爻有等，故曰物。」干寶曰：「等，羣也。爻中之義，羣物交集，五星、四氣、六親、九族、福德、刑殺、衆形、萬類皆來發于爻，故總謂之物也。」

京房乾卦傳曰：「水配位爲福德，陸績曰：甲子水是乾之子孫。木入金鄉居寶貝，甲寅木乾之財。土臨内象爲父母，甲辰土乾父母。火來四上嫌相敵，壬午火乾官鬼。金入金鄉木漸微。」壬申金同位傷木。

京房易積算法曰：「孔子曰：『八卦鬼爲繫爻，財爲制爻，天地爲義爻，陸績曰：天地即父母也。

福德爲寶爻，福德即子孫也。同氣爲魯〔一〕爻。』」兄弟爻也。抱朴子引靈寶經周秦時書。謂：「支干上生下曰寶日，原註：甲午、乙巳是也。下生上曰義日，壬申、癸酉是也。上克下曰制日，戊子己亥是也。下克上曰伐日，甲申、乙酉是也。上下同曰專日。」又云：「入山當以保日及義日，若專日者大吉，以制日、伐日必死。」淮南天文曰：「子生母曰義，母生子曰保，與寶通。子母相得曰專，母勝子曰制，子勝母曰困。困即繫也。以勝擊殺，勝而無報；以專從事而有功；以義行理，名立而不墮；以保畜養，萬物蕃昌；以困舉事，破滅死亡。」淮南之說與京房及靈寶經合，蓋周秦以來相傳之法。九師言易，安知不用是爲占歟？師法用辰不用日，故京易止據辰也。

參同契曰：「水以土爲鬼。」

今占法，水以土爲官，以火爲妻。案，左傳曰：「火，水妃也。」蓋從所勝者名之。故鄭康成注尚書鴻範曰：「木八爲金九妻也。」

比六三：「比之匪人。」象曰：「比之匪人，不亦傷乎？」干寶曰：「六三乙卯，坤之鬼吏，在比之家，有土之君也。周爲木德，卯爲木辰，同姓之國也。爻失其位，辰體陰賊，卯木以陰

〔一〕「魯」，依上下文義當作「專」。

氣賊害土，故爲陰賊。管蔡之象也。比建萬國，唯去此人。故曰：比之匪人，不亦傷王政也。」

小畜九五象曰：「有孚攣如，不獨富也。」九家易曰：「有信，下三爻也。體巽，故攣如。如謂連接其隣。隣謂四也。五以四陰作財，卦體木，六四辛未土，乃制爻也，故爲財。與下三陽共之，故曰不獨富也。」

隨初九：「官有渝，此易經官爻之明文。貞吉，出門交有功。」九家易曰：「渝，變也。謂陽來居初，德正爲震，震爲子，得土之位，故曰官也。陰陽出門，相與交通，陰往之上，亦不失正，故曰貞吉而交有功。」

先儒皆以隨爲否上之初，初柔升上，是乾之上九居坤初爲震，坤之初六升乾上而爲兑也。震初庚子水，得坤初乙未土之位，故曰官有渝。水以土爲官鬼，官鬼變則吉也。

上本陰位，故陰往之上，亦不失正。

漢書王莽傳曰：「太后聽公卿采莽女，有詔遣大司徒、大司空策告宗廟，雜加卜筮，皆曰：兆遇金水王相，服虔曰：卜法横者爲土，立者爲木，邪向經者爲金，背經者爲火，因兆而細曲者爲水。孟康曰：金水相生也。卦遇父母得位。父母者，京房所謂天地爻也。皇后母天下，父母得位故吉。所謂康强之占，逢吉之符也。」

貞悔

尚書鴻範曰：「曰貞曰悔。」又云：「卜五，占用二衍忒。」鄭氏曰：「二衍忒，謂貞悔也。」

左傳僖九年曰：「秦伯伐晉，卜徒父筮之，其卦遇蠱，曰：『蠱之貞，風也，其悔山也。』」

晉語曰：「公子親筮之，曰：『尚有晉國。』得貞屯悔豫，皆八。」韋昭曰：「震在屯爲貞，在豫爲悔。」

京房易傳曰：「静爲悔，發爲貞。」

唐六典曰：「凡内卦爲貞，朝占用之；外卦爲悔，暮占用之。」胡氏炳文曰：「乾上九，外卦之終，曰有悔；坤六三，内卦之終，曰可貞。貞悔二字，豈非發諸卦之凡例歟？」

消息

剥彖傳曰：「君子尚消息盈虚，天行也。」

豐彖傳曰：「日中則昃，月盈則食。天地盈虚，與時消息。」

臨彖傳曰：「至於八月有凶，消不久也。」

左傳正義：「易曰：伏羲作十言之教，曰乾、坤、震、巽、坎、離、艮、兑、消、息。」

繫辭上曰：「變化者，進退之象也。」荀爽曰：「春夏爲變，秋冬爲化；息卦爲進，消卦爲退也。」

說卦曰：「數往者順，知來者逆。」仲翔曰：「坤消從午至亥，上下故順也；乾息從子至巳，下上故逆也。」

九家易注泰卦曰：「陽息而升，陰消而降。陽稱息者，長也，起復成巽，萬物盛長也；陰言消者，起姤終乾，萬物成熟，熟則給用，給用則分散，故陰用特言消也。」

易緯乾鑿度曰：「聖人因陰陽起消息，立乾坤以統天地。」

又云：「消息卦純者爲帝，不純者爲王。」

史記歷書：太史公曰：「皇帝考定星歷，建立五行，起消息。」注：皇侃曰：「乾者陽生爲息，坤者陰死爲消也。」

漢書：京房上封事曰：「辛酉以來，少陰倍力而乘消息。」孟康曰：「房以息卦爲辟，辟，君也。消卦曰太陰，息卦曰太陽，其餘卦曰少陰、少陽，爲臣下也。」

後漢書：陳忠上疏曰：「頃季夏大暑，而消息不協，寒氣錯時，水漏爲變。天之降異，必有其故。所舉有道之士，可策問國典所務，王事過差，令處煖氣不效之意。庶有讜言，以承天誡。」

四正

説卦曰：「震，東方也。離也者，南方之卦也。兑，正秋也。坎者，正北方之卦也。」

案，震、離、兑、坎，陰陽各六爻。荀爽以爲乾六爻皆陽，陽爻九，四九三十六合四時；坤六爻皆陰，陰爻六，四六二十四合二十四氣。蓋四正者，乾坤之用。翟玄注文言云：「乾坤有消息，從四時來也。」

繫辭上曰：「兩儀生四象。」仲翔曰：「四象，四時也。兩儀謂乾坤也。乾二五之坤成坎、離、震、兑。震春，兑秋，坎冬，離夏，故兩儀生四象。」

孟氏章句曰：「坎、離、震、兑，二十四氣，次主一爻。其初則二至二分也。坎以陰包陽，故自北正，微陽動於下，升而未達，極於二月，凝涸之氣消，坎運終焉。春分出於震，始據萬物之元，爲主於内，則羣陰化而從之。極于南正，而豐大之變窮，震功究焉。離以陽包陰，故自南正，微陰生于地下，積而未章，至于八月，文明之質衰，離運終焉。仲秋陰形于兑，始循萬物之末，爲主於内，羣陽降而承之。極于北正，而天澤之施窮，兑功究焉。故陽七之静始于坎，陽九之動始于震，陰八之静始于離，陰六之動始于兑。故四象之變，皆兼六爻，而中節之應備矣。」一行六卦議。

易緯是類謀曰：「冬至日在坎，春分日在震，夏至日在離，秋分日在兑。四正之卦，卦有六爻，爻主一氣。」

康成注通卦驗曰：「冬至坎始用事，而至六氣，初六爻也。小寒於坎直九二，大寒於坎直六三，立春于坎直六四，雨水於坎直九五，驚蟄於坎直上六。春分於震直初九，清明於震直六二，穀雨於震直六三，立夏於震直九四，小滿於震直六五，芒種於震直上六。夏至於離直初九，小滿於離直六二，大暑於離直九三，立秋於離直九四，處暑於離直六五，白露於離直上九。秋分於兑直初九，寒露於兑直九二，霜降於兑直六三，立冬於兑直九四，小雪於兑直九五，大雪於兑直上六。」

孟康漢書注曰：「分卦直日之法，一爻主一日，六十四爲三百六十日，餘四卦震、離、兑、坎爲方伯監司之官，所以用震、離、兑、坎者，是二至二分用事之日，又是四時各專王之氣。各卦主時，其占法各以其日觀其善惡也。」

魏正光歷曰：「四正爲方伯。」薛瓚注漢書曰：「京房謂：方伯卦，震、兑、坎、離也。」京氏易傳曰：「方伯分威，厥妖馬生子亡。」易緯乾鑿度曰：「四維正紀，經緯仲序，度畢矣。」康成云：「四維正四時之紀，則坎離爲經，震兑爲緯。此四正之卦爲四仲之次序也。」

京氏易傳曰：「賦歛不理，茲謂禍。厥風絶經緯。」四時不正也。又云：「大經在辟而易臣，茲謂陰動。」坎離爲經位方伯，故云大經。辟，辟卦也。大經在辟，謂方伯擬君，易其臣道也。又云：「大經搖政，兹謂不陰。」不陰，不臣也。

漢書：魏相奏曰：「東方之卦不可以治西方，南方之卦不可以治北方。春興兑治則饑，秋興震治則華，冬興離治則泄，夏興坎治則雹。」

十二消息

易繫辭曰：「變通配四時。」仲翔曰：「變通趣時，謂十二月消息也。泰、大壯、夬配春，乾、姤、遯配夏，否、觀、剥配秋，坤、復、臨配冬。謂十二月消息相變通，而周於四時也。」

又云：「剛柔相推，變在其中矣。」仲翔曰：「謂十二消息九六相變。剛柔相推而主變化，故變在其中矣。」

又曰：「往來不窮謂之通。」荀爽曰：「謂一冬一夏陰陽相變易也。十二消息陰陽往來無窮已，故通也。」

又曰：「寒往則暑來，暑往則寒來。」仲翔曰：「乾爲寒，坤爲暑。謂陰息陽消，從姤至復，故寒往暑來也；陰詘陽信，從復至泰，故暑往寒來也。」

又曰：「範圍天地之化而不過。」九家易曰：「範者，法也；圍者，周也。言乾坤消息，法周天地，而不過於十二辰也。辰，日月所會之宿，謂諏訾、降婁、大梁、實沈、鶉首、鶉火、鶉尾、壽星、大火、析木、星紀、玄枵之屬是也。諏訾以下，謂自寅至丑，自泰至臨也。

干寶注乾六爻曰：「陽在初九，十一月之時，自復來也。初九甲子，乾納甲。天正之位，而乾元所始也。陽在九二，十二月之時，自臨來也。陽在九三，正月之時，自泰來也。陽在九四，二月之時，自大壯來也。陽在九五，三月之時，自夬來也。陽在上九，四月之時也。」四月於消息爲乾。又注坤六爻曰：「陰氣在初，五月之時，自姤來也。陰氣在二，六月之時，自遯來也。陰氣在三，七月之時，自否來也。陰氣在四，八月之時，自觀來也。陰氣在五，九月之時，自剥來也。陰在上六，十月之時也。」十月於消息爲坤。

康成注乾鑿度曰：「消息於雜卦爲尊，每月者譬一卦而位屬焉，各有所繫。」案，每月譬一卦者，如乾之初九屬復，坤之初六屬姤是也。臨觀以下倣此。

春秋緯、樂緯曰：「夏以十三月爲正，息卦受泰，初之始，其色尚黑，以寅爲朔。殷以十二月爲正，息卦受臨，物之牙，其色尚白，以鷄鳴爲朔。周以十一月爲正，息卦受復，其色尚赤，以夜半爲朔。」

此後漢陳寵所謂「三微成著，以通三統」也。康成謂：「十日爲微，一月爲著。三微成著，一爻也；三著成體，乃泰卦也。」

易緯乾鑿度曰：「孔子曰：『復表日角，臨表龍顏，泰表載與戴同。干，大壯表握訴、龍角、大辰，古脣字。夬表升骨、履文，姤表耳參漏、足履王、知多權，遯表日角、連理，否表二好文，坤爲文，故好文。觀表出準虎，剥表重童，與瞳同。明歷元。』」

案，十二消息皆辟卦，故舉帝王之表以明之。

周易參同契曰：「朔旦爲復，初九晦至朔旦，震來受符。陽氣始通。出入无疾，仲翔云：謂出震成乾，入巽成坤。坎爲疾，十二消息不見坎象，故出入无疾。立表微剛。黄鐘建子，韋昭曰：十一月黄鐘，乾初九也。康成曰：黄鐘，子之氣也，十一月建焉。兆乃滋張。播施柔暖，黎蒸得常。臨爐施條，九二。開路正光。光耀漸近，日以益長。丑之大吕，康成曰：大吕，丑之氣也，十二月建。結正低昂。仰以成泰，九三。剛柔並隆。陰陽交接，小往大來。仲翔曰：坤陰詘外爲小往，乾陽信内爲大來。輻輳于寅，運而趣時。漸歷大壯，九四。俠列卯門。春分爲卯，卯爲開門。榆莢墮落，還歸本根。二月榆落，魁臨于卯。翼奉風角曰：木落歸本。刑德相負，建緯卯，卯刑德並會，相見歡喜。晝夜始分。夫〔一〕陰以退，陽升而前。洗濯羽翮，九五飛龍。振索宿塵。乾健盛明，廣被四隣。陽〔二〕於巳，

〔一〕「夫」當作「夬」。
〔二〕「陽」字下似脱一「終」字。

上九。中而相干。姤始紀序，初六。履霜最先。井底寒泉，巽初六與乾初九爲飛伏，乾爲冰也。午爲甤賓。康成曰：甤賓，午之氣也，五月建焉。賓服於陰，陰爲主人。遯去世位，六二遯，乾二世。收歛其精。懷德俟時，陸績曰：遯俟時也。栖遲昧冥。否塞不通，六三。萌者不生。陰伸陽屈，没陽姓名。觀其權量，六四。察仲秋情。任畜微稚，老枯復榮。薺麥芽蘖，因冒以生。八月麥生，天罡據酉。詩緯推度災曰：陽本爲雄，陰本爲雌，物本爲魂。雄生八月仲節，號曰太初行三節。宋均注曰：本即原也。變陰陽爲雌雄，魂也。節猶氣也。太初者，氣之始也。必知生八月仲者，據此時麥薺生以爲驗也。陽生物行三節者，須雌俱行物也。剥爛肢體，六五。雜卦曰：剥，爛也。初足，二辯，四膚，指間稱辯，辯上稱膚，皆屬肢體。消滅其形。消艮入坤。化氣既竭，秋冬爲化。亡失至神。乾爲神。道窮則返，歸乎坤元。」坤元即乾元。

月令孟春曰：「是月也，天氣下降，地氣上騰。」正義曰：「天地之氣謂之陰陽，一年之中或升或降。故聖人作象各分爲六爻，以象十二月。陽氣之升從十一月爲始，至四月六陽皆升，六陰皆伏；至五月一陰初升，至十月六陰盡升，六陽盡伏。今正月云『天氣下降，地氣上騰』者，陽氣五月之時，爲陰從下起，上嚮排陽，至十月之時，六陽退盡，皆伏于下，至十一月陽之一爻始動地中，至十二月陽漸升，陽尚微，未能生物之極，正月三陽既上，成爲乾卦，乾體在下，三陰爲坤，坤體在上，是陽氣五月初降，至正月爲天體而在坤下也。

十一月一陽初生，而上排陰，至四月陰爻伏盡，六陽在上，五月一陰生，六月二陰生，陰氣尚微，成物未具，七月三陰生，而成坤體，坤體在下，三陽爲乾，而體在上，所以十月云地氣下降，天氣上騰。劉洽、氾閣、皇侃之徒，既不審知其理，又不能定其旨趣，諠諠撓撓，亦無取焉。」

乾升坤降

荀慈明論易，以陽在二者當上升坤五爲君，陰在五者當降居乾二爲臣，蓋乾升坤爲坎，坤升乾爲離。既成濟定，則六爻得位，繫詞所謂「上下无常，剛柔相易」，乾彖所謂「各正性命，保合太和，利貞之道」也。坎爲性，離爲命，二者乾坤之遊魂也。乾坤變化，坎離不動，各能還其本體，是各正之義也。此説得之京房。左傳史墨論魯昭公之失民，季氏之得民云：「在易卦雷乘乾曰大壯，天之道。」言九二之大夫當升五爲君也。慈明之説合于古之占法，故仲翔註易亦與之同。王弼泰六四注云：乾樂上復，坤樂下復。此亦升降之義，而弼不言升降。文言曰：「易曰：『見龍在田，利見大人。』君德也。」仲翔曰：「陽始觸陰，當升五爲君，時舍於二，宜利天下。」

又曰：「水流濕，火就燥。」慈明曰：「陽動之坤而爲坎，坤者純陰，故曰濕；陰動之乾而成離，乾者純陽，故曰燥。」

又曰：「本乎天者親上，本乎地者親下。」慈明曰：「謂乾九二，本出於乾，故曰本乎天；而居坤五，故曰親上。坤六五，本出於坤，故曰本乎地；降居乾二，故曰親下也。」

又曰：「雲行雨施，天下平也。」慈明曰：「乾升于坤曰雲行，坤降於乾曰雨施。乾坤二卦成兩既濟，陰陽和均而得其正，故曰天下平。」慈明注「時乘六龍以御天」云：御者，行也。陽升陰降，天道行也。

又曰：「與天地合其德。」慈明曰：「與天合德，謂居五也；與地合德，謂居二也。」「與日月合其明。」慈明曰：「謂坤五之乾二成離，離爲日；乾二之坤五爲坎，坎爲月。」

坤彖曰：「含弘光大，品物咸亨。」慈明曰：「乾二居坤五爲含，坤五居乾二爲弘；坤初居乾四爲光，乾四居坤初爲大。乾上居坤三亦爲含，故六三含章可貞。坤三居乾上，亦成兩既濟也。天地交，萬物生，故咸亨。」

師彖曰：「能以衆正，可以王矣。」慈明曰：「謂二有中和之德，而據羣陰，上居五位，可以王也。」

六四：「師左次，无咎。」慈明曰：「左謂二也，陽稱左；次，舍也。二與四同功，四承五，五无陽，故呼二，舍於五，四得承之，故无咎。」

上六：「大君有命，開國承家。」承讀如墨子引書承以大夫師長之承。慈明曰：「大君謂二。師旅已息，既上居五，當封賞有功，立國命家也。」宋衷曰：「陽當之五，處坤之中，故曰開國；陰下之二，在二承五，故曰承家。」

泰九二：「朋亡，得尚于中行。」慈明曰：「朋謂坤。朋亡而下，則二得上居五，而行中和矣。」

臨九二象曰：「咸臨，吉，无不利，未順命也。」慈明曰：「陽感至二，當升居五，羣陰相承，故无不利也。陽當居五，陰當順從，今尚在二，故曰未順命也。」

升彖曰：「巽而順，剛中而應，是以大亨。用見大人，勿恤，有慶也。」慈明曰：「謂二以剛居中，而來應五，故能大亨，上居尊位也。大人，天子，謂升居五，見爲大人。羣陰有主，无所復憂，而有慶也。」

九二象曰：「九二之孚，有喜也。」仲翔曰：「升五得位，故有喜。」

六五象曰：「貞吉升階，大得志也。」慈明曰：「陰正居中，爲陽作階，使居五，以下降二，與陽相應，故吉而得志。」

繫辭上曰：「天下之理得而易成位乎其中矣。」慈明曰：「陽位成於五，陰位成於二，五爲上中，二爲下中，故曰成位乎其中也。」

元亨利貞皆言既濟

卦具四德者七：乾、坤、屯、隨、臨、无妄、革，皆言既濟。

「乾，元亨利貞。」述曰：「易有太極，是生兩儀」，乾坤是也。元，始；亨，通；利，和；貞，正也。乾初爲道本，故曰元。六爻發揮，旁通于坤，故亨。乾二五之坤成坎，坤二五之乾成離，坎上離下，六爻位當，「各正性命，保合太和，乃利貞」，是利貞之義矣。既濟傳曰：「利貞，剛柔正而位當也。」此二篇卦爻辭之通例。

乾彖傳曰：「雲行雨施，品物流形。」虞註云：「已成既濟，上坎爲雲，下坎爲雨，故雲行雨施。下坎謂五。乾以雲雨流坤之形，萬物化成，故品物流形。」

乾文言曰：「時乘六龍，以御天也。雲行雨施，天下平也。」荀註云：「乾升於坤曰雲行，坤降于乾曰雨施。乾坤二卦，成兩既濟，陰陽和均，而得其正，故曰天下平。」

「坤，元亨，利牝馬之貞。君子有攸往。」述曰：乾流坤形，坤凝乾元，終亥出子，品物咸亨，故元亨。坤爲牝，乾爲馬，陰順于陽，故利牝馬之貞。乾來據坤，故君子有攸往。疏曰：陽來據坤五、二、初之位，故君子有攸往也。

「屯，元亨利貞。」述云：坎二之初，六二乘剛，五爲上弇，故名屯。三變之正，故元亨利貞。

屯彖傳曰：「雷雨之動滿形。」虞註云：「震雷坎雨，坤爲形也。謂三已反正，成既濟，坎水流坤，故滿形。謂雷動雨施，品物流形也。」

「隨，元亨利貞，无咎。」述曰：否上之初，二係初，三係四，上係五，陰隨陽，故名隨。三四易位，成既濟，故元亨利貞，无咎。

「臨，元亨利貞。」述曰：陽息至二，與遯旁通。臨者，大也。陽稱大，二陽升五，臨長羣陰，故曰臨。三動成既濟，故元亨利貞。

「无妄，元亨利貞。其匪正有眚，不利有攸往。」述曰：遯上之初。妄讀爲望，言无所望也。四已之正成益，利用大作；三上易位，成既濟，雲行雨施，品物流形，故元亨利貞。其謂三，三失位，故匪正。上動成坎，故有眚。體屯難，故不利有攸往。災及邑人，天命不祐，卦之所以爲无妄也。雜卦曰：「无妄，災也。」

「革，巳日乃孚，元亨利貞，悔亡。」虞註曰：「遯上之初，與蒙旁通。悔亡謂四也。四失正，動得位，故悔亡。離爲日，孚謂坎，四動體離，五在坎中，故巳日乃孚，以成既濟。乾道變化，各正性命，保合太和，乃利貞。故元亨利貞，悔亡矣。與乾彖同義。」彖傳曰：「文明以說，大亨以正，革而當，其悔乃亡。」虞註云：「文明謂離。說，兑也。大亨謂乾。四動成既濟定，故大亨以正。革而當位，故悔乃亡也。」

諸卦既濟

乾彖傳曰：「乾道變化，各正性命。保合太和，乃利貞。」

「既濟，亨小，利貞。」虞註云：「小謂二也。柔得中，故亨小。六爻得位，各正性命，保合太和，故利貞矣。」虞註未濟云：濟，成也。

彖傳曰：「既濟，亨小者，亨也。利貞，剛柔正而位當也。」

雜卦曰：「既濟，定也。」虞註云：「濟，成。六爻得位，定也。」

賁彖傳曰：「觀乎人文，以化成天下。」虞註云：「泰乾爲人，五上動體既濟，賁離象重明麗正，故以化成天下也。」

咸彖傳曰：「聖人感人心而天下和平。」虞註云：「乾爲聖人，初四易位，成既濟，坎爲心、爲平，故聖人感人心而天下和平。此保合太和，品物流形也。」

恒彖傳曰：「聖人久於其道，而天下化成。」虞註云：「聖人謂乾，乾爲道。初二已正，四五復位，成既濟定，乾道變化，各正性命，有兩離象，重明麗正，故化成天下。」

家人上九象傳曰：「威如之吉，反身之謂也。」虞註云：「謂三動。坤爲身，上之三，成既濟定，故反身之謂。此家道正，正家而天下定矣。」

損益言既濟　夬九二漸九五言既濟　泰　升二升五　歸妹　豐　渙

用九用六

乾象傳曰：「元亨利貞。」坤象傳曰：「元亨，利牝馬之貞。」此即用九、用六之義也。文言曰：「知進退存亡而不失其正者，其惟聖人乎。」此申用九、用六之義，所謂中庸也。中庸亦云：「惟聖者能之。」用九、用六，言用九、六不失其正也。中庸謂之用中，庸亦用也。易稱乾坤，乾不獨乾，坤不獨坤，故著用九、用六一條。乾用九兼坤，乾爲首，坤先迷，故元首吉；坤用六兼乾，坤爲終，乾陽大，故以大終。

用九

史墨舉乾六爻曰：「其坤，見羣龍无首，吉。」俗儒謂乾變坤，非也。爻有九、有六，凡稱九、六者，陰陽之變用九、用六，六十四卦皆然。皆言變，故乾用九稱其坤，則坤用六亦當云其乾也。其坤、其乾者，言乾坤六爻之變，非乾變坤、坤變乾也。自魏晉以來，諸儒皆不得解。六十四卦三百八十四爻，皆稱九、六，而不變者居半。其言不變，則見于卦爻之辭。周以前易書名象，皆占七、八，至文王始用九、六，以變爲占，改名曰易也。乾鑿度曰：陽以七，陰以八爲彖。陽變七之九，陰變八之六。鄭註云：九、六爻之變動者。繫曰：爻，效天下之動也。然則連山、歸藏占彖，本其質性也；周易占變，效其流動也。

用九用六之法在乾坤二卦

繫下曰：「若夫雜物撰德，辨是與非，則非其中，爻不備。」虞註云：「乾六爻二、四、上非正，坤六爻初、三、五非正，故雜物。因而重之，爻在其中，故非其中，則爻辭不備。道有變動，故曰爻也。」

坤彖傳曰：「含弘光大。」荀註曰：「乾二居坤五爲含，坤五居乾二爲弘，坤初居乾四爲光，乾四居坤初爲大也。」

乾九二：「見龍在田，利見大人。」荀註曰：「見者，見居其位。田謂坤也。二當升坤五，故曰見龍在田。大人謂天子。」

九四：「或躍在淵，无咎。」荀註曰：「乾者君卦，四者陰位，故上躍居五者欲下居坤初，求陽之正，地下稱淵也。」

上九：「忼龍有悔。」九家易曰：「忼極失位，當下之坤三，屈爲諸侯，故曰有悔者也。」

坤初六：「履霜，堅冰至。」九家易曰：「霜者，乾之命也。堅冰者，陰功成也。謂坤初六之乾四，履乾命令，而成堅冰也。」

六三：「含章可貞。」述曰：三下有伏陽，故含章。三失位，當之三，故可貞。

六五：「黄裳，元吉。」述曰：坤爲裳。黄，中之色；裳，下之飾。五當之乾二而居下中，故曰黄裳。

甲子卦氣起中孚

老子道經曰：「窈兮冥兮，其中有精，河上註云：道唯窈冥無形，其中有精，實神明之相薄，陰陽交會也。其精甚真，其中有信。」真猶誠也，誠猶信也。淮南解此經引晉文公伐原，以爲失信得原，吾弗爲也。是精、真、信者，如易卦之中孚也。

淮南泰族曰：「天設日月，列星辰，調陰陽，張四時，日以暴之，夜以息之，風以乾之，雨露以濡之。其生物也，莫見其所養而物長；其殺物也，莫見其所喪而物亡。此之謂神明，神眇萬物。聖人象之。故其起福也，不見其所由而福起；其除禍也，不見其所以而禍除。遠之則邇，延之則疎，稽之弗得，察之不虚，誠不可掩。日計無算，歲計有餘。夫濕之至也，莫見其形而炭已重矣。風之至也，莫見其象而木已動矣。日之行也，不見其移，騏驥倍日而馳，草木爲之靡，縣熢未轉，而日在其前。故天之且風，草木未動而鳥已翔矣。鳥巢居知風。其且雨也，陰曀未集而魚已噞矣。魚潛居知雨。以陰陽之氣相動也，故寒暑燥濕以類相從，聲響疾徐以音相應也。故易曰：『鳴鶴在陰，其子和之。』中孚微陽應卦，故鶴鳴子和。高宗諒闇，三年不言，四海之内，寂然無聲；一言聲然大動天下，所謂言行動天地。是以天心呿唫者也。復見天心。故一動其本而百枝皆應。本謂初，甲子卦氣所起。若春雨之灌萬物也，渾然而流，沛然而施，無地而不澍，無物而不生。故聖人〔一〕懷天心，聲然能動化天下者也。參同契曰：故易統天心，復卦建始蒙。聖人象之，故懷天心，聲然能動也。故精神感於内，形氣動於天，則景星見，黄龍下，祥鳳至，醴泉出，嘉穀生，河不滿溢，海不溶波。故詩云：『懷柔百神，及河嶠嶽。』」乾元用九而天下治，既濟之效也。

既濟

莊子田子方曰：「孔子曰：『至陰肅肅，至陽赫赫。肅肅出乎天，赫赫發乎地。郭註：言其交也。兩者交通成和，而物生焉。或爲之紀，而莫見其形。』」至陰，坤也；至陽，乾也。肅肅出乎天，坤之乾也；赫赫發乎地，乾通坤也。至陰、至

〔一〕「人」下，淮南子原文有「者」字。

陽，乾坤合于一元也。元。兩者交通，亨也。亨。成和而物生，利也。利。六爻得正，貞也。貞。元亨利貞，既濟定也。或爲之紀，而莫見其形，易也。故曰易无體。」

剛　柔

易道剛勝而柔危，故尚剛。道家則不然，乃曰：「剛强者死之徒。」此儒與道之別也。夫子曰：「吾未見剛者。」子路問强。聖門皆尚剛也。

天道尚剛

後漢丁鴻傳：鴻因日食上封事曰：「臣聞天不可以不剛，見董子繁露。不剛則三光不明。王不可以不强，不强則宰牧從横。」註云：「三光，日月星也。天道尚剛，易曰：『乾，健也。』天道終日乾乾，是其剛也。」

君道尚剛不尚柔　缺

七八九六

蓍爲陽，故云七。卦爲陰，故云八。爻爲變，故稱九六。

天地之數止七八九六

天地之數五十有五，而天五爲虛者，土生數五，成數五，二五爲十，故有地十，則五爲虛也。虛者爲用，故一二三四得五爲六七八九，而水火木金具，土居其中。故易止有七八九六，而天地之數已備矣。

七八九六合之爲三十，而天地之數畢矣。

水火木金得土而成，故一二三四得五爲六七八九。

九六義 七八附

古文易上下本無初九、初六及用九、用六之文，故左傳昭二十九年蔡墨述周易，于乾初九則曰「乾之姤」，于用九則曰「其坤」。劉炫規過曰：蔡墨此意取易文耳，非揲蓍求卦。此本當言初九、九二，但以爻變成卦，即以彼卦名爻。其意不取于之適。所言其同人、其大有，猶引詩言其二章、其三章。說者謂初九、初六皆漢人所加。然夫子十翼于坤傳曰「六二之動」，大有傳曰「大有初九」，文言曰「乾元用九」，坤傳曰「用六永貞」，則初九、初六、用九、用六之名，夫子時已有之，當不始于漢也。其九、六之義，繫辭天地之數五十有五，有天九、地六；九家易謂九天數，六地數。乾之筴二百一十有六，坤之筴百四十有四，皆以四九、四六積算，則爲乾九、坤六。又二十〔一〕律本于易，十一月黃鍾，乾初九也，黃鍾爲天統，律長九寸六分；林鍾，坤初六也，林鍾爲地統，律長六寸，亦乾九、坤六。此九、六之義也。其七爲少陽，八爲少陰，九爲老陽，六爲老陰之義，見于孔穎達之易乾卦正義，及賈公彦之周禮太卜疏，崔憬之周易新義。孔、賈、崔之説本之陳諮議、參軍張機。易乾卦正義所稱張氏，即機也。機之説又本之鄭康成之易註。鄭易已亡，散見于五經正義及周禮、儀禮、公羊諸疏與王厚齋之集註。集鄭氏易爲一卷，附玉海後。鄭註易有四象，云：「布六于北方以象水，布八于東方以象木，布九于西方以象金，布七于南方以象火。」又註「精氣爲物，游魂爲變」云：「精氣謂七八，游魂謂九六。七八木火之數，九六金水之數。木火用事而物生，故曰精氣爲物。金水用事而物變，故曰游魂爲變。言木火之神生物東

〔一〕「二十」似「十二」之誤。

南，金水之鬼終物西北。」此上鄭註。若然，生物故謂之少，終物故謂之老，是老少之義也。合鄭、張、孔、賈、崔之説，考之七八九六，實天地之全數耳。繫辭曰：「天一，地二；天三，地四；天五，地六；天七，地八；天九，地十。」子曰：「夫易何爲者也。」據古易次第。虞仲翔註云：「問易何爲？取天地之數也。」下傳云：「是故蓍之德圓而神，卦之德方以知，六爻之義，易以貢。」蓍圓而神，七也。七七四十九。卦方以知，八也。八八六十四。周禮太卜曰：其經卦皆八，其別六十有四。六爻易以貢，九六也。繫辭曰：爻者，言乎變者也。又曰：爻也者，效天下之動者也。又曰：道有變動，故曰爻。故易三百八十四爻皆稱九六。是天地之數，易之所取止有七八九六，以爲蓍卦之德，六爻之義。至其用以筮，而遇卦之不變者，則不曰七而曰八。蓋蓍圓而神，神以知來；卦方以知，知以藏往。知來爲卦之未成者，藏往爲卦之已成者，故不曰七而曰八。左傳襄九年穆姜始往東宫，而筮之，遇艮之八。晉語重耳歸國，董因筮之，得泰之八。八者，卦之數，故春秋内外兩傳從無遇某卦之七者。以七者，筮之數，卦之未成者也。據揲蓍之時，七八九六皆卦之未成者，既成之後，則七八爲彖，九六爲變，及舉卦名則止稱八，不稱七。此古法也。必知七八九六爲天地之全數者，天地之數一曰水，二曰火，三曰木，四曰金，五曰土，一二三四得五爲六七八九，水火木金行于四時。五五爲土，見太玄。二五爲十，是謂地十。居中央，王四方，故天地之數止有七八九六。

七八十五，九六亦十五，二者合爲一月之數。七八爲春夏，九六爲秋冬，四者合爲一歲之周。天六地五，日有六甲，辰有五子，五六三十，而天地之數畢。三統歷日十一而天地之道畢，言終而復始，十一即五六也。漢志五六天地之中合，亦謂天六、地五。楊傑賦謂天五、地六，非漢法也。故知七八九六爲天地之全數，而易之所用也。

兩象易䷡大壯 ䷘无妄

繫下〔一〕曰：「上古穴居而野處，後世聖人易之以宫室，上棟下宇，以待風雨。蓋取諸大壯。」虞註云：「无妄兩象易也。无妄乾在上，故稱上古。艮爲穴居，乾爲野，巽爲處，无妄乾人在路，故穴居野處。震爲後世、爲聖人，後世聖人謂黄帝也。艮爲宫室，變成大壯，乾人入宫，故易以宫室。艮爲待，巽爲風，兑爲雨，乾爲高，巽爲長木，反在上爲棟，震陽動起，故上棟。下宇謂屋邊也。兑澤動下，爲下宇。无妄之大壯，巽風不見，兑雨隔震，與乾體絶，故上棟下宇，以待風雨。蓋取諸大壯也。」

〔一〕「下」原作「上」，誤，今正。

䷛大過　䷼中孚

又曰："古之葬者，厚衣之以薪，藏之中野，不封不樹，喪期无數。後世聖人易之以棺椁。蓋取諸大過。"虞註云："中孚上下兩象易也。本无乾象，故不言上古。大過乾在中，故但言古者。巽爲薪，艮爲厚，乾爲衣、爲野，乾象在中，故厚衣之以薪，藏之中野。穿土稱封。封，古窆字也。聚土爲樹。中孚无坤坎象，故不封不樹。坤爲喪期，謂從斬衰至緦麻日月之期數。无離坎日月，坤象故喪期无數。巽爲木、爲入處，兑爲口，乾爲人，木而有口，乾人入處，棺斂之象。中孚艮爲山邱，巽木在裏，棺藏山陵，椁之象也。故取諸大過。"

䷪夬　䷉履

又曰："上古結繩而治，後世聖人易之以書契，百官以治，萬民以察。蓋取諸夬。"虞註云："履上下象易也。乾象在上，故復言上古。巽爲繩，離爲罔罟，乾爲治，故結繩以治。後世聖人謂黄帝、堯、舜也。夬旁通剥，剥坤爲書，兑爲契，故易之以書契。乾爲百，剥艮爲官，坤爲衆臣、爲萬民、爲迷暗，乾爲治，夬反剥，以乾照坤，故百官以治，萬民以察。故取諸夬。大壯、大過、夬此三蓋取直兩象上下相易，故俱言易之。大壯本无妄，夬本履卦，乾象俱在上，故言上古。中孚本无乾象，大過乾不在上，故但言古者。大過亦言後世聖人易之，明上古時也。」

萃　臨

「大畜，利貞。」虞註云：「與萃旁通。此萃五之復二成臨。臨者，大也。至上有頤養之象，故名大畜。」

案，萃者，臨兩象易也。故萃五之復二成臨。虞註雜卦：「大畜，時也。大畜五之復二成臨，時舍坤二，故時也。」兩象易，故不言四之初。

豫　復

「小畜，亨。」虞註云：「與豫旁通。豫四之坤初爲復，復小陽潛，所畜者小，故曰小畜。」初九：「復自道，何其咎，吉。」虞註云：「謂從豫四之初成復卦，故復自道。出入无疾，朋來无咎，何其咎，吉。乾稱道也。」

案，豫者，復兩象易也。故豫四之坤初爲復。小畜與豫旁通，而兼及兩象易者，漢法也。其本諸繫下无妄、中孚。履與大畜倣此。

反卦有卦之反，有爻之反。卦之反，反卦也；爻之反，旁通也。王氏畧例曰：卦有反對。

雜卦曰：「否泰，反其類也。」虞註云：「否反成泰，泰反成否，故反其類。終日乾乾，反復之道。」否反泰，泰反否。

復彖傳曰：「復，亨。剛反，動而以順行。」虞註云：「剛從艮入坤，從反震，故曰反動。」艮反震。

觀卦曰：「觀盥而不薦。」虞註云：「觀反臨也。」觀反臨。

觀六二曰：「闚觀，利女貞。」虞註云：「臨兑爲女，兑女反成巽。」兑反巽。

明夷虞註云：「夷，傷也。臨二之三，而反晉也。」

「漸，女歸，吉。」虞註云：「女謂四。歸，嫁也。坤三之四承五，進得位，往有功，反成歸妹，兑女歸，吉。」

繫上曰：「鼓之舞之以盡神。」荀註云：「鼓者，動也；舞者，行也。謂三百八十四爻動行相反，其卦反卦之明文。所以盡易之蘊。」六十四反卦。

案，古无反卦之説，唯虞註觀、復、明夷、漸五條，乃真反卦也。其雜卦一條，及虞註同人、荀註繫辭二條，仍可通之於旁通耳。乾坤、否泰，旁通而兼反卦者也。同人九五曰：同人，先號咷而後笑，大師克相遇。虞註云：同人反師。此旁通而云反者，亦乾坤、否泰之例也。

朱震周易叢説曰：「荀爽解中孚曰：『兩巽對合，外實中虛，則古人取象有用反卦爲象者，於此可見。』」

繫下曰：「重門擊柝，以待虣客，蓋取諸豫。」九家易曰：「下有艮象，從外示之，示與視同。震復爲艮，兩艮對合，重門之象也。」

又曰：「君子安其身而後動。」虞註云：「謂反損成益。」

虞註序卦云：「否反成泰，咸反成恒。」

序卦正義曰：「今驗六十四卦，二二相耦，非覆即變。覆者，表裏視之，遂成兩卦，屯蒙、需訟、師比之類是也；變者，反覆唯成一卦，則變以對之，乾、坤、坎、離、大過、頤、中孚、小過之類是也。」此條是宋人反對之説，非漢人反卦之謂。

反復不衰卦

乾象傳曰：「終日乾乾，反復道也。」述云：反復合於乾道。

頤卦曰：「頤，貞吉。」虞註云：「晉四之初，反復不衰，與乾、坤、坎、離、大過、小過、中孚同義。故不從臨觀四陰二陽之例。」

繫上曰：「古之聰明睿知神武而不殺殺讀爲衰。者夫。」虞註云：「謂大人也。庖犧在乾五，動而之坤，與天地合聰明，在坎爲聰，在離爲明，神武謂乾，睿知謂坤。乾、坤、坎、離反復不衰，故而不衰者夫。」

朱子語類曰：「三十六宫都是春。易中二十八卦翻覆成五十六卦，惟有乾、坤、坎、離、大過、頤、小過、中孚八卦反覆只是本卦。以二十八卦凑此八卦，故言三十六也。」

半　象

虞註需卦曰：「大壯四之五。」九二：「需于沙，小有言。」虞註云：「大壯震爲言，四之五，震象半見，故小有言。」

又註需大象曰：「二失信，變體噬嗑爲食，故以飲食。」二變初爲半震。

又註訟六三曰：「乾爲舊德，食爲初，四二已變之正，三動得位，體噬嗑食，四變食乾，故食舊德。」

註豫卦辭曰：「三至上體師象，故行師。」

註訟初六云：「初四易位成震言，三食舊德，震象半見。」

註小畜卦辭云：「需上變爲巽，上變爲陽，坎象半見，故密雲不雨。」

註晉上九曰：「動體師象。」

註益六二曰：「三乾當作變。折坤牛體噬嗑食，故王用亨于帝。」亦謂震半象。

説文「谷」字下云：「泉出通川爲谷。从水半見，出於口。」又「片」字下云：「判木也。从半木。」「俎」字下云：「从半肉在且上。」

大畜九三曰：「二已變，三體坎，二至五體師象。」謂坤半象。

爻變受成法

家人上九曰：「有孚威如，終吉。」虞註云：「謂三已變，與上易位成坎，坎爲孚，故有孚。乾爲威如，自上之坤，故威如。易則得位，故終吉也。」象曰：「威如之吉，反身之謂也。」虞註云：「謂三動。三得正而動，與上易位，此受成法也。坤爲身，上之三，成既濟定，故反身之謂。此家道正，正家而天下定矣。」

漸初六曰：「鴻漸于干，小子厲，有言，无咎。」虞註云：「艮爲小子，初失位，故厲。變得正，三動受上成震，震爲言，故小子厲，有言，无咎也。」

上九：「鴻漸于陸。」虞註云：「陸謂三也。三坎爲平，變而成坤，故稱陸也。」

又曰：「其羽可用爲儀，吉。」虞註云：「謂三變，受成既濟。與家人彖同義。上之三得正，離爲鳥，故其羽可用爲儀，吉。三動失位，坤爲亂，乾四止坤。象曰『不可亂』，彖曰『進以正邦』，爲此又發也。三已得位，又變受上，權也。孔子曰：『可與適道，未可與權。』宜无性焉。」

漸彖傳曰：「進以正，可以正邦也，其位剛得中也。」虞註云：「謂初已變，爲家人。四進已正，而上不正，三動成坤爲邦，上來反三，故進以正，可以正邦，其位剛得中。與家人道正同義。三在外體之中，故稱得中。乾文言曰『中不在人』，謂三也。此可謂上變，既濟定者也。」

諸卦旁通

乾文言曰：「六爻發揮，旁通情也。」陸績注云：「乾六爻發揮變動，旁通於坤，坤來入乾，以成六十四卦，故曰旁通情也。」旁通如乾與坤、之〔一〕與鼎、蒙與革之類。

〔一〕「之」，似「屯」字之誤。

旁通卦變

「小畜，亨。」虞註云：「與豫旁通。豫四之坤初爲復，復小陽潛，所畜者小，故曰小畜。」初九：「復自道，何其咎，吉。」虞註云：「謂從豫四之初成復卦，故復自道。出入无疾，朋來无咎，何其咎，吉。乾稱道也。」九二：「牽復，吉。」象曰：「牽復在中，亦不自失也。」虞註云：「變應五，故不自失。」九三：「車説輹。」虞註云：「豫坤爲車、爲輹，至三成乾，坤象不見，故車説輹。」六四：「有孚，血去惕出，无咎。」虞註云：「豫坎爲血、爲惕。惕，憂也。震爲出，變成小畜，坎象不見，故血去惕出。得位承五，故无咎也。」

「履虎尾，不咥人，亨。」虞註云：「與謙旁通。以坤履乾，以柔履剛，謙坤爲虎，艮爲尾，乾爲人，乾兑乘謙，震足蹈艮，故履虎尾。兑悦而應，虎口與上絶，故不咥人。」彖傳曰：「剛中正，履帝位而不疚，光明也。」虞注云：「剛中正謂五。謙震爲帝，五帝位，坎爲疾病，謙坎。乾爲大明，五履帝位，坎象不見，故履帝位而不疚，光明也。」象曰：「上天下澤，履。君子以辯上下，定民志。」虞注云：「乾天爲上，兑澤爲下，謙坤爲民，坎爲志，謙時坤在乾上，變而爲履，故辯上下，定民志也。」

「大有，元亨。」虞註云：「與比旁通。」彖傳曰：「其德剛建而文明，應乎天而時行，是以元亨。」虞註云：「大有通比。初動成震爲春，至二兑爲秋，至三離爲夏，坎爲冬，故曰時行。以乾亨坤，是以元亨。」初九：「无交害，匪咎，艱則无咎。」虞註云：「初動震爲交，比坤爲害。艱，難。謂陽動比初成屯。屯，難也。變得位，艱則无咎。」九二：「大車〔一〕以載，有攸往，无咎。」虞註云：「比坤爲大車，乾來積上，故大車〔二〕以載。」比變成大有，故乾來積上。

旁通相應

睽彖傳曰：「説而麗乎明，柔進而上行，得中而應乎剛。」虞註云：「剛謂應乾五伏陽，非應二也。與鼎五同義。」

「鼎元吉，亨。」虞註云：「柔進上行，得中應乾五剛，故元吉，亨也。」又彖傳曰：「柔進而上行，得中而應乎剛，是以元亨。」虞註云：「柔謂五。得上中，應乾五剛。巽爲進，震爲行，非謂應二剛。與睽五同義也。」

〔一〕〔二〕「車」，續編本作「輿」。

震巽特變

說卦曰：「震爲雷，其究爲健、爲蕃鮮。」虞註云：「震巽相薄，變而至三，則下象究，與四成乾，變至三則成巽，故下象究。二至四體乾，故與四成乾。故其究爲健、爲蕃鮮。鮮，白也。巽爲白。虞註巽九五云：蕃鮮白，謂巽也。巽究爲躁卦，躁卦則震，震雷巽風无形，故卦特變耳。」

又曰：「巽爲木、爲風，其究爲躁卦。」虞註云：「變至五成噬嗑爲市。動上成震，故其究爲躁卦。明震内體爲專，外體爲躁。」

下經恒六五云：「恒其德，婦人吉，夫子凶。」虞註云：「動正成乾，故恒其德。婦人謂初，巽爲婦，終變成益，震四復初，婦得歸陽，從二而終，故貞，婦人吉也。震乾之子而爲巽夫，故曰夫子。終變成益，震四從巽，死於坤中，故夫子凶也。」恒與益旁通。諸卦旁通則從旁通卦變，恒内震外巽之卦，故終變成益。

恒卦彖傳云：「利有攸往，終則有始也。」虞註云：「初利往之四，終變成益，終則有始，故利有攸往也。」

又云：「日月得天而能久照。」虞註云：「動初成乾爲天，至二離爲日，至三坎爲月，故日月得天而能久照也。」

又云：「四時變化而能久成。」虞註云：「春夏爲變，秋冬爲化。變至二離夏，至三兑秋，至四震春，至五坎冬至，故四時變化而能久成。」

上經小畜彖云：「小畜，亨。」虞註云：「與豫旁通。豫四之坤初爲復，復小陽潛，所畜者小，故曰小畜。」

又初九：「復自道。」虞註云：「謂從豫四之初成復卦，故復自道。」又九三：「輿説輹。」虞註云：「豫坤爲車、爲輹，至三成乾，坤象不見，故輿説輹。」

豫彖傳曰：「天地以順動，故日月不過，而四時不忒。」虞註云：「豫變小畜，坤爲地，動初至三成乾，故天地以順動。過謂失度。忒，差迭也。謂變初至需，離爲日，坎爲月，皆得其正，故日月不過。動初時，震爲春，至四兑爲秋，至五坎爲冬，離爲夏，四時爲正，故四時不忒。通變之謂事，蓋此之類。」

案，小畜内象巽，豫内象震，震巽特變，小畜從旁通之例。豫終變成小畜，猶恒終變成益也。

蠱彖云：「先甲三日，後甲三日。」虞註云：「謂初變成乾，大畜。乾爲甲，至三成離，賁。離爲日，謂乾三爻在前，故先甲三日，賁時也。變三至四體離，噬嗑。至五成乾，无妄。乾三爻在後，故後甲三日，无妄時也。」蠱體巽五震。

下經巽九五云：「无初有終，先庚三日，吉。後庚三日。」虞註云：「震巽相薄，雷風无形，當變之震矣。巽究爲躁卦，故無初有終。震，庚也。謂變初至二成離，家人。至三成震，益。震主庚，離爲日，震三爻在前，故先庚三日，謂益時也。動四至五成離，噬嗑。終上成震，震爻在後，故後庚三日也。巽初失正，終變成震，得位故吉。震究爲蕃鮮白，謂巽也。巽究爲躁卦，躁卦謂震也。與蠱先甲三日、後甲三日同義。」

君子爲陽大義

「泰，小往大來。」傳曰：「君子道長，小人道消。」「否，大往小來。」傳曰：「小人道長，君子道消。」則陽爲君子，陰爲小人明矣。故坤卦辭「君子有攸往」，君子謂乾陽。

說卦方位即明堂方位缺

諸　例

自内曰往，自外曰來。内卦爲主，外卦爲賓爲客。陽謂君子，陰爲小人。初爲隱，

乾初九：龍德而隱。又曰：隱而未見。爲潛，乾初九潛龍。爲微，繫下曰：幾者，動之微。虞註云：陽見初

成震，故動之微。易乾鑿度曰：天道三微而成著，謂一爻。爲幾，虞註繫辭曰：幾謂初。爲嘖，繫辭：探嘖索隱。虞註云：嘖謂初。爲始，爲深，爲足，爲趾，爲履，爲拇。二爲大夫，乾鑿度。爲家，虞註。爲中和。四爲三公，乾鑿度。爲心，爲疑。五爲中和，太玄。爲天子，爲大君，爲大人。上爲宗廟，乾鑿度。爲首，爲角，爲終。

六不居五。皆指乾五。

下爲先，上爲後。下爲內，上爲外。

陽爲存，陰爲亡。陽爲吉，陰爲凶。

陽爲吉，爲慶，爲喜，爲生，爲德，爲始，爲存。

陰爲凶，爲惡，爲殺，爲刑，爲終，爲亡。

初九、九五爲聖人，初六、六四、上六爲小人。

九三爲君子。九二爲庸人。九四爲惡人，爲庸人。

上九爲庸人。

六二、六四爲君子。

陽失位爲庸人，陰失位爲小人。

陰陽失正爲邪。

二、五爲中和。

性命之理缺

君子　小人

乾鑿度曰：「一聖，復初九。二庸，臨九二。三君子，泰九三。四庸，大壯九四。五聖，夬九五。六庸，乾上九。七小人，姤初六。八君子，遯六二。九小人，否六三。十君子，觀六四。十一小人，剥六五。十二君子，坤上六。十三聖人，初九。十四庸人，九二。十五君子，九三。十六庸人，九四。十七聖人，九五。十八庸人，上九。十九小人，初六。二十君子，六二。二十一小人，六三。二十二君子，六四。二十三小人，六五。二十四君子，上六。二十五聖人，初九。二十六庸人，九二。二十七君子，九三。二十八庸人，九四。二十九聖人，九五。三十庸人，上九。三十一小人，初六。三十二君子，六二。三十三小人，六三。三十四君子，六四。三十五小人，六五。三十六君子，上六。三十七聖人，初九。三十八庸人，九二。三十九君子，九三。四十小人，當作庸人，謂九四。四十一聖人，九五。四十二庸人。上九。孔子曰：『極至德之世，不過此乾三十二世消，坤三十六世消。』」鄭注云：「三十二君之率陽得正爲聖人，失正爲庸人；陰失正爲小人，得正爲君子。」

陰陽正爲君子，失正爲小人，九三亦爲君子。

泰彖傳曰：「內君子而外小人，君子道長，小人道消也。」陽爲君子，陰爲小人。　又一說：陰小人，變之正則爲君子，解六五「君子維有解」是也。又蒙六五失正爲童蒙，變之正爲聖人。蒙彖傳「蒙以養正，聖功」是也。

離四爲惡人

離九四曰：「㐬如其來如，焚如死如弃如。」

大有初九：「无交害。」虞註云：「害謂四，四離火爲惡人。」

旅九四：「旅于處。」虞註云：「巽爲處，四焚弃惡人，失位遠應，故旅於處，言无所從也。」

繫下云：「子曰：德薄而位尊。」虞註云：「鼎四也。則離九四凶惡小人，故德薄。」

大有九四：「匪其尫。」虞註云：「其位尫足尫體，行不正，四失位，折震足，故尫。」象曰：「匪其尫，无咎，明辯折也。」虞註云：「折之離，故明辯折也。四在乾則尫，在坤爲鼠，晉。在震噬胏得金矢，在巽折鼎足，在坎爲鬼方，在離焚死，在艮旅于處，言无所容，在兑睽孤孚厲。三百八十四爻獨无所容也。」

五行相次

乾用九「見羣龍」，象傳曰：「時乘六龍以御天。」此帝王五行相次之道也。乾六龍，故明堂有六天。一爲道本，初九勿用，天之主氣，乃上帝也。故月令止有五帝。天爲玄，兼五色，天之主氣，即太極也。

土數五

一二三四得五爲六七八九，故爻止用七八九六，而一二三四在其中。五得五爲十，故天地之數五十有五，太衍之數五十，而五在其中。天地之數五不用，故九疇五行不言用；大衍之數一不用，故著〔一〕數四十九。

乾爲仁

虞仲翔註易云：「乾爲仁。」史記五帝本紀云：「其仁如天。」管子曰：「天仁地義。」

〔一〕「著」似當作「蓍」。

初爲元士

易爻初爲元士。乾六龍皆御，而初爲元士者。案，士冠禮記曰：「天子之元子猶士也，天下無生而貴者也。」鄭注云：「元子，世子也。無生而貴，皆由下升。」又鄭郊特牲注云：「明人有賢行著德，乃得貴也。」愚謂，二義相兼乃成。易氣從下生，其得位者從下而升，如二升五亦有賢行著德，故得升五也。

震爲車

屯二：「乘馬班如。」乘震馬。晉語震爲車，婦乘墨車也。

艮爲言

艮六五：「艮其輔，言有序。」杜註左傳曰：「艮爲言。」春秋傳曰：「艮，山也，於人爲言。」説卦曰：「成言乎艮。」繫辭曰「吉人之辭寡」，謂艮也。

中和之本　贊化育之本

「參天兩地而倚數。」又曰：「兼三才而兩之。」虞仲翔註云：謂分天象爲三才，以地兩之，立爲六畫之數，故倚數。參天兩地有坎離之象，此中和之本也。説卦云「幽贊于神明而生蓍」，此贊化育之本。

乾五爲聖人

虞氏謂文王書經，繫庖犧于九五，故庖犧在乾五。

震初爲聖人　缺

乾九三君子　缺

坤六三匪人　缺

易例

坤文言述坤六三之義云：「婦道也，妻道也，臣道也。」蓋坤于乾有婦道，有妻道，有臣道。獨不云有子道，子道屬之六子也。聖人易例之分明如是。公羊傳曰臣子一例，乃春秋之例，非易例也。此治易者所當知耳。

易例提要

易例二卷，國朝惠棟撰。棟所作周易述後[一]目録，列有易微言等七書，惟易微言二卷已附刊卷末，其餘並闕。此易例二卷，即七書中之第三種。近始刊板于潮陽，皆考究漢儒之傳，以發明易之本例。凡九十類，其中有録無書者十三類。原跋稱爲未成之本。今考其書，非惟採摭未完，即門目亦尚未分。意棟欲鎔鑄舊説，作爲易例，先創草本，採摭漢儒易説，隨手題識，筆之于册，以儲作論之材。其標目有當爲例而立一類者，亦有不當爲例而立一類者，有一類爲一例者，亦有一類爲數例者。如既有扶陽抑陰一類，又有陽道不絶、陰道絶義一類，又有陽無死義一類，此必欲作扶陽抑陰一例，而雜録于三處者也。曰中和，曰詩尚中和，曰禮樂尚中和，曰君道尚中和，曰建國尚中和，曰春秋尚中和，分爲六類，已極繁

[一]「後」字，中華書局影四庫總目無。

複，而其後又出中和一類，君道中和一類，卷末更出中和之本一類，此亦必欲作易尚中和一例，而散見于九處者也。古者有聖人之德，然後居天子之位一類，徵引繁蕪，與易例無關，而題下注曰：即二升坤五義。此必摭爲乾升坤降之佐證，而偶置在前者也。如初爲元士一類，即貴賤類中之一。乾爲仁、震爲車、艮爲言三類，即諸例中之三。天地之始一類，即卦無先[一]天一類之複出。皆由未及排貫，遂似散錢滿屋。至于史記讀易之文，漢書傳易之派，更與易例無與，亦必存爲佐證之文，而傳寫者誤爲本書也。如此者不一而足，均不可據爲定本。然棟于諸經深窺古義，其所捃摭，大抵老師宿儒專門授受之微旨，一字一句具有淵源。苟汰其蕪雜，存其菁英，因所録而排比參稽之，猶可以見聖人作易之大綱，漢代傳經之崖畧。正未可以殘缺少緒竟棄其稿矣。乾隆四十三年七月恭校上。

（録自文淵閣四庫全書總目）

〔一〕「先」原作「兑」，據中華書局影四庫總目改。

附録

惠棟傳

棟，字定宇。元和學生員。自幼篤志向學，家多藏書，日夜講誦。於經、史、諸子、稗官野乘及七經毖緯之學，靡不津逮。小學本爾雅，六書本説文，餘及急就章、經典釋文、漢魏碑碣，自玉篇、廣韻而下勿論也。乾隆十五年，詔舉經明行修之士，陝甘總督尹繼善、兩江總督黄廷桂交章論薦。會大學士、九卿索所著書，未及呈進，罷歸。

棟於諸經熟洽貫串，謂詁訓古字古音，非經師不能辨，作九經古義二十二卷。尤邃於易，其撰易漢學八卷，掇拾孟喜、虞翻、荀爽緒論，以見大凡。其末篇附以己意，發明漢易之理，以辨正河圖、洛書、先天、太極之學。易例二卷，乃鎔鑄舊説以發明易之本例，實爲棟論易諸家發凡。其撰周易述二十三卷，以荀爽、虞翻爲主，而參以鄭康成、宋咸、干寶之説，約其旨爲注，演其説爲疏。書垂成而疾革，遂闕革至未濟十五卦及序卦、雜卦兩傳，雖爲未善之書，然漢學之絶者千有五百餘年，至是而粲然復明。撰明堂大道録八卷、禘説二卷，謂禘行於明堂，明堂法本於易。古文尚書考二卷，辨鄭康成所傳之二十四篇爲孔壁真古文，東晉晚出之二十五篇爲僞。又撰後漢書補注二十四卷、王士禎精華録訓纂二十四卷、九曜齋筆記、松崖文鈔諸書。嘉定錢大昕嘗論：「宋元以來説經之書盈屋充棟，高者蔑古訓以誇心得，下者襲人言以爲己有。獨惠氏世守古學，而棟所得尤精。擬諸前儒，當在何休、服虔之間，馬融、趙岐輩不及也。」卒，年六十二。其弟子知名者，余蕭客、江聲最爲純實。

（録自清史稿卷四百八十一）